이론적 · 철학적 바탕에서 논문작성까지 그리고 Q & A

내러티브 탐구

홍영숙 저

NARRATIVE

학지사

추천의 글

D. Jean Clandinin

『내러티브 탐구 수행하기(Engaging in Narrative Inquiry)』(2013, 2022)라는 책을 쓰기 시작했을 때 나의 목적은 홍영숙 교수가 지금 이 책을 쓰려는 목적과 같았다. 나는 바람으로서의 나의 집필 의도를 책 속에 다음과 같이 썼다.

> 이 책을 쓰는 목적은 Michael Connelly와 내가 2000년에 『내러티브 탐구 (Narrative Inquiry)』라는 책을 집필하면서 했던 그 질문, '내러티브 탐구자가 하는 일이 무엇인지'에 관한 질문으로 되돌아가는 것이라고. 『내러티브 탐구 수행하기』가 출판되고 나서 수년 동안에 많은 연구자가 연구 과제를 수행하면서 어떻게 내러티브 탐구를 살아낼 수 있는지 그 방법에 대하여 알려 주기를 요청해 왔다. 내러티브 탐구를 통하여 나 자신과 다른 사람들의 경험을 이해하는 데 집중하도록 만들어 주는 방법, 즉 관계적 방법으로 산다는 것이 무엇을 뜻하는지를 설명하는 말은 많은 사람이 이해하기 힘들어 하는 부분이다. 사람들이 가장 이해하기 원하는 것은 경험적인 감각이다.

『내러티브 탐구 수행하기』(2013)의 초판을 구상할 때, 나는 연구를 설계하고 퍼즐을 구성하는 첫 단계에서부터 현장텍스트와 연구텍스트를 작성하는 마지막 단계까지 전 과정에 걸쳐서 내러티브 탐구에 몰두하는 경험이 필요로 하는 것들에 대하여 말하기보다는 보여 주기를 목적으로 글쓰기를 시작하였다. 풍부하고 상세한 예시 자료와 함께 나의 내면 깊숙이에서 비롯된 존재론적·인식론적 신념과 더불어 일하는 방식을 보여 주고 싶었다. 나의 의도는 다른 사람들의 경험만큼이나 내러티브 탐구자로서의 나 자신의 경험에도 집중하도록 나를 이끌어 갔다. 이런 포괄적인 접근은 어떻게 협동작업이 경험을 이해하는 방법이자 방법론인 내러티브 탐구를 발전으로 이끌었는지 그 방식을 내게 알려 주었다. John Dewey, Jane Addams, Maxine Greene, Hannah Arendt 같은 철학자들과 Donald Polkinghorne, Ted Sarbin 같은 심리학자들, 그리고 Mary Catherine Bateson 같은 인류학자들뿐만 아니라 수많은 내러티브 탐구자와 연구참여자(참여자)의 경험에 힘입어 내러티브 탐구는 인간 경험의 난해성을 이해하고 연구하는 방법이 되었다.

처음에 우리는 경험은 개인적이고 사회적인 것으로 시간과 장소에 걸쳐 관계적이라는 Dewey의 경험관으로부터 출발하였으며, 이러한 경험관은 관계성이 강조되는 내러티브 탐구의 본성과 맥을 같이하고 있었다. 내러티브 탐구의 개념적 바탕이 수년에 걸쳐 같은 모양새로 유지되는 동안, 많은 사람이 내러티브 탐구의 관계적 존재론과 관계적 윤리 측면을 더욱 심화시켰다.

『내러티브 탐구 수행하기』의 초판(2013)과 개정판(2022)의 집필에 몰두해 있을 때, 나는 항상 내러티브 탐구를 특정 연구에 적용할 수 있는 일련의 단계나 과정, 혹은 기술적 방법쯤으로 축소시킬 위험이 있다는 것을 알고 있었다. 관계적 방법론인 내러티브 탐구는 연구 중에 드러나는 현상처럼, 개별 연구자와 개별 참여자, 일련의 관계성, 시간, 장소, 느낌, 그리고 사건 등에 따라 달라질 수 있는 항상 유동적인 탐구이다. 홍영숙 교수 또한 한국에서 내러티브 탐구에 대한 질문을 마주했을 때 이 방법론에 대한 환원주의적 위험을 경험했을 것으로 믿는다. 그리고 또한 홍 교수의 답변은 개별 탐구에 대하여 관계적 측면이 더욱 부각되는 방향으로 이루어졌을 것임을 확신한다.

확실하고 효율적이며 신속한 연구 과정과 결과를 기한 내에 제출하라는 연구비 지원기관이나 논문 심사위원단의 압력이 있을지라도 내러티브 탐구를 하는 우리는 관계적 헌신에 주목하면서 시간에 걸쳐 탐구를 천천히, 그리고 조심스럽게 수행할 필요가 있다. 사람들의 경험 안에 위치하여 우리는 내러티브 탐구의 초심을 잃어서는 안 된다. 경험은 내러티브 탐구에 있어서 출발점이자 종착점이다. 경험으로 얼기설기 직조된 인생과 삶은 항상 난해함으로 가득하다. 우리는 경험의 한 단면만을 가지고 시작할 수 없으며, 그 경험을 가지고 있는 개별 인간에게 피해를 입히지 않고 경험의 나머지를, 인생의 나머지를 밀쳐 놓을 수 없다.

내러티브 탐구에서 우리가 마주하는 압박은 연구텍스트에서, 즉 출판되는 학술지 논문이나 석·박사 논문에서 참여자와 함께한 우리의 경험을 어떻게 표현해 내느냐는 것이다. 홍영숙 교수는 우리가 어떻게 탐구를 설계하고, 살아내고, 참여자와 함께 일하고, 결국 연구텍스트를 작성하고 함께 작성하는 전 과정에 중요한 지침이 되는 내러티브 탐구의 12가지 시금석을 본 그녀의 저술에 제시함으로써 연구텍스트 작성에 대해 이해가 부족했던 것들을 이해할 수 있도록 명확하게 드러내어 보여 준다. 연구텍스트를 작성하는 데 한 가지 방법만 있는 것이 아니고, 우리가 따를 수 있는 한 가지 공식만 있는 것은 아니다. 연구텍스트 작성에 매달릴 때, 우리가 '깨어 있기'를 지속하는 것은 힘이 드는 일이다. 논문이나 발표, 또는 연구비 지원 기한 때문에 글쓰기를 끝내야만 하는 내러티브 탐구자들에게는 이것이 종종 당황스러운 상황이 된다. 연구 결과물의 표현 양식을 정할 때, 연구 속에서 드러나는 참여자와 연구자의 삶을 표현하기에 적합한 양식을 찾는 것은 중요하다. 내러티브 탐구의 12가지 시금석은 참여자와 연구자 모두의 경험에 대한 내러티브의 질(quality)처럼 반드시 언급되어야만 하는 주제를 우리가 포함할 수 있도록 도와주는 중요한 가이드라인의 역할을 한다. 이는 또한 사회적·문화적·기관의·가족의 내러티브가 우리의 이해를 전달하고 연구자와 참여자의 경험이야기를 구성하는 방식을 보여 주는 데에도 기여를 한다. 이같은 맥락적 내러티브에 주의를 기울이는 것은 연구자로 하여금 변화하는 삶에 우리가 어떻게 주목하는지 그 복잡성을 알 수 있게 해 준다.

『내러티브 탐구 수행하기』를 쓴 이후에 나는 동료들과 함께 관계적 윤리의 이해를 다루는 다른 책(Clandinin, Caine, & Lessard, 2018)의 집필로 돌아갔다. 그리고 최근에 내러티브 탐구의 철학적 근간을 다룬 책(Caine, Clandinin, & Lessard,

2022)을 공동 집필하였다. 우리는 여기서 연구라는 것을 흔히 방법에 입각한 기술적 활동으로 여기는 학계의 추세에 대하여 강하게 언급하였다. 우리는 존재론과 인식론의 문제를 강조하기 위하여 세상을 바라보고 그것에 대하여 생각하는 데에는 다양한 방법이 있다는 것을 분명히 하기를 원했다. 홍영숙 교수와 내가 함께 공감한 우려는 우리의 책들이 '연구법'을 가르치는 교본으로 읽히기를 원치 않는다는 것이다. 우리는 내러티브 탐구의 핵심 관념, 실제적이면서도 이론적인 이해가 바탕이 되는 관념들이 명확히 드러나는 저술이 되기를 희망한다. 홍 교수와 나는 연구방법론으로서의 내러티브 탐구가 표준 프로토콜이나 인터뷰 일정, 분석 과정 등의 기술적 작업에만 초점이 맞추어진 연구 방법으로 인식되는 것에 반대한다. 우리의 반대는 우리의 초점이 내러티브하게 이해된 개별 인간의 경험에 있다는 것을 우리 스스로가 되새기는 데에서 비롯된 것이다.

내러티브 탐구자로서 우리의 관심은 삶에 대한, 결과적으로 경험에 대한 집중으로 가장 강력하게 표현된다. 홍영숙 교수는 개별 인간 경험의 내러티브를 형성하는 좀 더 큰 범주의 사회적 · 문화적 · 언어적 · 기관의 · 가족의 내러티브에 신중하게 주목하면서 한국 맥락에서 작동하는 문화적 · 언어적 복잡성을 분명히 드러냄으로써 내러티브 탐구에 대한 가능성을 확장시켰다.

References

Caine, V., Clandinin, D. J., & Lessard, S. (2022). *Narrative inquiry: Philosophical roots*. Bloomsbury Publishing.

Clandinin, D. J. (2013). *Engaging in narrative inquiry*. Left Coast Press/Routledge.

Clandinin, D. J. (2022). *Engaging in narrative inquiry*. (2nd ed.). Routledge.

Clandinin, D. J., Caine, V., & Lessar, S. (2018). *Relational ethics in narrative inquiry*. Routledge.

Foreword

D. Jean Clandinin

Pender Island, British Columbia

When I began writing *Engaging in Narrative Inquiry* (2013, 2022) my purpose was somewhat the same as I imagine Young–Suk Hong's purpose to be for her book. I wrote about my intention as a wish

> to return to the question of what it is that narrative inquirers do, a question that Michael Connelly and I used to frame *Narrative Inquiry*, our 2000 book. In the years since the publication of that book, I have received many requests from researchers to share how to live out narrative inquiry in a research project. Addressing what it means to live in relational ways, ways that allow us to attend to understanding our own and other's experiences through narrative inquiry, is what many people struggle to understand. It is the experiential sense that people most want to understand.

In the first edition of *Engaging in Narrative Inquiry*, I set out to show rather than tell what the experience of engaging in narrative inquiry might entail from the outset of framing a puzzle, designing a study, to composing field texts and research texts. I wanted to show, with rich and detailed examples, the ways I work from, and with, my ontological and epistemological commitments. My intention led me to draw on my own experiences as a narrative inquirer as well as from the experiences of others. This inclusive approach offered me ways to show how collaboration has shaped the development of narrative inquiry as a methodology, and as a way of understanding experience. Drawing on philosophers such as John Dewey, Jane Addams, Maxine Greene, Hannah Arendt, psychologists such as Donald Polkinghorne and Ted Sarbin, and anthropologists such as Mary Catherine Bateson, as well as from the experiences of many narrative inquirers and participants, narrative inquiry has become a way to study and understand the complexities of human experience.

We initially worked with a Dewey-inspired view of experience that emphasized the relational nature of narrative inquiry, a view that is relational across time, places, and the personal and social. While the conceptual grounding of narrative inquiry has remained somewhat the same over years, many people have deepened what we mean by the relational ontological commitments and relational ethics of narrative inquiry.

As I engaged in writing the first and second editions of *Engaging in Narrative Inquiry,* I was always aware that there was a danger of reducing narrative inquiry to a technical undertaking, a set of steps or procedures to be applied in a particular study. Narrative inquiry, a relational methodology, is always a fluid inquiry, dependent on each researcher, each participant, each set of relationships, times, places, feelings, and events, as well as the phenomenon under study. I am sure that Young-Suk Hong also experienced the reductionistic dangers to narrative inquiry as she engaged in answering questions in her work in Korea. I am sure that her responses highlighted that much depended on the relational aspects of each inquiry.

With pressure from funding agencies, supervisory committees, and deadlines requiring certain, efficient, and speedy processes and results, those of us engaged in narrative inquiry need to engage slowly and carefully, over time, and with attention to our relational commitments. We cannot lose sight of the beginning place of narrative inquiry as situated in people's experiences. Experience is where we begin and where we end in narrative inquiry. Woven into experience are, always, the complexities of life and living. We cannot start with one aspect of experience and set aside the rest of experience, the rest of life, without doing damage to the person, the individual who is having the experience.

One pressure we face in narrative inquiry is how to represent the experiences of ourselves with participants in our research texts, that is, in our published articles, theses, and dissertations. Young-Suk Hong makes this uncertainty around the composition of research texts visible in her book as she draws on the twelve touchstones of narrative inquiry, those important markers that shape how we design, live out, work with participants, and eventually compose and co-compose our research texts. There is no one way to compose research texts, no one formula that we can follow. As we engage in composing research texts, we are challenged to continue to practice wakefulness. This is often a frustrating time for narrative inquirers who feel the pressure of writing to finish up for thesis, presentation, or funding deadlines. In selecting forms of representation, it is important to attend to forms that fit the lives of the participants and the narrative inquirers who are being represented. The touchstones serve as important guidelines to help us include topics that must be addressed such as the narrative quality of the experiences of both participants and researcher and must show the ways social, institutional, familial, and cultural narratives inform our understandings and shape researchers' and participants' stories of experience. Paying attention to these contextual narratives enables researchers to make visible the complexity of how we are attending to lives in motion.

After writing *Engaging in Narrative Inquiry*, my colleagues and I returned to our understandings of relational ethics in another book(Clandinin, Caine, and Lessard, 2018) and have recently co-authored a text that explores that the philosophical roots of narrative inquiry(Caine, Clandinin, and Lessard, 2022). We highlighted the trend in academia that often makes research a technical exercise focused on methods. We wanted to make visible the multiple ways to think about, and see, the world, that is, to highlight matters of ontology and epistemology. The tension that both Young-Suk Hong and I share is that we do not want to have our books read as instructive "how to do research" books. We share the intention to make visible key ideas in narrative inquiry, ideas that are grounded in theoretical, as well as practical, understandings. Young-Suk Hong and I resist a focus on technical undertakings of narrative inquiry as a research methodology with standard protocols, interview schedules, and analytic processes. Our resistance comes from reminding ourselves that our focus is on individual's experience understood narratively.

Our interest as narrative inquirers is marked most strongly by a focus on lives and, consequently, on experience. Young-Suk Hong has added to the possibilities for narrative inquiry by making visible the cultural and linguistic complexities of working in Korea, attending carefully to the larger institutional, social, familial, cultural, and linguistic narratives that shape individual's narratives of experience.

References

Caine, V., Clandinin, D. J., & Lessard, S. (2022). *Narrative inquiry: Philosophical roots*. Bloomsbury Publishing.

Clandinin, D. J. (2013). *Engaging in narrative inquiry*. Left Coast Press/Routledge.

Clandinin, D. J. (2022). *Engaging in narrative inquiry*. (2nd ed.). Routledge.

Clandinin, D. J., Caine, V., & Lessar, S. (2018). *Relational ethics in narrative inquiry*. Routledge.

서문

2006년 8월의 끝자락에 캐나다 앨버타대학교 교육대학 빌딩 6층 교사교육연구센터에서 Jean Clandinin 교수와 처음 만나 나누었던 대화의 한 토막이 아직도 내겐 '내러티브 탐구자 됨'의 하나의 상징으로 마음 깊숙이 자리 잡고 있다.

Clandinin 교수: 영숙, 이 프로그램에서 어떤 것을 공부하고 싶지?
나(홍영숙): 네, 저는 최신 영어 교수법을 공부해서 그것을 한국에 있는 영어
    교사들에게 알려 주고 싶습니다.
Clandinin 교수: ······.(아무 응답 없이 옅은 미소를 머금은 채 잠시 나를 지긋이 쳐
    다보다가 다른 대화로 넘어간다.)

한국과 미국에서 영어교육 전공으로 두 번의 석사학위를 취득하고, 20년의 초등교사 경력을 지닌 채로 앨버타대학교 초등교육학과 교사교육 전공으로 박사학위 프로그램에 진학한 나는 그때까지 질적연구가 무엇인지, 내러티브 탐구가 무엇인지를 전혀 알지 못했으며, 오로지 연구 방법으로는 양적연구만이 존재하는 줄로 알았다. 아직까지도 저 당시의 대화에 대한 회상이 우리의 재미있는 이야깃거리가 되어 웃곤 하는데, Jean 교수님은 "네가 그렇게 대답을 해서 나는 속으로 '나는 영어 교수법에 대해 아는 게 없는데 어떡하지?' 하고 걱정했었어."라고 말씀하신다. 교수님의 지도학생으로 들어오는 학생은 누구든지 이미 학계에서의 Clandinin 교수의 존재를 알고 내러티브 탐구를 배우기 위해 들어오는데, 그와는 너무나 동떨어진 나를 보시며 '아니, 이 학생 뭐지?'가 아니라 '이 학생이

원하는 걸 나는 알려 줄 수가 없음'을 먼저 걱정하셨던 교수님……. Jean 교수님은 내러티브 탐구자였던 것이다.

이후 내러티브 탐구 관련 코스 등을 듣고 Jean 교수님의 지도학생으로 살아가면서 진정 내러티브 탐구 정신의 실천적 삶을 구현하시는 교수님에 감동하였고, 교수님으로부터 '선생 됨(being a teacher)'을 배웠다. 그래서 내가 경험한 내러티브 탐구는 연구 방법을 넘어서 인간이 살아가는 '삶의 방식(a way of life)'으로 자리 잡게 되었다.

2009년 여름, 박사학위를 마치고 귀국했을 당시에 한국의 인문사회과학 학계의 연구 전통은 아직도 주류적 양적연구 전통에 머물고 있었으며, 질적연구물의 연구재단 과제 프로포절 심사나 학술지 논문, 학위논문 심사에서도 양적연구 심사의 잣대가 그대로 적용되는 일이 빈번히 일어나고 있었다. 서구와 북미의 경우, 이미 수십 년 전에 질적연구가 연구의 주류를 차지하게 되었지만, 한국의 경우, 전 세계적인 질적연구 트렌드를 따라가는 데에는 많은 시간이 소요될 것으로 예측되었다. 그러나 10여 년이 흐른 현재, 한국의 질적연구 환경은 놀랄 만큼 개선되었다. 질적연구 트렌드의 수용은 그 속도가 점차 빨라지고 있으며, 그 가운데 여러 가지 질적연구 방법 중에서 특히 내러티브 탐구에 관심을 가지는 연구자 인구의 증가는 두드러진다.

2011년, 가르치는 자리를 대학으로 옮긴 이후에 특강이나 워크숍, 논문지도, 논문심사 등을 통하여 내러티브 탐구에 관심을 지닌 수많은 연구자와 학위과정 대학원생을 만나 왔다. '개별 인간 경험의 이해'라는 내러티브 탐구의 본질적 목적에 매료되어 연구를 시작하지만, 연구의 필요성 또는 목적을 기술할 때는 자신도 모르는 사이에 전공 분야에의 기여를 주목적으로 하는 글쓰기가 되어 버려 내러티브 탐구의 방향을 잃게 되는 경우를 자주 목도하면서 많이 안타까웠다. 이는 오랜 시간 양적연구물에 노출되어 익숙해진 데에서 비롯된 현상으로 이해되며, 이와 더불어 학위 취득에 대한 압박감과 조급함, 양적연구에 익숙한 지도교수 등의 영향도 생각해 볼 수 있다.

내러티브 탐구를 공부할 때, 논문을 효율적으로 빠르게 작성하는 데 도움을 주는 연구 방법으로서의 접근이 아니라, '개별 인간 경험의 이해'를 목적으로 이론적·철학적 바탕에 대한 본질적 이해와 실천을 추구하는 연구방법론으로서의 접근은 매우 중요하다. 그러나 아직도 양적연구의 주류에 머물고 있는 듯이 보이는 한국 사회과학계의 맥락에서 내러티브 탐구의 근간적 이해를 공부할 수 있는 창구는 그리 많아 보이지 않는다. 나는 연구자들이 '관계적 탐구'로 일컫는 내러티브 탐구의 윤리적·존재론적 특질에 대한 이해가 바탕이 되는 질 높은 내러티브 탐구물을 생산하기를 기원하면서 이 책을 집필하게 되었다. 발간에 즈음하여 Clandinin 교수와 나눈 대화를 통해 알게 된 것은 『내러티브 탐구 수행하기(Engaging in Narrative Inquiry)』를 쓰면서 Clandinin 교수가 가졌던 책에 대한 염원과 본 저술에 대한 저자의 염원이 동일하다는 것이었다.

"내러티브 탐구를 단지 연구 방법이 아니라, 인간 경험에 대한 관념과 정신이 바탕이 되는 연구방법론으로 이해해 주기를……."

이와 같은 염원을 담아 쓴 이 책의 내용을 간략히 설명하면 다음과 같다.

이 책은 총 3부로 구성되어 있다.

제1부는 '내러티브 탐구란 무엇인가' 편으로, 내러티브 탐구에 대한 역사적·철학적·이론적 바탕과 내러티브 탐구물이 갖추어야 할 연구의 정당성, 그리고 내러티브 탐구의 특질인 관계적 존재론과 관계적 윤리에 대한 글쓰기로 이루어져 있다. 제1부는 내러티브 탐구의 실제인 연구에 들어가기에 앞서 좋은 내러티브 논문을 생산해 내기 위해 연구자가 확고하게 지녀야 할 내러티브 탐구에 대한 관념적·정신적 바탕을 다루고 있다. 내러티브 탐구의 본질에 대한 이해와 확신이 단단할 때 질 높은 내러티브 논문을 작성할 수 있으므로 '내러티브 탐구의 이해'를 위하여 좀 더 집중적인 시간과 열심이 투자되기를 기대한다.

제2부는 '내러티브 논문, 어떻게 쓸 것인가' 편으로, 내러티브 탐구자가 되어

탐구를 수행하는 전 과정에 대한 '탐구의 실제'를 다루고 있다. 먼저 내러티브 탐구 수행 국면으로 들어가기에 앞서 내러티브 탐구자가 어떤 일을 하는 사람인지를 내러티브 탐구 정신에 입각하여 12가지 항목의 시금석으로 제시하였다. 다음으로 실제적인 논문 작성으로 들어가서 일반적인 내러티브 논문은 어떤 항목들로 구성되며, 각 항목의 작성은 어떻게 해야 하는지에 대하여 이론적 · 철학적 지원과 더불어 빈번히 발생하는 각 항목에서의 글쓰기 오류 및 작성 시 주의할 점을 중심으로 제시하였다. 이 외에 인터뷰 대화를 어떻게 수행해야 하는지와 내러티브 탐구 시 주의해야 할 사항, 그리고 내러티브 탐구의 시간성(temporality)을 과거, 현재, 미래의 시점으로 살펴보았다.

제3부는 '내러티브 탐구 Q & A' 편으로, 그동안 특강과 워크숍을 통해 만났던 수강생과 연구자들이 많이 물었던 질문 내용과 논문 심사와 지도를 하면서 자주 발견되었던 내러티브 탐구 오류를 중심으로 30개의 질문을 추려 냈고, 그에 대하여 내러티브적인 30개의 답변을 제시하였다. 즉시적인 도움을 받고자 제3부에만 집중하는 것은 방법론(methodology)으로서의 내러티브 탐구를 부정하는 것이고, 내러티브 탐구를 단지 기계적인 실습을 위한 연구 방법으로 폄하하는 것이다. 폄하된 연구 방법으로는 질 높은 내러티브 탐구를 수행할 수 없다.

내러티브 논문을 작성하고자 하는 연구자에게는 내러티브 탐구에 대한 학문적 · 방법론적 지식이 연구자에게 필요한 가장 중요한 부분으로 여겨질지도 모르겠다. 탐구에 대한 학문적 · 방법론적 지식만을 가지고 탐구를 처음 시작한 연구자들이 내러티브 탐구의 여정을 거치면서 그 방법론적 지식이 '개인적인 실제적 지식(personal practical knowledge; Clandinin, 1985)'으로 체화되어 연구자의 삶 속에서 발현됨으로써 내러티브 탐구자로 다시 사는(reliving) 모습을 종종 발견하게 되는데, 이보다 더 큰 기쁨이 없다. 내러티브 탐구라는 개인적인 실제적 지식의 중심에는 '인간에 대한 관심과 연민, 존중'이 자리하고 있다.

미력한 나의 저술이 인간 이해에 관심을 가지고 내러티브 탐구를 시작하는 연구자들에게 힘과 도움이 되기를 소원하며, 성숙한 내러티브 탐구자로 거듭나서 좋은 내러티브 논문의 생산으로 이어지길 기대해 본다.

내러티브 탐구자로 이끌어 주신 나의 선생님, Clandinin 교수께 이 책을 바친다.

내러티브 탐구자의 삶으로 들어선 처음부터 지금에 이르기까지 공부하는 엄마에 대한 존중과 존경, 믿음으로 사랑과 힘을 보태 준 캐나다에 있는 나의 두 딸, 지원이와 가원이에게 무한한 사랑과 신뢰, 감사를 보낸다. 그리고 내러티브 탐구자로 살아진 삶 속에서 관계 맺음 된 보석 같은 나의 내러티브 동료들, 김수진, 한영주, 채선기, 하미용, 권신영, 김이준, 강미영, 이미경, 최이선, 윤영미, 김경아, 김경림, 최미, 박은숙, 유정인 박사님과 내러티브 탐구 맥락에서 만난 모든 분께 감사드리며, 특히 본 저술뿐 아니라 내러티브 활동 전반에 걸쳐 진심을 다해 헌신하고 도와준 권신영 박사에게 마음 깊은 감사와 사랑을 전한다. 아울러 한국에서 질적연구에 의한 소통과 학문의 장을 열어 가며 인간 이해의 지평을 확장해 가는 한국질적탐구학회의 기여에 감사하고, 그 활동을 응원한다.

2024년 1월에

한국내러티브탐구연구소, 연구실에서 저자 홍영숙

차례

제1부

내러티브 탐구란 무엇인가

01
내러티브 탐구의 시작과 확산

> 인간의 삶은 살아진 경험으로 구성된다. 한 인간을 이해하기 위해서 우리는 그의 경험을 탐구해야만 한다. …… 사회과학은 인간과 인간의, 그리고 인간과 환경의 관계에 관심을 가지고 있다. 이처럼 사회과학은 경험에 관한 탐구에 기초하고 있는 것이다. 그러므로 경험은 모든 사회과학연구의 출발점이자 그 핵심어가 된다.
>
> ― Clandinin과 Connelly(2000)의 『Narrative Inquiry』 중에서 ―

　내러티브 탐구는 1980년대 초부터 캐나다 앨버타대학교 교사교육연구센터(Center for Research for Teacher Education and Development: CRTED)의 D. Jean Clandinin 교수와 토론토대학교 온타리오 교육연구소(Ontario Institute for Studies in Education: OISE)의 F. Michael Connelly 교수가 발전시켜 연구방법론으로 정착시킨 질적연구 방법이다(홍영숙, 2019a). 두 학자의 학문적 바탕은 교육학이었으며, 따라서 내러티브 탐구 방법은 교육학에 관한 연구에서 출발하여 오늘날 전 학문 분야에서 탐구의 실제에 적용 가능한 질적연구방법론으로 자리 잡았다.

　Clandinin(1983)이 토론토대학교에서 박사학위논문을 작성하던 시점의 전과 후로 Connelly와 Clandinin은 경험을 이해하기 위한 내러티브 방법을 알아내기 위해 꾸준히 노력하였다. 드디어 1990년에 『Educational Researcher』라는 학술지에 공동으로 게재한 논문에서 연구방법론으로 내러티브 탐구(narrative inquiry)라는 명칭을 처음 사용하게 되었다(Clandinin, 2020). 이 논문에서 그들은 '내러티브 탐구'에 대한 개략적인 이해를 다음과 같이 설명하였다.

> 내러티브에 관한 연구란 인간이 세상을 경험하는 방식에 관한 연구이다. ……'내러티브를 탐구한다'는 말이나 '내러티브 탐구(narrative inquiry)'라는 말은 모두 맞는 말이다. 이 때문에 내러티브는 연구를 통해 드러나는 현상(phenomenon)이기도 하고, 연구를 하는 방법(method)이기도 한 것이다. 내러티브는 연구의 대상이 되는 경험의 구조화된 질을 지칭하기도 하고, 연구를 위한 탐구의 패턴을 의미하기도 한다. ……그래서 우리는 '사람들은 근본적으로 이야기화된 삶을 살아가고 그들 삶의 이야기를 말한다'고 하며, 반면에 '내러티브 연구자는 그러한 삶을 묘사하고, 그들의 이야기를 수집하여 말하며, 경험의 내러티브를 기술한다'고 한다(Connelly & Clandinin, 1990, p. 2).

사회과학은 인간과 인간 사이의 관계, 그리고 인간과 환경과의 관계를 탐구하는 학문으로서 그 본원적 목적을 '인간 이해'에 두고 있다. 인간을 이해하기 위해 수행되는 사회과학연구의 형태는 크게 양적연구와 질적연구로 구분할 수 있다. 1900년대 초, 실증주의(positivism)와 객관주의(objectivism)를 바탕으로 숫자에 대한 신뢰와 일반화에 가치를 두는 연구 분위기가 팽배하면서 양적연구는 전 세계 사회과학연구의 주류로 자리 잡게 되었다(Lagemann, 1996). 그러나 오랜 양적연구 방법의 전통 속에서 테스트와 예측 가능한 변화의 대상으로 인간을 숫자로 다루는 양적연구 방법이 온전하게 인간 이해를 이끌어 낼 수 있을 것인가에 대한 회의감이 사회과학연구자들 사이에서 생성되기 시작하였다. '과연 인간 이해를 위한 탐구의 대상은 무엇이 되어야 할까?'를 고민하면서 '인간의 경험'을 그 탐구의 대상으로 주목했던 최초의 질적 연구자들은 인류학자들이었다.

20세기 초를 시발점으로 유럽에서부터 싹트기 시작한 질적연구는 서구의 사회과학연구에 있어 대표적인 연구 방법으로 자리매김한 지 이미 오래되었으며(Hatch, 2002), 서구와 북미 인문사회과학연구의 80% 이상이 질적연구물(Drobot,

2012)임을 볼 때 이제는 '질적연구로의 전환(qualitative turn; Alasuutari, 2010)'을 논하기에 부족함이 전혀 없다. 한국의 경우에는 1990년대 이후로 질적연구가 처음 소개되었고(김영천, 2006), 사회과학연구는 최근에 들어서야 10여 년에 걸쳐 질적연구에 대한 수행과 관심이 급증하고 있는 실정이나 연구 방법으로의 안정적인 자리매김은 각 학문 분야에 따라 수용과 거부의 격차가 매우 심하게 드러나고 있어 좀 더 시간이 걸릴 것으로 전망된다(홍영숙, 2019a).

'인간 이해'라는 측면에서 '인간'을 바라보는 관점이 일반화를 추구하는 양적연구에서는 '다수의 군(群)으로서의 인간'을, 질적연구에서는 '개별 인간(individuals)'을 의미한다는 점은 연구자들이 절대 간과해서는 안 될 중요한 차이점이다. 이로 인해 각각의 연구 전통에 대한 존재론적·인식론적·방법론적 접근이 달라지는데, 모든 연구는 가장 적합한 결과를 발견하기 위해 분명하고 잘 단련된 체계적인 접근법을 포함하여야 하기 때문이다(Mohajan, 2018, p. 23). 질적연구는 근본적으로 귀납적이며(Strauss & Corbin, 2008; Levitt et al., 2017), 질적 연구자는 주어진 맥락 안에서 개별 인간의 사회적 실재를 이해하기 위해 경험의 의미를 통찰력 있게 탐구한다(서원주, 2010).

지난 수십 년 동안에 사회과학자들은 개별 인간이나 그룹(집단)의 내러티브(stories)에 매우 큰 관심을 보여 왔는데, 이와 같은 현상을 많은 학자는 '내러티브로의 전환(Polkinghorne, 1988; Czarniawska, 2004; Herman, Jahn, & Ryan, 2005)'으로 명명하였다(홍영숙, 2020). 사회과학연구에 있어서 '내러티브로의 전환'(narrative turn)이란 오랫동안 연구의 전통으로 이어져 온 양적연구의 패러다임으로부터 많은 부분 상충되는 방향으로의 전환을 의미한다. '내러티브로의 전환'은 자신, 타인, 지역사회, 사회적·정치적·역사적 역동 간의 관계성에 대한 철학적인 논의가 활발하게 일어나는 맥락에서 자연스럽게 형성되었다(Goodson & Gill, 2011). 1980년대 후반과 1990년대 초반 이래로 사회과학연구자들은 경험을 이해하는 데 있어서 '내러티브로의 전환'을 취하였으며(Pinnegar & Daynes, 2007), 연구자들이 '내러티브 탐구'라고 부르는 연구방법론을 특정하여 구체적으로 발전시키기 시작한 시점도 이 시기라고 할 수 있다(Connelly & Clandinin, 1990; Caine et al., 2013 재인용). Clandinin(2020)은 이 시기를 '사회과학연구 분야에서 내러티브 방법론의 출현' 시기로 언급하면서 이를 '내러티브로의 급격한 전환'으로 묘사하였다(p. 212). 또한 Clandinin과 Rosiek(2007)는 인간의 삶에 있어서 내러티브의 중요성을 언급하면서 이로 인한 '내러티브 탐구에 대한 관심 폭발'을 다음과 같이 묘사하였다.

> 인간은 삶을 살아왔고, 말을 할 수 있는 한 그 삶에 대한 이야기를 해 왔다. 이렇게 살고 말해진 이야기들과 그 이야기들에 관한 말은 우리가 사는 세상을 의미로 채우며, 개인의 삶과 공동체를 형성하는 데 서로 도움을 주면서 협력하는 방법 중 하나이다. 우리가 지금 새롭게 느끼는 것은 사회과학연구 분야에서 내러티브 방법론의 출현이다(p. 35).

Pinnegar와 Daynes(2007)는 사회과학연구에 있어서 확연히 드러나는 '내러티브 탐구'로의 움직임을 일련의 네 가지 내러티브로의 전환 현상을 빌어 다음과 같이 역사적으로 해석하였다.

• 내러티브로의 전환 1: 연구자와 연구참여자 사이의 관계성 변화

19세기 말, 실증주의와 객관주의를 바탕으로 한 사회과학연구는 인간의 관계성과 소통, 성향 및 문화까지도 객체화된 물질적 사물로 인식하면서 이에 대한 조건적 통제와 조절을 통해 세상에 대한 정확한 예측을 할 수 있다고 믿었다. 이러한 확신을 바탕으로 세상에 대한 탐구는 '중립적 연구 활동'으로 구성되었고, 연구자는 "연구대상자와 멀리 떨어져서 그들을 독립적이고 내면적 의미라고는 없는 사물 같은 존재로 생각"(Smith, 1983, p. 7)하게 되었다. 이와 같은 철학적 바탕에서 수행된 양적연구의 결과는 맥락(context)과는 전혀 상관이 없었으며, 어떤 조건 아래에서 일반화 또는 적용될 수 있었다. 양적 연구자들이 연구의 맥락에서 가장 중요하게 생각한 것은 연구의 구조적 객관성과 타당성, 자료의 신뢰성이었기 때문에 연구자와 연구대상자는 철저하게 구분되어서 어떠한 영향도 서로 주고받을 수 없도록 거리를 유지하고 객관성을 확보해야만 했다. 연구대상자와의 관계성에서 연구자는 명확히 구분되며, 정적(static)이고 시간성과는 무관한 존재로 간주되었다. 양적연구에서 '시간(time)'이란 개별 인간의 문화나 상호작용에 영향을 받아 형성된다고 보기보다는 실재적(real)이고 정적(static)인 것으로 바라보았다(Slife, 1993). 따라서 연구의 과정 동안에 연구자와 연구대상자 모두 서로 영향을 받지 않는 정적인 상태를 유지하려고 노력했으며, 이러한 연구자와 연구대상자 사이에서 제어된 관계성은 일반화시킬 연구 결과의 타당성과 신뢰도를 확보하는 데 큰 역할을 하는 것이었다.

20세기 후반에 들어오면서 인문사회과학연구자들은 그들이 연구하는 인간과 인간의 소통이 맥락 속에 존재한다는 것과 그 맥락이 그 안에 위치한 인간들과 그들 간의 상호작용에 영향을 미친다는 것을 받아들이게 되었다. 연구참여자는 시간과 무관하지 않으며, 시간 속에 존재하는 것이고, 시간 또한 그 자체로서 사회적으로 구성된다는 것이다(Slife, 1993). 인간 탐구에 있어서 '맥락'은 고려해야만 하는 매우 중요한 요소가 되었고, 이에 따라 연구자들은 그들이 연구하는 연구대상자에 대하여 인간이라는 측면에서 새로운 존중감을 가지게 되었으며, 그동안 양적연구의 전통 속에서 철저하게 확보해야만 했던 연구자-연구대상자의 객관적인 관계성으로부터 연구자-연구참여자의 친밀한 관계성으로 전환이 일어나게 되었다(Guilfoyle et al., 2004).

양적연구의 일반화된 연구 결과가 인간이 겪게 되는 사회 문제를 해결하는 데 별 도움이 되지 않는 경우들이 드러나고, 인간 개인의 문제에 대한 국지적 탐구가 훨씬 생산적으로 수행되는 것이 발견되면서(Polkinghorne, 1988) 양적연구 방법에 대한 신뢰는 급속히 줄어들게 되었다. 연구자들은 인간 '행동'의 이면, 즉 인간의 '사고(thinking)'를 탐구하고 싶어 했고, 특별함에 대한 가치와 문화의 역할, 특정 사례에 대한 가치 등을 인식하기 시작했다. 인간의 사고를 탐구할 때 인간의 인식을 표현하는 도구로는 언어에 의지할 수밖에 없기 때문에 그것을 이해하고 언어 자료를 수집하는 새로운 연구 도구가 필요하게 되었다. 여기에서 '내러티브로의 전환'이 출발하게 된다. 내러티브로의 관심을 이끌어 간 여러 학자의 저술이 있는데, Bruner(1986)는 『실제 마음, 가능한 세상(Actual Minds, Possible Worlds)』에서 연구자-연구참여자 관계의 변화를 narrative와 paradigmatic이라는 앎에 대한 두 가지 패러다임으로 제시하였고, Coles(1989) 는 『이야기의 부름(The Call of Stories)』를 통해 연구자와 연구참여자 간의 소통을 관계적 관점으로 바라봄으로써 객관적 연구자의 위치적 탈피를 시도하였으며, Bateson(1990)은 『인생 작곡(Composing a Life)』에서 '드러나는 이야기(unfolding stories)' '즉흥 연주(improvisations)' '성취의 재고(rethinking achievement)'와 같은 개념을 만들어 냄으로써 내러티브 사고(narrative thinking)의 가능성을 이끌어 냈 다. 결국 Clandinin과 Connelly(2000)가 내러티브 연구방법론에 관한 원론서 격 으로 집필한 『Narrative Inquiry: Experience and Story in Qualitative Research』 에서 Bay School 연구를 기술하면서 관계성 구축이 탐구의 수행에 얼마나 중 요한지를 강조함으로써 연구자-연구참여자의 관계 변화 이슈에 마침표를 찍었 다. 이제 연구자들은 탐구와 관련된 사람들 사이에는 관계성이 존재한다는 것 을 이해함은 물론, 연구자가 어떤 사람이고 연구되는 것이 무엇인지가 그 관계 적 소통 속에서 드러난다는 것을 알게 되었다.

이와 같은 관점에서 연구자와 연구참여자는 시간과 특정한 맥락 속에 존재한 다. 그들은 함께 역사와 사회적 관점을 연구의 과정 속으로 가져온다. 그들은 정적인 존재가 아니라 역동적인 존재이며, 성장과 배움은 연구 과정의 일부분 이 된다. 연구자와 연구참여자는 함께 배우는 것이다.

• 내러티브로의 전환 2: 숫자 데이터에서 언어(말) 데이터로 변화

숫자 데이터에서 언어(말) 데이터로 돌아선다는 것은 숫자에 대한 통상적이 고 막연한 거부를 뜻하는 것이 아니라, 연구자가 특정 상황 속에서의 경험과 관계성의 뉘앙스를 숫자로는 해석해 낼 수 없다는 것을 깨달았음을 의미한다.

Modernist와 post-positivist(후기-실증주의자)의 관념을 지닌 양적 연구자에게 연구의 신뢰도와 타당도의 확보는 연구 결과의 질을 결정짓는 너무나도 중요한 척도이다. 경험을 숫자화하고 등급의 일관성을 상관화하여 연구의 신뢰도와 타당도를 주장하고 싶으나, 경험이 탐구의 대상이 될 때 숫자 데이터는 힘을 잃고 만다. 인문과학연구에서 '숫자 데이터로부터 언어(말) 데이터로의 전환'을 이끌어 낸 학자들로는 Lincoln과 Guba(1985), Polkinghorne(1988), Reason(1988), Denzin과 Lincoln(1994) 등을 들 수 있는데, 그들 모두는 경험을 담아내기 위하여 숫자를 사용하는 것에 대한 문제점을 언급하였다.

연구자가 경험 연구와 연관된 구두적 서술이나 개인적 묘사, 설명 등을 직면하게 되면 숫자 데이터와 대조되는 언어(말) 데이터의 정확성과 가치, 활력을 느끼게 되고, 그에 따라 연구참여자와 좀 더 관계적 입장(Turn 1)으로, 또는 특별함에 대한 더 큰 관심(Turn 3)으로, 앎에 대한 다른 방식에 가치를 두는 쪽(Turn 4)으로 방향을 바꾸게 된다. 데이터를 표현하는 유일한 방식이었던 숫자의 사용이 매우 만족스럽지 못한 방식임을 깨달은 연구자들은 결국 내러티브 탐구자가 되었다. 이에 대한 Piaget의 스토리는 좋은 예시 자료가 된다. 1983년 Piaget는 Stanford-Binet 지능 테스트 점수를 해석하는 기준을 마련하기 위해 어린이들을 대상으로 자료 수집을 실시하였는데, 그 과정에서 그는 당초의 테스트 해석기준 마련에 대한 관심에서 어린이들의 응답이 의미하는 바를 이해하는 쪽으로 관심이 바뀌었다. 다시 말해 어린이들의 응답을 숫자화하여 해석의 기준을 제시하는 것보다 특정 사건에 대해 그들이 어떻게 이해하고 있는지를 그들의 설명을 통해 알아보고 해석하는 기준을 제시하는 것이 더 타당하다고 판단한 것이다. 인지발달이론을 정립한 발달심리학자이자 자연과학자인 Piaget 또한 질적 데이터인 내러티브 데이터의 가치와 타당성을 인정하며 '내러티브로의 전환'이라는 학문적 · 역사적 흐름에 합류하게 된 실례를 보여 준다.

• 내러티브로의 전환 3: 일반적인 것(the general)에서 특정한 것(the particular)
  으로 관심의 전환

탐구의 관심이 일반적인 것에서 특정한 것으로 전환한다는 것은 양적연구에
서 질적연구로 연구방법론적 차용이 변경됨을 의미한다. 이전까지 사회과학연
구의 주류를 이루었던 양적연구가 지니는 힘의 원천은 '일반화(generalization)'
에서 찾을 수 있다. 양적 연구자들은 '연구자가 특별한 것의 영향을 제거할 수
만 있다면 연구 결과를 그 연구 맥락을 넘어선 모든 것에 일반화시켜서 적용
할 수 있다'고 믿었다. 특정 환경과 맥락에 상관없이 보편적으로 적용될 수 있
는 '거대이론(grand theories)'의 창출을 염원했던 양적 연구자들은 일반적(the
general)이고 보편적(the universal)인 것에 집중하여 만들어 낸 이론들이 인간의
삶을 예측하고 조절할 수 있다는 확신을 가지게 되었다. 그러나 발견된 이론
이나 법칙을 일반화시켜서 인간의 삶에 적용하는 방식이 반드시 맞는 것은 아
니라는 것을 여러 학자는 저술을 통해 제시하였다. Coles(1978)는 『위기의 여
자(Women of Crisis)』에서 빈곤한 환경 속 어린이들의 이야기를 통해서 처한 환
경 속에서의 인간 영혼의 회복탄력성을 드러냈고, Geertz(1983)는 『현지의 지식
(Local Knowledge)』에서 발리섬에 대한 문화이해를 위해 특정 사례로 발리의 닭
싸움에 대한 내러티브를 사용하였다. White와 Epston(1990)은 『치료 목적을 위
한 내러티브 방법(Narrative Means to Therapeutic Ends)』에서 특정 고객들의 고유
경험과 이야기를 제시하면서 심리학의 거대이론보다는 내러티브의 사용이 고
객 자신의 삶을 재구성하도록 돕는데 훨씬 가치 있는 방법임을 보여 주었으며,
Bullough(2001)는 『불확실한 삶(Uncertain Lives)』에서 내러티브를 활용한 학교
연구를 통해 빈곤에 빠진 어린 학생들의 삶에 대한 더욱 깊은 통찰적 이해와 교
사의 잠재적 가치를 제공하였다. 이와 같은 저술들은 '특정한 맥락에 놓인 특정
한 사람들의 특정한 경험의 가치에 대한 이해'를 확장시켰고, 사회과학자들의
관심을 내러티브를 통한 지엽적(the local)이고 특정한(the specific) 인간 경험의
탐구 쪽으로 이끌어 갔다.

한편 역사적으로 '내러티브로의 전환 3'을 부추긴 동력으로는 제2차 세계대전과 미국·소련 간의 냉전이 종식된 후에 형성된 사회적 분위기였다. 제2차 세계대전이 끝난 직후에는 구조주의, 실증주의를 바탕으로 한 대규모의 양적 사회연구가 많이 요구되었으며, 냉전 시대에는 미국과 소련의 각축 상황에 따른 각 국가의 특징이나 이념에 관한 연구가 주를 이루었다. 그러다가 냉전이 종식되자 전 세계적으로 정치적·사회적 변화를 추구하는 자유주의 운동이 일어났으며, 이 운동은 곧이어 소수자의 경험에 주목하기 시작하면서 내러티브가 번성할 수 있는 분위기를 형성하였다. 미국에서는 여성 운동과 흑인 시민권 운동이 일어났는데, 여성과 흑인의 불평등을 증명하기 위해 사용되었던 실증주의 기반의 양적연구의 결과들은 이론과 실재의 불일치를 드러냄으로써 그동안 두 가지 운동에서 공유되고 축적된 좀 더 고유하고 개인적인 내러티브 결과들이 양적연구 결과보다 훨씬 강력하다는 것을 입증하였다.

여성 운동, 시민권 운동과 더불어 기타 덜 알려진 운동 모두가 당시 사회과학연구에 중요한 영향을 미쳤는데, 그 연구의 주제는 여성 연구, 흑인 연구, 멕시코계 미국인 연구, 동성애자 연구 등 소수자에 대한 연구가 대부분을 차지하였으며, 연구의 과정과 내용에는 스토리텔링과 개인의 경험이야기가 자리하고 있었다. 개인적 이야기는 사회과학연구물에 더욱 풍성함을 곁들였고, 내러티브는 사회과학 이론과 발표 혁신을 위한 초석이 되었다. Evans(1979)는『개인적 정치학(Personal Politics)』에 시민운동가로서의 자신의 경험을 기술하였는데, 이로 인하여 한 때 사적이고 개인적인 일로 간주되었던 '성에 관련된 것들, 자녀 돌봄, 생식 권리, 정신 건강, 학대 등'이 공적 관심을 받게 되었고, 정치적 논쟁의 뿌리가 되었으며 법제도 및 소송의 근거가 되었다. 또한 Belenky 등(1986)은『앎에 대한 여성의 방식(Women's Ways of Knowing)』에서 내러티브와 스토리텔링은 다른 어떤 것보다 뛰어난 설명력으로 젠더 인식론의 일부를 구성한다고 주장하였다.

따라서 연구자로서 내러티브 탐구자들은 인간 경험을 이해하기 위해서, 특정

시간에, 특정 장소에서 연구의 결과로 드러나 알려 주는 특정한 것(the particular)
의 힘을 신봉한다.

• 내러티브로의 전환 4: 앎(지식)의 방식이나 대안적 인식론에 대한 수용성의 확장

1900년대 초에서부터 시작하여 1980년대 후반에 이르는 긴 시간 동안에 사회
과학자들은 세상을 아는 방식에는 오직 하나만 존재한다고 믿었다. 실증주의적
인식론을 바탕으로 세상의 실체와 법칙은 인간의 인식 밖에 객관적으로 존재하
기 때문에 부단히 가설을 수립하고, 그 가설을 숫자를 통해 검증함으로써 '진리'
를 밝힐 수 있다고 믿었던 것이다(조용환, 1999). 이 말은 결국 '인간은 같은 세상
을 산다'는 것이다. 이와 같은 인식론적 전통은 '세상을 이해할 수 있는 법칙과
이론의 발전은 숫자에 의한 사실(facts) 검증을 통해서만 가능한 것'이라는 방향
으로 연구자의 인식과 양적연구의 적용을 확장시켰고, 그 안에서만 연구 결과
의 타당성(validity)을 찾았다.

그러나 양적 패러다임 안에서 타당성 발견의 한계가 드러나면서 세상을 이해
하는 데에는 다양한 방식이 존재함을 인식하게 되었고, 진정성과 울림이 있는
믿을 만한 이야기를 통하여 연구 결과를 수립해 가는 방식(Clandinin & Connelly,
2000; Denzin & Lincoln, 1994)으로의 전환, 즉 내러티브 탐구로의 움직임이 일어
나게 되었다. 내러티브 탐구는 관계적이고 소통적인 본질을 지니고 있으며, 스
토리를 사용하고, 특정 인간의 경험이야기에 대한 면밀한 서술에 집중하는 특
질을 지닌다. 내러티브 탐구자란 내러티브 탐구방법론을 사용하여 진정성 있고
울림이 있는 연구 결과를 제공하는 사람이며, 잠정적이고 변화하기 쉬운 지식
의 본질을 알고 있는 사람이다. 인문과학에 있어서 내러티브적 지식은 앎에 대
한 타당하고 중요한 도구가 된다. 따라서 구성주의적 인식론을 바탕으로 세상
은 개개 인간별로 다른 경험 세계의 전통 속에서 부단히 경험의 구성과 재구성
을 반복해 나가는 것이다. 즉, '인간은 결국 서로 다른 세상을 산다'는 연구자들

의 이해 속에서 내러티브로의 전환이 발생하게 되었다. Clandinin(1985a)이 '배우거나 전수된 것이 아닌, 객관적이고 독립적인 무언가가 아닌 인간 경험의 총합'으로 제시한 '개인적 실제적 지식(personal practical knowledge)'이라는 내러티브 지식 개념은 네 번째 내러티브로의 전환이 뜻하는 '새로운 지식관의 제안'으로 큰 축을 이루었다.

양적연구에서는 실험을 통한 사실 검증과 결과의 일반화를 거침으로써 법칙과 이론을 창출하였으며, 이렇게 생성된 법칙과 이론은 불변의 객관적 진리 지식으로 수용되었다. 연구 결과가 유의미한 것으로 수용되기 위해서는 실험에 앞서 연구 결과에 영향을 미칠 수 있는 맥락적 요소를 모두 제거하여 객관성을 확보하는 것이 전제 조건이 된다. 그러나 앎의 방식으로서의 내러티브(체화된 전통; Pinnegar & Daynes, 2007)는 본질적으로 맥락적이라는 매우 상반된 특질을 지니고 있다. 과학적 객관성에 대한 관심이 내러티브로 방향이 전환된 것은 주로 학계에서 일어난 것으로 보이지만, 그보다 좀 더 큰 문화적 범주에서 내러티브로의 전환이 먼저 꽃을 피웠다. 지난 1980년대 후반에서부터 약 20년 동안 회상물이나 창의적 논픽션은 성공적인 출판물의 장르였고, 박물관은 대중과 연결하는 방식으로 개인의 이야기를 전시하였으며(Handler & Gable, 1997), 새로운 고백 프로그램이나 리얼리티 쇼가 TV를 온통 차지하였고, 블로그, 웹 페이지, 팟캐스트들은 이야기를 듣고 말하는 자유를 개인에게 부여하였다. 이 모든 것의 중심에 내러티브가 있다. 결론적으로 사회과학과 대중문화는 스토리(내러티브)라는 접점에 모였다.

이상 앞에서 살펴본 네 가지의 '내러티브로의 전환' 현상은 질적연구방법론인 내러티브 탐구의 확산으로 연결되었다.

02
내러티브 탐구의 개념

1. 내러티브 탐구의 정의

인간 경험의 이해를 목적으로 하는 질적연구방법론 중의 하나인 '내러티브 탐구'는 그 역시 인간의 경험을 이해하기 위한 연구 방법이다. 다른 질적연구 방법들과 좀 더 차별되게 말하자면, 개인의 이야기화된 경험(storied experience)을 시간의 흐름과 상황에 대한 고려를 바탕으로 탐구하는 연구 방법이다. 인생은 경험, 즉 이야기의 조각들로 채워져 있고 시간과 공간의 이야기화된 순간들(storied moments)로 되살아난다. 인생의 의미는 삶의 경험에 대한 이해에서 비롯되고, 경험에 대한 이해는 이야기를 통해 일어나며, 그 이해의 과정은 의미 부여로 이어지는 것이다. Clandinin(2013)은 '내러티브 탐구는 인간의 경험을 이해하는 방법, 그 이상도 그 이하도 아니다(p. 9)'라고 언급함으로써 이야기화된 경험 탐구를 통하여 그 경험의 소유자를 이해하는 데 이르는 것이 탐구의 최종 목적지임을 강조하였다. 따라서 내러티브 탐구는 일상 속에서 살아진 인간 경험에 대한 존중으로부터 탐구가 시작되고 또한 거기서 끝을 맺는다.

내러티브 탐구는 중요한 지식과 이해의 근간으로서의 살아진 경험을 존중하면서 인간 삶을 연구하는 접근법이다(Clandinin, 2020, p. 217). 이는 스토리로서의 경험(experience as story)에 관한 탐구이다. Clandinin과 Connelly(2000)는 내러티브 탐구를 다음과 같이 정의하고 있다.

내러티브 탐구는 경험을 이해하는 방법이다. 이는 한 곳 또는 여러 곳에서, 그리고 환경과의 사회적 상호작용 속에서 시간에 걸쳐 일어나는 연구자와 참여자 간의 협동작업이다. 연구자는 사람들의 개인적 · 사회적 삶을 구성하는 경험이야기의 중심으로 들어가서 그들이 경험을 살고, 말하고, 다시 말하고, 다시 사는 현장을 함께하게 된다(p. 20).

인생은 살아진 경험(lived experience)들로 구성된다. 한 사람을 이해하기 위해서는 그의 경험을 탐구해야만 한다. Connelly와 Clandinin(2006)은 다음과 같이 경험을 '이야기화된 현상(storied phenomenon)'으로 개념화하였다.

인간은 개별적으로 그리고 사회적으로 인간의 경험 속에서 이야기화된 삶(storied lives)을 살아간다. 사람들은 그들 자신과 주변의 다른 사람들이 누구인지에 대한 이야기들로 매일 일상의 삶을 구성하고, 이러한 이야기들로 과거를 해석한다. 스토리(story)란 사람이 세상으로 들어가는 관문이며, 세상에 대한 그들의 경험이 해석되고 개인적으로 의미를 갖게 만드는 관문이다. 내러티브 탐구는 이야기로서의 경험에 대한 탐구이며 경험에 대하여 생각할 수 있는 최상의, 최고의 방법이다. 내러티브 방법론을 사용한다는 것은 연구에 있어서 '현상으로서의 경험'이라는 특별한 관점을 차용하는 것이다(p. 477).

2. 왜 내러티브인가

인간 경험의 탐구 방법으로서 '내러티브 탐구 방법'의 효율성을 언급하려고 한다. 이에 앞서 '내러티브 탐구'에서 '내러티브'가 정확히 무엇을 의미하는지 개념의 정립부터 이루어져야 할 것이다. 본 저자가 박사학위 과정에서 '내러티브 탐구'라는 연구방법론의 이름을 처음 접하였을 때 가장 먼저 든 생각은 "여기서 말하는 '내러티브'는 무슨 뜻일까?"라는 의문이었다. 기존에 내가 알고 있던 '내러티브'란 문학에서 사용되는 범주 내의 의미 밖에는 없었기 때문이다. 그것으로는 '내러티브 탐구'의 뜻을 이해할 수가 없었다. 알고 보니 '내러티브'란 살고 말해진 경험의 이야기들을 뜻하는 것이었다. Clandinin과 Connelly(1990)는 스토리(story)와 내러티브(narrative)를 구분하였는데, 스토리는 구체적인 상황에 대한 일화를 의미하며, 내러티브는 긴 시간에 걸쳐 일어나는 삶의 이야기의 묶음을 뜻한다. 실제로 Clandinin은 앞에서 언급한 나의 질문에 '내러티브'란 "bunch of stories(많은 이야기)"라고 간단히 답한 적이 있다. '내러티브'에 대한 이해가 없을 때, 우리는 '내러티브' 하면 막연히 '이야기' 정도로 해석하고 지나가는 경우가 많다. 그러나 '내러티브 탐구'에서의 '내러티브'란 '누군가에게 일어난 어떤 사건에 관한 기술'만을 의미하지는 않는다. Polkinghorne은 "내러티브란 시간성 속에서 축적되어지고 다른 것들에 영향을 미치기도 하는 경험들이 시간의 흐름에 따라 변화되어 가는 것을 묘사하는 것이며, 내러티브는 '이야기 형태(story form)'이다"(Clandinin & Murphy, 2007, p. 634에서 언급)라는 말로 내러티브가 이야기의 형태를 갖추어야 함을 강조하였다. 즉, 내러티브란 줄거리(plotline)가 있어야 한다는 것이다. 이처럼 '내러티브 탐구'에서 말하는 '내러티브'란 '경험이 구성되는 상황 맥락(경험의 시간성과 상호작용성, 장소 등)이 잘 드러나게 묘사되는 경험이야기'라고 말할 수 있다.

우리의 삶을 구성하는 경험은 내러티브의 특성을 지니고 있다. 내러티브 탐구를 수행할 때 연구자의 입장에서는 내러티브를 단순히 연구를 위한 분석 대상으로만 바라보아서는 안 된다. 내러티브는 인생이며, 삶 자체라는 인식적 바탕을 지니고, 우리가 공존하는 사회의 한 일원인 개별 인간(연구참여자)의 내러티브를 통해 그를 이해하는 것이 본질적 탐구의 목적임에 늘 깨어 있어야 할 것이다.

내러티브 탐구 방법에 의해 쓰인 본 저자의 박사논문 '연구자의 내러티브 (narrative beginnings)'에서 나는 '인간은 이야기화된 삶을 살아간다(Connelly & Clandinin, 1990)'는 확신을 가지고 나의 영어학습과 영어교수에 관한 경험이야기를 하였다. 나의 이야기를 말하는 과정을 통해, 나는 나의 경험을 내러티브하게 (narratively)[1] 이해하게 되었고, 나의 경험이 지니고 있는 의미를 알게 되었다. 이처럼 나는 연구의 과정에서 살아진 경험의 이야기를 말한다는 것이 얼마나 중요한 것인지를 깨달을 수 있었다"(Hong, 2009, p. 63). 스토리화된 경험의 구술을 의미하는 '내러티브'가 경험의 이해와 의미 형성에 얼마나 강력하게 작동하는지를 드러내는 예이다.

경험 탐구에 있어서 내러티브가 왜 중요한지를 여러 학자는 다음과 같이 말했다.

• Bruner(Charon, 2002에서 인용)

이야기를 말한다는 것은 엄청난 것이다. 우리는 기대했던 것이나 그 기대를 뒤엎는 반전 등에 관해 서로에게 이야기하는 것을 주목적으로 하는 종자들이다. 그리고 우리는 우리가 말하는 이야기를 통해 그것을 한다(p. 8).

• Crites(2004)

경험은 내러티브 질(narrative quality)을 지니고 있다. 가장 중요한 문화적 표현의 하나로 간주되는 storytelling에 연관시켜 말한다면, 시간성 속에서 경험이란 것의 형식적 질은 본원적으로 내러티브이다(p.291).

• MacIntyre(1981)

내러티브는 우리의 삶을 이해하는 방법이다. 우리는 모두 우리의 삶 속에서 내러티브를 살아낸다. …… 우리는 내러티브 관점에서 우리 자신의 삶을 이해할 수 있으며, 내러티브 형태는 다른 사람들의 행동을 이해하는 데 적합하다. 스토리는 말하기 전에 살아지는 것이다. …… 내러티브는 경험과 불가분의 관계이다(p. 197).

---

1) 내러티브하게(narratively): 사전에 등장하지 않는 이 용어는 내러티브 탐구 용어로, 살아진 경험을 이해하기 위해 경험 형성의 3차원(시간성, 사회성, 장소)과 기타 다양한 환경의 맥락을 고려하면서 경험을 바라볼 때 'thinking narratively'라고 표현한다(Clandinin, 2020, p. 133).

• Kerby(1991)

······ 내러티브/내레이션(narratives/narration)은 우리가 '자아'라고 칭하는 것에 의미를 부여한다(p. 1).

인생의 의미는 오직 내러티브나 스토리와 같은 틀 안에서만 적합하게 파악될 수 있다(p. 33).

• Lieblich et al.(1998)

실증주의 패러다임에 대한 방법론적 대안으로서 내러티브 탐구방법론의 필요성을 강력하게 주장하고 있다.

03
내러티브 탐구의 철학적 바탕

1. Dewey의 경험 철학

1) 경험의 개념

내러티브 탐구는 Dewey의 경험(experience)에 대한 개념을 탐구방법론의 이론적·철학적 토대로 삼고 있다. Dewey(1938)에게 경험이란 인간과 그들을 둘러싸고 있는 환경 사이에서 연속적으로 끊임없이 이루어지는 교류나 소통을 뜻하는데, 이러한 교류(소통)에는 생각뿐 아니라 느낌, 행위, 고난, 처리, 인지 등 많은 것이 포함된다. 따라서 경험은 '살아있는 인간과 그들 주변의 자연적·인위적 환경을 꼬아서 합쳐 놓은 유기체(Bach, 2007, p. 283)'라고 말할 수 있다. 인간은 주변의 자연물이나 다른 인간들에게 건너갈 다리를 놓아야만 하는 '종속자'나 '소외된 개인'이 아니다. 인간은 근원적으로 그리고 지속적으로 환경에 접해 있다. 유기적으로 환경과 관련되어 있으며, 환경이 인간을 변화시키듯이 인간이 환경을 변화시킨다. 인간은 원천적으로 자신을 둘러싸고 있는 것(환경)에 붙어 있는 것이다(Dewey, 1934).

Dewey(1916)는 그의 저술 『Democracy in Education』에서 경험을 이렇게 설명하였다.

우리가 어떤 것을 경험한다는 것은 무언가에 행동을 가하고 그 행위에 따라 또 무언가를 한다는 것이며, 결국 따라오는 결과를 겪어 내면서 힘이 들기도 한다는 것이다. 우리가 무언가에 어떤 행동을 가하면 그것은 차례로 우리에게 무언가를 되돌려준다. 그야말로 아주 특별난 조합이다(p. 139; Downey & Clandinin, 2010 재인용).

이와 같은 경험의 개념을 인간들이 살아가는 사회라는 차원에 적용하여 이해해 본다면, '경험을 겪는다는 것은 우리가 세상 속에서 한 것과 세상이 우리에게 한 것 사이의 관계성, 즉 작용(action)과 반작용(reaction) 사이의 관계성에서 발생하는 것(Clandinin, 2020, p. 131)'이라고 말할 수 있을 것이다. 이처럼 Dewey(1981)는 경험을 '인간의 사고와 사회적·인간적·물질적 환경과의 끊임없는 상호작용으로 구성되는 변화하는 흐름(changing stream)'으로 보았다. 따라서 Dewey의 존재론은 교류적(transactional)이고 관계적(relational)인 것이며, 이는 내러티브 탐구의 근본이 된다. 또한 Dewey(1976)는 경험이란 근본적이고 존재론적인 범주로서 모든 탐구를 진행할 때 바탕이 되는 것으로 이해하였으며, "경험이라는 용어를 말로 나타낼 수 없는 것에 대한 표기법(p. 325)"이라고 언급하였다.

Dewey의 경험이론에 바탕을 둔 내러티브 탐구 방법으로 연구를 수행한다는 것은 내러티브 탐구라는 방법론적 도구를 차용함을 넘어서 세상 속에서의 인간 구현을 추구하는 것이며, 개별 인간의 경험에 뿐만 아니라 그 경험이 구성되고 표현되고 활성화되는 사회의, 문화의, 기관의 내러티브에 또한 관심을 가진다는 것을 의미한다(Clandinin & Rosiek, 2007, p. 42-43).

미국의 철학자, 심리학자, 교육학자이기도 한 Dewey가 교육 개혁을 위해 '경험'이라는 키워드로 교육 현장에 제시한 '교육적 삶의 이해'라는 메시지는 내러티브 탐구자에게 전달하는 시사점이 크다.

지난 수십 년에 걸쳐 교육연구의 관심은 학생과 학습에서부터 교사와 교수, 학교의 반복적 일상, 리듬, 가치, 학교 사람들의 모습, 학교 변화와 개혁으로 바뀌어 왔다. 하지만 그 바탕에는 늘 Dewey의 '경험의 본질'이 자리 잡고 있었다. '경험'은 다양한 연구의 핵심 용어가 되었

다. Dewey는 일반적 용어인 '경험'을 교육연구의 탐구적 용어로 바꾸고, 교육적 삶에 대한 좀
더 나은 이해를 허용하는 용어로 제시하였다. Dewey에 의하면 경험은 개인적(the personal)이
고 사회적(the social)인 것이며, 이 두 요소가 늘 함께 공존한다. 사람은 개인으로서 이해되고
존중되어야 하지만 그 개별 인간을 이해하는 데 오직 개인이라는 요소 하나만으로 이해될 수
는 없다. 사람은 늘 관계 속에 있는 존재이며 사회적 맥락(social context) 속에 있기 때문이다.
그러므로 개별 학생의 학습에 대한 문제를 생각할 때, 학습은 다른 학생과, 선생님과, 그리고
교실에서, 지역사회에서 등등과 함께라는 이해와 더불어 생각하도록 이끌어 주는 것이 바로
'경험'이라는 용어이다(홍영숙, 2015a, p. 11).

2) 경험의 속성과 상황

'질적연구'는 '경험 탐구'라고 말할 수 있을 만큼 '경험'이란 질적연구에 있어
핵심이 되는 용어이다. 내러티브 탐구자로서 경험의 내러티브를 어떻게 바라
보고 분석, 해석하며 이해할 것인가에 답하기 위해서는 '경험'이 어떠한 속성을
지니고 있는지를 아는 것이 선행되어야 할 것이다. Dewey(1938)는 경험의 속
성(criterion of experience)을 계속성(continuity)과 상호작용성(interaction)이라는
두 개의 범주로 제시하였는데, 이 두 개의 속성이 함께 직조하여 상황(situation)
이라는 맥락을 형성한다고 하였다. Dewey가 제시한 경험의 속성과 상황 개념
은 이후 경험의 내러티브적 특성에 집중하여 경험을 분석, 해석, 이해하는 틀로
서 Clandinin과 Connelly(2000)가 고안한 '3차원적 내러티브 탐구 공간(three-
dimensional narrative inquiry space)'의 기초가 되었다. 경험의 속성과 상황, 각각
에 대한 개념 설명은 다음과 같다.

(1) 계속성
경험은 지속적으로 발생한다. 경험은 시간의 흐름 속에서 새로운 상황을 맞

닥뜨리면 만들어지고 형성되고 또 재형성되는 그런 것이다. 내러티브하게 이해
된 경험은 늘 중심 자리에 위치해 있으며, 과거의 회상 속에서뿐만 아니라 계속
해서 살아질 미래의 순간에서도 구성과 재구성을 반복하며 형성된다. 이처럼
시간의 흐름에 따라 지속적으로 형성되는 경험의 '계속성(continuity)'이라는 속
성을 여러 학자는 다음과 같이 언급하였다.

• Dewey(1938)

"현재의 모든 경험은 이미 전에 지나가 버린 과거의 경험으로부터 무언가를
취하고, 또한 다가올 미래의 경험의 질을 어떠한 방향으로든 수정하기도 한다"
(p. 35).

• Crites(1986)

"현재는 자신의 과거를 회상하는 '나'에게 있어 가장 중요한 시점이다. 현재는
멈추어 있지 않으며, 미래에 자신을 투영하면서 미래를 향해 기울어 있다. ……
나는 미래에 대한 관심에서 비롯하여 과거를 회상한다"(p. 163).

• Polkinghorne(1988)

"인간의 경험은 시간적 지속성을 지니고 있는데, 이는 경험이 끊임없이 의미
를 규명하면서 새로운 경험에 의해 확장된다는 것을 의미한다"(p. 184).

• Clandinin과 Connelly(2000)

"경험은 다른 경험으로부터 자라나는 것이고, 다른 경험에서 자라난 경험은
또 다른 경험으로 이끌어 간다. 시간의 연속선상 어느 지점에 우리를 위치시켜
본다면, 그 지점에 해당하는 각각의 순간은 과거의 경험적 바탕을 가지고 경험
적 미래로 이끌어 가는 것이다"(p. 2).

그러므로 '계속성'의 개념을 통합하여 간단히 정리하면 '과거의 경험은 현재의 경험을 형성하고, 현재의 경험은 미래의 경험 형성에 영향을 미친다'고 말할 수 있다.

(2) 상호작용성

Dewey(1938)는 '계속성'과 교차하는 경험의 두 번째 속성으로 '상호작용성(interaction)'을 들었다. 이는 경험 형성에 있어서 인간 자신이 지니고 있는 내적 조건과 인간을 둘러싸고 있는 객관적인 외적 환경 조건의 상호작용이 중요하다는 것을 의미한다. 우리는 경험의 이해를 위해 우리를 둘러싸고 어떤 일이 벌어지고 있는지 뿐만 아니라 우리 자신의 내부에서 무엇이 발생하고 있는지도 살펴보아야 한다. 우리는 보통 객관적인 외적 조건에 더 많은 관심을 가지게 되는데, 이럴 경우에는 개별 인간의 개인적ㆍ주관적인 요소는 경시될 수밖에 없다. 개인적 조건과 객관적인 조건, 그리고 다른 사람들, 이 모두를 함께 고려하며 그들 사이의 상호작용을 들여다보는 것이 경험 탐구에서 매우 중요하다(Caine, Clandinin, & Lessard, 2022).

그래서 경험이란 항상 개별 인간의 내적 조건과 개인의 환경(외적 조건)을 구성하는 것들 사이의 상호교류이다.

(3) 상황

경험의 계속성과 상호작용성이 함께 작동하여 활성화될 때 상황(situation)이 발생한다. Clandinin과 Connelly(2000)가 내러티브 탐구 공간의 한 개 차원으로 제시한 '장소(place)'의 개념과 '상황' 개념은 구분되어야 한다. 장소란 특정의 물리적이고 구체적인 곳을 의미하지만, 상황이란 경험의 계속성과 상호작용성 차원, 경험이 발생하는 장소 차원이 함께 활성화되어 발생되는 통합적이고 총체적인 개념이다.

개별 인간은 일련의 상황 속에서 살아간다. 처한 상황과 위치한 장소에 따라 개별 인간이 구성하는 경험은 달라지게 된다.

2. 내러티브 탐구의 존재론적 · 인식론적 바탕

모든 연구나 방법론은 철학적 바탕, 즉 존재론과 인식론에 관한 전제를 가지고 출발한다. 존재론(ontology)이란 존재(being)의 본질(근원)에 관한 철학이다 (Noonan, 2008). 내러티브 탐구에서는 '인생은 경험이며, 경험으로 존재의 의미가 부여되는 것이고, 그 경험은 절대적으로 존재하는 것이 아니라 인간 자신의 내재적 조건과 그를 둘러싸고 있는 외재적 환경과의 상호작용에 의해 형성된다'는 상대주의적(relativism) 존재론의 입장을 취한다. '인간은 개인적으로, 사회적으로 이야기화된 삶을 살아간다'는 인간 경험에 대한 관점에서 볼 때, Dewey의 존재론은 교류적이고 관계적이며 이는 내러티브 탐구의 바탕을 형성한다 (Clandinin, 2020). Dewey가 경험의 한 속성으로 언급한 계속성(continuity) 관점에서 보면 경험은 과거의 다른 경험으로부터 자라나서 미래의 경험으로 이끌어 가는 것이므로 내러티브 탐구에서는 계속성을 존재론적 사안으로 이해하고 있다.

인식론(epistemology)이란 앎(knowledge)에 대한 철학으로, 존재하는 바를 어떻게 알 수 있는지에 대한 학문이다(Stone, 2008). 내러티브 탐구에서는 '존재하는 바를 경험을 통해 맥락적으로 알 수 있다'는 구성주의적(constructivism) 인식론의 입장을 취하고 있다. 내러티브 탐구에서 말하는 지식이란 지속적으로 생성되는 것으로 문화적, 사회적으로 형성되어 있는 커다란 상황 맥락의 영향 속에서 시간의 흐름에 따라 겪게 되는 경험에 의해 구성과 재구성을 반복하는 실제적이고 경험적인 앎을 일컫는다.

이에 반하여 양적연구는 사실주의적(realism) 존재론과 객관주의적/실증주의적(objectivism/positivism) 인식론의 철학적 바탕을 지니고 있다. 연구자가 어떠한 존재론적 · 인식론적 바탕을 지니고 있는가는 연구자가 어떻게 연구를 이끌어

갈 것인지, 다시 말해 어떤 연구 관점을 가지고 어떤 성격의 연구 자료를 수집할 것인지, 어떤 분석 방법을 사용하여 어떤 형태로 연구 결과를 제시할 것인지 등을 결정짓는 근본적인 기준이 된다. 따라서 연구자가 지닌 철학적 바탕에 의해 질적연구자는 '내부자(insider/emic) 관점[1]'에서 데이터(연구 자료)를 연구참여자와 함께 '생성'해 가는 것으로 보고, 양적연구자는 '외부자(ousider/etic) 관점'에서 데이터(연구 자료)를 '수집'하는 것으로 이해한다(Olson, 2011, p. 16). 내부자 관점을 취하는 것은 질적연구의 특징이다(Fetterman, 2008).

'emic'과 'etic'이라는 용어는 본래 언어학에서 사용된 용어로, 언어학자 Pike(1967)에 의해서 처음 사용되었다. 이 두 용어는 각각 음성학의 영어 낱말 'phonemic(음소의)'과 'phonetic(음성의)'의 끝부분을 딴 것으로, 처음에는 언어학적 자료 분석의 두 가지 대조적 방식을 설명하기 위해서 만들어졌다. 이것을 인류학에서 차용해 사용하면서 'emic'은 문화기술적 연구를 수행하는 인류학자가 한 문화를 현지인의 토속적 개념과 논리 속에서 이해하고자 하는 접근법을 뜻하게 되었고, 이와 달리 'etic'은 비교문화적 연구를 수행하는 인류학자가 학술적 맥락에서 외부적 기준이나 용어, 도구 등을 활용하여 그 문화를 연구하는 접근법으로 사용하게 되었다(조용환, 1999).

질적 연구자의 관점으로 언급되는 '내부자 관점'은 경험자로부터 그 경험에 대한 이야기를 직접적으로 듣고 그 경험에 대해 가능한 한 많이 알아내는 것이 목적일 경우에 사용된다. 연구참여자의 관점을 우선시하고, 그가 주어진 현상에 대하여 또는 서로 다른 행위의 차이에 대하여 어떻게 의미를 부여하는지를 연구참여자의 관점에서 기술하는 것이다(Duranti, 1997). 따라서 '내부자 관점'으로 수행되는 연구는 주로 인터뷰를 통해 자료를 수집하게 된다.

---

1) 내부자 관점(insider/emic perspective; Duranti, 1997)은 탐구 접근법의 하나로, 문화기술적 연구를 하는 인류학자가 한 문화를 현지인의 토속적 개념과 논리 속에서 이해하고자 했던 접근법을 일컫는 용어이다. 이에 반하여 학술적 맥락에서 외부적 기준, 용어, 도구 등을 활용하여 그 문화를 연구하는 접근법을 외부자 관점(outsider/etic perspective)이라고 한다(조용환, 1999).

04
내러티브 탐구에서의 주요 개념

인생은 경험으로 구성되며, 내러티브 탐구자는 이야기화된 경험의 내러티브를 탐구하여 그 내러티브 소유자를 이해하려고 한다. 내러티브 방법론을 사용하여 탐구를 수행할 때, 연구참여자의 경험을 이해하기 위해서 연구자가 기본적으로 알아 두어야 할 용어의 주요 개념을 다음과 같이 소개한다.

1. 개인적 실제적 지식

'개인적 실제적 지식(Personal Practical Knowledge: PPK)'은 교육학 분야에서 처음으로 Clandinin과 Connelly(Clandinin, 1985b; Connelly & Dienes, 1982)가 교사를 지식이 있는 사람(knowledgeable and knowing people)으로 바라보는 관점을 드러내기 위해 개발한 용어이다. 처음에 Clandinin은 Polanyi(1958)의 '개인적 지식(personal knowledge)'의 개념에 영향을 받았다. Polanyi에 의하면, "앎이란 알려진 것에 대한 인식(comprehension)의 행위이며, …… '개인적 지식'이란 이해(understanding)의 행위 속에 있는 인식아(knower)의 개인적 관여"(1958, p. vii)로 설명된다. 따라서 Clandinin(1985a)은 'PPK'란 내용(content)이나 구조(structure)로서의 지식이 아니라, "상상력을 동원하여 우리의 경험을 배열할 수 있는 능력과 상황에 따른 상대적 활동(Johnson, 1984, p. 467)"이며, 또한 "인간의 존재성을 형성하는 모든 경험이 스며들어서 만들어지는 지식(p. 362)"이라고 주장하였다. 이는 "배우거나 전수된, 객관적이고 독립적인 무언가가 아니라 인간 경험의 총합(Clandinin, 1985a; Connelly, Clandinin, & He, 1997, p. 666)"이라고 말할 수 있다. 따라서 'PPK'는 관계적이며, 시간성을 띄는 환경에서 경험을 통해 구현되는 지식이며, 이것은 특정 시간과 장소에서 발현된다(Clandinin, 1985a).

그러므로 인간의 행동이나 어떤 환경 속에서 일어나는 대화 등을 통해 우리는 개별 인간이 어떠한 'PPK'를 지니고 있는지를 발견할 수 있다. 예를 들어, 교사의 경우에 개별 교사의 'PPK'는 그들의 교수활동 속에서 표현되어지고 드러나는 것이다. 교사가 경험을 통해 어떠한 교육과정 개념, 교육 신념, 교육관 등의 'PPK'를 지니게 되는지에 따라 그가 살아내는 교사이야기는 달라진다. 부모의 경우, 부모가 경험을 통해 어떠한 양육 신념과 가치관 등을 형성하게 되는지에 따라 부모가 자녀와 살아내는 부모이야기는 달라지게 된다. 이처럼 'PPK'는 경험적이고 가치가 부여되며, 상황에 근거하고 행위의 근원이 되는 지식을 일컫는 용어이며, 인간 행위의 모든 면에 영향을 미치게 된다. 시간이 흐름에 따라 새로운 경험이 쌓여 가듯이, 경험적 지식인 'PPK' 또한 시간의 흐름에 따라 변하게 되는 지식이다. 이는 고정되어 있거나 객관적이며 변하지 않는 그런 지식이 아니라 잠정적이며 변화가 예정되어 있는 지식이다(Clandinin, 1985a). 'PPK'는 개별 인간의 삶 속에서 구성되는 내러티브적 형성체이며, 학문적 지식을 포함하여 개인적 신념, 가치관, 윤리 의식, 이미지, 삶의 실제적 원칙들, 생활 리듬이나 생활 주기(생활 루틴), 은유적 상징 등을 'PPK'의 예로 들 수 있다.

Clandinin(1985a)은 'PPK'의 구성요소 중 하나인 '이미지(image)'를 인간의 지식을 이해할 수 있는 중심적인 요소라고 강조하여 설명하였다. 교사가 교실에 대해 지니고 있는 이미지, 'classroom as home(가정 같은 교실)'을 예시 자료로 제시하면서 이와 같은 이미지가 교실에서 살아지는 교사의 삶과 개인적 삶에서 어떻게 표현되는지를 보여 준다. PPK로 지니고 있는 '이미지'는 인간 삶의 실제(practice)에서 행위로 표현될 수밖에 없는 것이며, 내러티브 통합과 일관성(narrative unity and coherence; Clandinin & Connelly, 1984; Connelly & Clandinin, 1985)에 의하여 '이미지'는 미래 상황을 이해하도록 우리를 이끌어 줄 수도 있다. 결론적으로 '이미지'는 행위로 구현되고 활성화되는 것이다. '이미지'가 행동으로 구현되는 데에는 감성과 도덕성, 미적 감각이 수반될 수밖에 없으며, 여기에는 행동으로의 활성화를 일으키는 개인적으로 느껴지고 믿어지는 방식의 정의적(affective) 의미가 함께한다. Clandinin(1983)은 'PPK'로서의 '이미지'에 대하여 「A conceptualization of image as a component of teacher personal practical knowledge」라는 제목의 박사학위 논문을 발표한 바 있다.

'PPK'라는 새로운 지식관의 제안은 사회과학 분야에서 앎(knowledge)에 대한 방식의 변화, 대안적 인식론의 수용으로 그 적용이 확장되면서 '내러티브로의 전환' 현상을 주도하게 되었다.

다음에 소개되는 이야기는 '교육과정 개념'이라는 PPK가 변하게 됨으로써 교사 삶의 이야기가 달라진 저자의 이야기이다.

2006년, 캐나다 앨버타대학교에서 박사학위 과정을 시작하면서 나는 '내러티브 탐구'와 그리고 Clandinin 교수와 만나게 되었다. 그 이전까지 나는 연구의 방법으로 오직 양적인 방법만을 알고(?) 있었고, 사실 '양적(quantitative)'이라는 형용사가 거기에 붙어 있는 줄도, 그것이 무엇을 뜻하는지도 생각조차 하지 못했으며 그것이 존재하는 연구 방법 그 자체인 줄 알았다.

박사 과정을 시작하기 이전까지 나는 20년 이상의 경력을 지닌 초등교사로 살아왔다. 교사로서의 나의 삶에 대한 평가는 '열심히 가르치는 교사'라는 관점에서 꽤나 높은 점수를 스스로에게 줄 수 있었다. 다시 말해 나는 'a good teacher'였다. 이와 같은 평가의 근거는 그 당시 내가 지니고 있던 교육과정 개념 때문이었다. 내겐 '공부의 내용으로서의 교육과정' '국가나 교육청에서 내려온, 주어진 교육과정'의 개념 밖에는 없었다. 이런 개념으로 교사로서 내가 하는 역할은 주어진 교육과정에서 제시한 교수-학습 내용을 학생들에게 잘 가르쳐서 점수로써 높은 학업성취도를 이끌어 내는 것이었다. 이런 교육과정 개념에 비추어 볼 때, 나는 내가 가르치는 모든 학생이 높은 학업성취 점수를 받을 수 있도록 교사로서 최선을 다하였고, 그래서 나는 나름 '훌륭한 교사'라고 자부하였다.

그러나 '내러티브 탐구'를 만나고 '내러티브 교육과정'을 알게 되면서 내가 살아온 교사이야기 속에서 나는 결코 '좋은 선생'일 수 없었다. 반성은 뼈가 아팠다. 그동안 여러 학생과 살아왔던 그 순간들이 영상으로 회상되며 가슴을 때렸다.

아침 자습 과제인 한자 쓰기를 하지 않은 채 학급문고 앞에 엎드려 자신들이 좋아하는 독서만 하던 2학년짜리 쌍둥이 형제 녀석에게 어떤 질문이나 대화를 시도하지 않고 방과 후에 남겨 한자 쓰기를 다 마치게 한 후에 귀가시킨 일. 5년의 미국 생활을 마치고 3학년 우리 반으로 편입한 유미(가명)의 영어 능력 유지를 위해 나는 여러 방면으로 힘을 썼지만 유미가 별로 좋아하지 않는다고 느끼며 섭섭하기만 했던 일… 나는 그들의 마음을 살피려고 하지 않았고, 교사로서 해야 할 일에 대한 독단적 확신으로 그 일을 강요하는 교사이야기를 살았다. 이러한 이야기로 살아진 바탕에는 개인적 실제적 지식으로서 앞서 언급한 교육과정 개념이 자리하고 있었다.

내가 새롭게 알고 수용하게 된 '내러티브 교육과정'이란 '삶으로서의 교육과정(curriculum as lives)'을 의미하며, 이 교육과정 개념을 지니고 살아가는 교사는 가르치는 학생들을 한 덩어리의 전체 군(群)으로 바라보는 것이 아니라 한 명 한 명 개별 학생으로 바라보고 존중하며 그들 각자의 삶의 이야기에 관심을 기울이고 배려하는 이야기를 산다. 내러티브 교육과정 개념을 지니게 된 나는 이제 대학교에서 개별 학생의 삶의 이야기에 관심을 기울이는 교수로 살아가고 있다.

2. 전문적 지식환경/직업환경

전문적 지식환경(Professional Knowledge Landscape: PKL; Clandinin & Connelly, 1995, 1996)이란 개별 인간이 처한 직업환경을 의미한다. 예를 들어, 교사에게는 학교가, 상담자에게는 상담센터가, 회사원에게는 다니는 회사가 그들 각자의 PKL이 될 것이다. PKL을 이해하기 위해서는 그 안에서 형성되는 사람, 장소, 기타 여러 가지 것과의 관계성(relationships)에 초점을 맞추어야 한다. Clandinin과 Connelly(1995)는 'landscape'라는 은유적 단어를 통해 '서로 다른 관계 속에 있는 다양한 사람과 사물과 사건으로 채워지는 가능성과 광활함(p. 4)'이라는 의미적 상징성을 제시하였다. PKL의 상황이나 모습에 따라 인간이 살아가는 스토리의 모습이 달라지기도 하고 다른 여러 이야기를 다중적으로 살아가기도 한다. Clandinin과 Connelly는 교육학이라는 학문적 배경을 지니고 있었기 때문에 학교 환경 속에서 살아가는 사람들의 내러티브에 관심이 많았고, 여기에서 내러티브 탐구에 관련된 개념 및 용어 등이 생겨나기 시작했다. 'PKL의 상황과 그 안의 장소에 따라 교사는 다른 여러 이야기를 살아간다'는 말의 이해를 돕기 위해 Clandinin과 Connelly(1995)는 학교 상황을 바탕으로 네 가지 이야기 형태, 즉 비밀이야기(secret stories), 포장이야기(cover stories), 경합이야기(competing stories), 충돌이야기(conflicting stories)를 제시하였다.

교실 안과 교실 밖이라는 장소 차원의 차이에 따라 다르게 살아지는 이야기 (secret stories/cover stories)와 교사의 PPK(예: 교육적 신념, 이상, 가치관)와 학교 정책 및 학교가 추구하는 가치관(기관의 내러티브)사이의 충돌에 따라 다르게 살아지는 이야기(competing stories/conflicting stories)를 Clandinin과 Connelly(1995, 1996)는 어떻게 설명하고 있는지, 또한 본 저자가 교사로서 PKL인 학교환경에서 그 상황과 장소에 따라 어떻게 서로 다른 이야기를 살았는지 본인의 박사학위논문(Hong, 2009, pp. 53-55)에서 발췌해 보았다.

I composed a variety of stories in relation to students, parents, other teachers, and administrators in the professional knowledge landscape. I now see I lived on a narratively constructed landscapes. It is a place of story which is composed of two fundamentally different places, the in-classroom place and the out-of-classroom place (Connelly & Clandinin, 1999, p. 2). Clandinin and Connelly (1996) described the in-classroom place as:

Classrooms are, for the most part, safe places, generally free from scrutiny, where teachers are free to live stories of practice. These lived stories are essentially secret ones. Furthermore, when these secret lived stories are told, they are, for the most part, told to other teachers in other secret places. When teachers move out of their classrooms onto the out-of-classroom place on the landscape, they often live and tell cover stories, stories in which they portray themselves as experts, certain characters whose teacher stories fit within the acceptable range of the story of school being lived in the school. (p. 25)

With respect to the out-of-classroom place they wrote:

A place filled with knowledge funneled into the school system for the purpose of altering teachers' and children's classroom lives. It is a place filled with other people's versions of what is right for children. Researchers, policy makers, senior administrators and others, using various implementation strategies, push research findings, policy statements, plans, improvement schemes and so on down what we call the conduit into this out-of-classroom place on the professional knowledge landscape. (p. 25)

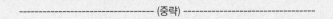

------------------------------ (중략) ------------------------------

I realized I lived out 'stories' in school landscapes. I lived out many different stories. I lived out stories of a teacher who put much value on English teaching in the in-classroom places. Those would be my "secret stories" (Soltis, 1995). In out-of classroom places, I lived out stories as a teacher who was an expert and implementer of the National English Curriculum. I recognized I lived out "cover stories" in the out-of classroom places. As I lived these different stories in the school landscape, I felt tension between children, parents, other teachers, and myself. Two narrative ways Clandinin and Connelly (1995) understood how these tensions appeared in the landscape were described as "competing stories" and "conflicting stories" (p. 125).

· ·

나는 PKL인 학교에서 학생들과 학부모, 다른 동료 교사와 관리자(교장, 교감)와 관련하여 아주 다양한 많은 이야기를 살아왔다. 이제사 내러티브하게 형성된 학교환경 속에서 내가 살았다는 것을 알게 되었다. 이것은 교실 안과 교실 밖이라는 완전히 다른 두 장소에서 형성된 장소의 이야기이다(Connelly & Clandinin, 1999, p. 2). Clandinin과 Connelly(1996)는 '교실 안'이라는 장소를 다음과 같이 묘사하였다.

> 교실은 대부분 안전한 장소이다. 일반적으로 교사가 교수활동의 이야기를 사는 데 자유로운, 즉 감시로부터 자유로운 안전한 장소이다. 이곳에서 살아진 이야기는 기본적으로 비밀스러운 것(secret stories)이다. 더구나 이 비밀스럽게 살아진 이야기를 대부분 다른 교사들에게 비밀스러운 장소에서 말한다. 교사들이 자신의 교실을 떠나 학교환경 안에 위치해 있는 교실 밖 장소로 나갔을 때, 그들은 종종 포장이야기(cover stories)를 살고 말한다. 포장이야기 안에서 교사는 학교가 살기를 요구하는 학교이야기 범주에 딱 들어맞는 교육전문가 또는 그런 성향의 교사로 자신을 그려 낸다(p. 25).

'교실 밖' 장소에 대해서는 다음과 같이 썼다.

> 교사와 학생의 교실 안 삶을 바꿀 목적에 의해 학교 시스템으로 흘려 보낸 지식으로 가득한 장소이다. 이곳은 학생들을 위해 무엇이 옳은 것인지가 학교 안의 구성원이 아닌 다른 사람들에 의해 결정된 것들로 가득 찬 장소이다. 다양

한 수행 전략을 사용하는 연구자나 정책입안자, 행정가, 그 외의 다른 사람들이

PKL(학교)에 있는 교실 밖 장소로 conduit이라고 불리는 관(상직적 표현)을 통하여

연구 결과, 정책 문안, 계획, 개선 방안 등을 위에서 아래로 내려보낸다(p. 25).

---(중략)---

나는 학교라는 환경 속에서 '서로 다른 많은 이야기'를 살았다는 것을 깨달았다. 교실 안에서는 영어교육에 큰 가치를 부여하는 교사의 이야기를 살았는데, 그것은 나의 '비밀이야기(Soltis, 1995)'가 되었다. 교실 밖에서는 국가 수준의 영어교육과정 수행자이자 전문가로서의 교사이야기를 살았으며 이는 나의 '포장이야기'가 되었다. 이렇게 학교라는 환경에서 서로 다른 이야기들을 살아가면서 나는 학생들과 학부모들, 다른 동료 선생님들, 그리고 나 자신 사이에서 규명되지 않는 긴장과 갈등을 느낄 수밖에 없었다. 이러한 갈등이 학교환경에서 어떻게 드러나는지를 Clandinin과 Connelly(1995)는 '경합이야기(competing stories)'와 '충돌이야기(conflicting stories)'로 묘사하였다(p. 125).

PKL이 학교라는 환경일 경우, 교사는 교실 안과 교실 밖에서 서로 다른 이야기를 사는 경우를 많이 볼 수 있다. 교실 안에서 교사의 개인적 실제적 지식(PPK)에 입각하여 살아가는 개인적 이야기를 '비밀이야기'로, 교실 밖에서 학교의 정책이나 가치에 부합되는 이야기를 살고 있음을 보여 주는 이야기를 '포장이야기'로 표현하고 있으며, 서로 다른 이야기를 살면서 발생하게 되는 긴장과 갈등을 이해하기 위해 '경합이야기'와 '충돌이야기'라는 용어를 개발하였다. '경합이야기'란 서로 다른 이야기이기는 하지만 추구하는 가치 면에서 그다지 큰 충돌을 일으키지 않기 때문에 함께 갈 수 있는 이야기를 말하고, '충돌이야기'란 기관에서 추구하는 지배적 이야기와 크게 달라 충돌이 일어나게 되므로 수명이 길게 갈 수 없는 이야기를 말한다. 이는 인간이 살고 있는 전문적 직업환경의 상황에 따라 인간은 다중적인 여러 모습의 이야기를 살아가게 된다는 것을 설

명하고 있다.

전문적 지식환경(professional knowledge landscape)과 대비하여 개인적 지식환경(personal knowledge landscape)을 덧붙여 언급하고자 한다. '개인적 지식환경'이란 우리가 태어나서부터 시간이 흘러 지금에 이르기까지 우리가 알고 있는 바와 우리가 누구인지, 또한 무엇이 되어 가는지에 영향을 미치는 개인적인 지식 상황을 일컫는다(Clandinin, 2020). 즉, 우리가 자라면서 만나고 관계 맺는 사람들, 장소 등등은 지속적으로 생성되고 변화하게 된다. 그러므로 '개인적 지식환경'은 끊임없이 변하게 되고, 'PKL'과 더불어 'PPK'를 형성하는 데 작동하게 되는 것이다.

3. 살아내는 이야기/정체성

Connelly와 Clandinin(1999)은 PPK와 PKL, 교사정체성(teacher identity)을 개념적으로 함께 가져오기 위해 '살아내는 이야기(Stories to Live By: SLB, p. 4)'라는 내러티브 개념을 개발하였다(Clandinin et al., 2006, p. 8). 이는 어떻게 개인의 경험적 지식과 상황 맥락, 정체성이 함께 연결되어 있는지를 이해하도록 돕는 개념이다. Okri(1997, p. 46)가 언급한 "우리는 이야기로 산다(We live by stories)"라는 말은 Connelly와 Clandinin(1999)이 지식, 맥락(상황), 정체성 사이의 복잡한 관계성을 밝힘으로써 '우리는 누구이고, 우리는 앞으로 어떤 사람이 되어 갈 것인지'를 이해할 수 있도록 하는 내러티브 개념, 살아내는 이야기(stories to live by)를 개발하게 이끌었다. 이 개념은 정체성에 관하여 관계적으로 생각할 수 있도록 하는 방법이다.

Clandinin 등(2006)에 따르면 다음과 같다.

교사 정체성이란 인간이 과거와 현재, 살고 일하는 상황 맥락에서 형성된 지식(PPK)에 의해 구성되는 삶의 이야기의 독특한 발현으로 이해할 수 있다. '살아내는 이야기'는 다중적이고 유동적이며 아이들, 가족, 학교 행정가, 타인과 살아가는 순간 순간들 속에서, 그리고 학교 안과 밖이라는 상황 맥락에 따라서 끊임없이 구성과 재구성을 반복하게 된다. '살아내는 이야기'는 그들이 사는 환경과 PPK에 의해 형성된 플롯라인을 따라 생성된다. 경험이야기를 다시 말하고(retelling) 다시 살아봄(reliving)으로써 '살아내는 이야기'는 변화에 대한 가능성을 제시한다. 다시 말하고(retelling) 다시 사는 것(reliving)은 우리가 살아내는 이야기(SLB)를 변화시키는 다시 이야기하기(restorying)이다(p. 9).

'PPK'의 표현이라고 할 수 있는 'SLB'란 내가 누구인지, 내가 무엇을 알고 있는지를 말하고 사는 이야기를 뜻한다. 따라서 인간은 개별로 지니고 있는 경험적 지식과 상황 맥락의 영향으로 그에 따른 이야기를 살아낼 수밖에 없기 때문에 그가 살아내는 이야기(SLB)는 그가 누구인지를 나타내므로 '정체성' 개념으로 대체될 수 있다. 이해를 돕기 위해 본 저자가 박사학위논문에 실었던 (1) '초등 영어 교사로 살아낸 나의 이야기(my stories to live by)'와 함께 (2) '그런 교사이야기를 살게 한 영어와 관련된 과거의 나의 이야기'를 소개한다.

(1)

My experience of learning English through much struggle shaped how I valued English. This feeling about the importance of English shaped how I lived my stories as an eager learner of English. Later, when I was located in a professional knowledge landscape which focused on implementing a policy about English education, I was treated as a teacher who had a specialty in teaching English. It was a moment in which my personal practical knowledge and stories to live by regarding the importance of English was integrated with social values about it. My personal practical knowledge related to English, consequently, shaped the importance I placed on English learning and teaching. I lived stories as an expert who had complete knowledge about the English curriculum and who taught English very well. I also lived stories in the classroom as a teacher who had concerns about children's English learning. My personal practical knowledge of English drove me to identify my view of English with my students(Hong, 2009, p. 57).

. . . .

부실한 영어 능력으로 고통을 겪을 수밖에 없었던 나의 경험은 영어에 엄청난 가치를 부여하는 삶의 이야기를 구성하도록 이끌었다. 영어의 중요성을 신념처럼 느꼈던 나는 영어를 아주 열심히 배우는 학습자의 이야기를 살았다. 후에 영어교육이 매우 중시되는 학교환경에 놓였을 때, 학교 구성원들은 나를 영어를 잘 가르치는 전문가로 여겼다. 영어의 중요성과 관련하여 살아낸 나의 이야기(stories to live by)와 개인적 실제적 지식(personal practical knowledge)이 영어에 대한 사회적 가치와 통합되는 순간이었다. 영어에 대한 나의 개인적 실제적 지식은, 결국 영어 학습과 영어 교수 모두에 커다란 중요성을 부여하였다. 나는 영어 교육과정에 대한 완전한 지식을 갖춘, 그리고 영어를 매우 잘 가르치는 전문가로서의 이야기를 살았다. 나는 또한 교실에서는 학생들의 영어 학습에 매우 큰 관심을 가지고 있는 교사이야기를 살았다. 영어에 관한 나의 개인적 실제적 지식은 나의 학생들과 함께 사는 우리의 영어이야기로 나의 영어 관념을 드러냈다.

(2)

대학 입학을 위한 예비고사와 본고사가 있던 시절, 도저히 본고사를 치를 수 없을 정도의 영어 능력을 지니고 있었던 나는 그로 인해 그 당시 나의 희망과 의지와는 상관없는 교육대학으로 나의 진로의 첫발을 내딛게 되었다. 입학 후 다른 대학으로의 편입을 기약하며 영어 공부를 보충하였으나 막상 편입 시험 시기가 되니 대학의 졸업정원제 실시로 편입의 길이 막혀 버렸다. 자포자기하는 심정으로 발령을 받아 초등교사가 된 지 얼마 후, 주변의 동료 선배 교사처럼 나는 대입 예비고사와 체력장을 다시 치르고 대학 1학년의 영어영문학 전공자가 되었다. 나의 인생 진로 선택의 가장 중요한 시점에서 길을 틀어 버린 영어라는 요소는 결국 이후의 나의 삶을 이끌어 간 인생 화두가 되었으며 이제 나는 대학에서 영어를 가르치는 선생이 되어 있다. 고난으로부터 시작하였지만 나의 삶의 여정을 이끌어 가는 데 핵심이 되었던 영어의 존재감과 당시에 사회적으로 높게 형성되어 있던 영어 관념 등으로 나의 PPK로서의 영어의 가치는 매우 높을 수밖에 없었다. 1997년 7차 교육과정이 개정되고 초등학교에 영어가 정규 교과로 들어오면서 나는 영어 전공자라는 배경으로 영어 시범 수업반을 맡게 되었고, 영어와 관련된 다양한 외부 활동을 하게 되었으며, 단위 학교에서는 영어교육이 중점이 되는 시설과 행사를 펼치기 시작하였다. 영어에 관한 나의 PPK는 학교환경과 어우러져서 교실 안에서는 최대한 영어 관련 활동으로 학습활동을 구성하는 비밀이야기(secret stories)를 살았고, 교실 밖에서는 영어 교육 전문가라는 포장이야기(cover stories)를 살았다. '내가 살아내는 교사이야기'는 내가 어떤 선생님인지를 드러내는 이야기이므로 이것을 바로 그 당시 '나의 교사정체성'이라고 말할 수 있다.

4. 살기-말하기-다시 말하기-다시 살기

경험을 '이야기화된 현상(a storied phenomenon)'으로 바라보는 경험에 대한 내러티브적 관점으로부터 Clandinin과 Connelly(1998)는 다음과 같이 내러티브 탐구 과정으로 특별한 의미를 지니는 네 가지의 핵심 용어를 개념화하였다(Clandinin, 2013).

• 살기(living)
사람들은 이야기를 살아간다.

• 말하기(telling)
사람들은 그들의 삶에 대한 이야기를 말한다.

• 다시 말하기(retelling)

내러티브 탐구자는 연구참여자와 함께 우리가 살아내고 말했던 이야기를 탐구하기 시작한다. 이때 연구참여자와 더불어 살아내고 말했던 이야기를 탐구하는 과정을 다시 말하기(retelling=inquiring)라고 명명한다. 이 탐구의 과정에서 우리는 살아내고 말했던 이야기를 '풀어내기(unpack)' 위하여 3차원적 내러티브 탐구 공간에서 작업하는데, 이렇게 풀어내는 과정을 다시 말하기(retelling) 과정이라고 말할 수 있다.

• 다시 살기(reliving)

우리가 살아내고 말했던 이야기를 다시 말하면서(retelling) 우리는 변화를 겪기 때문에 우리의 이야기를 다시 살기(reliving) 시작하게 된다.

내러티브 연구자는 앞에 기술한 이야기를 살고, 말하고, 다시 말하고, 다시 사는 과정을 연구참여자와 함께 살아간다. 대부분의 내러티브 탐구는 'telling stories', 즉 경험의 이야기를 말하는 연구참여자와 연구자 간의 대화(conversation)로 시작한다. 내러티브 탐구를 시작하는 또 다른 방법은 'living stories'로, 연구자가 연구참여자의 삶 속에 들어가서 탐구의 현장에 함께하면서 탐구하는 방법이다. 이는 '좀 더 어렵고 시간이 많이 소요되는 집중적이고 심오한 방법(Connelly & Clandinin, 2006, p. 478)'이라고 할 수 있다.

5. 내러티브 탐구 용어(양적연구 용어 대비)

일반적으로 양적연구에서 사용되는 탐구의 기본 용어들이 내러티브 탐구에서는 다르게 사용되는 네 가지 예를 〈표 4-1〉에 비교하여 설명하고자 한다.

〈표 4-1〉 양적연구 vs. 내러티브 탐구 용어 비교

양적연구	내러티브 탐구	용어 설명
연구대상자 (subject)	연구참여자 (participant)	- 내러티브 탐구는 연구자와 연구참여자의 관계적 협동작업이다. - 연구참여자는 탐구 대상이 되는 경험의 내러티브를 제공하며, 그러하기에 연구자뿐만 아니라 연구참여자에게도 연구에 대한 소유권이 인정된다.
연구 문제 (research question)	연구 퍼즐 (research puzzle)	- 연구 퍼즐은 내러티브 탐구의 구성주의적이고 다중적인 면을 전달하기 위해 사용되는 용어이다. - question으로 표현하지 않는 이유는 내러티브 탐구가 최종 답을 구하기 위한 탐구가 아니기 때문이다. - 내러티브 탐구는 인간 경험에 대한 문제(question)가 아니라 궁금함(wonder)에서 시작한다.
인터뷰 (interview)	인터뷰 대화 (conversation)	- 공식적인 인터뷰는 interviewer와 interviee 사이에 권력관계성을 형성한다. - 인터뷰의 형식이 대화 형식이 되면 연구자와 연구참여자 간에 존재할 수 있는 권력관계성이 좀 더 협동적이고 동등한 관계성으로 변화될 수 있다. - 인터뷰 대화는 연구참여자와 연구자 모두의 목소리와 스토리가 좀 더 잘 들리고, 잘 구성될 수 있는 공간을 창출해 낸다.
연구 자료 (data)	현장텍스트 (field texts)	- 내러티브 탐구에서는 작성하는 텍스트가 객관적이라기보다는 경험적이고 간주관적(intersubjective)인 텍스트라는 점을 나타내기 위해서 현장텍스트라는 용어를 사용한다.

어떠한 철학적 · 패러다임적 관점을 지니고 있는 연구방법론을 선택하느냐에 따라 그 연구에서 사용되는 연구 용어는 달라질 수밖에 없는 것이다.

05

경험을 바라보는 관점:
3차원적 내러티브 탐구 공간

Clandinin과 Connelly(2000)는 내러티브 탐구에서 추구하는 방향과 방법을 안내하기 위하여 '3차원적 공간(시간성 공간, 사회성 공간, 장소 공간)'이라는 은유적 개념을 창출하였다. 이 공간에서 내러티브 탐구자는 '장소'라는 차원에 위치한 채 '시간성' 차원에서 뒤로(backward)/앞으로(forward)를, '사회성' 차원에서 안으로(inward)/밖으로(outward)를 가리키면서 경험에 대한 탐구 활동을 수행하는 것이다.

앞서 전술하였듯이, Dewey는 경험의 속성을 계속성과 상호작용성이라는 두 가지로 제시하였고, 이 두 속성의 활성화로 발생하게 되는 상황이라는 범주를 제시하였다. 이를 바탕으로 Clandinin과 Connelly(2000)는 시간성, 사회성, 장소라는 내러티브 탐구에 있어서의 3차원적 탐구 공간을 제안함[1]으로써 내러티브 탐구자의 역할과 위치를 안내하였다. 내러티브 탐구 시 연구자가 해야 할 일을 한마디로 표현하면 '3차원적 내러티브 탐구 공간에 위치해서 내러티브하게 생각하는 것(thinking narratively within three-dimensional narrative inquiry space)'이다. '내러티브하게 생각한다'는 것은 '이야기(stories)를 가지고 생각하는 것'과 상통하는 의미이며, 3차원에 위치하여 경험을 바라보는 것이다. 다시 말하자면 이

---

1) Dewey(1938)가 언급한 '상황'은 '계속성'과 '상호작용성'의 통합에서 생성되는 것으로, Clandinin 과 Connelly(2000)가 제시한 3차원적 내러티브 탐구 공간의 세 번째 차원인 '장소'의 개념과 혼용하여 사용할 수 없다. Dewey의 경험의 속성 용어(계속성, 상호작용성, 상황)와 Clandinin과 Connelly의 3차원적 내러티브 탐구 공간 용어(시간성, 사회성, 장소)를 혼용하지 않도록 주의하여 야 할 것이다.

는 "관계적 공간 안에서 새롭게 살아질 이야기와 새로운 가능성에 대하여 상상 (imagination)을 동원하여 대상 경험에 첨예하게 깨어 있는 것"(Caine et al., 2022, pp. 142-143)을 뜻한다.

　궁금함에서 비롯된 탐구를 통해 '경험을 내러티브하게 이해한다'는 것은 불확실함과 편하지 않음에 대해 느낄 수 있다는 것을 의미한다. 안락함과 수월함을 찾아 돌아서지 않는 것이 내러티브 탐구의 핵심이라고 할 수 있다. 불확실함 속에서 산다는 것은 지속적으로 상처를 받거나 공격을 당하기 쉬운 취약한 공간에, 그리고 알지 못하는 공간에 존재하도록 우리(연구자)를 이끌어 간다는 것인데, 이는 이 공간이 바로 우리가 나란히 함께 있는 사람들(연구참여자)의 경험에 대해 가장 첨예하게 깨어 있을 수 있는 공간이기 때문이다(Caine et al., 2022).

　Bach(2007)는 '탐구의 과정에서 탐구를 이끌어 가는 방향'으로, 홍영숙(2020)은 '현장텍스트로서의 내러티브를 분석하고 해석하는 틀'로서 '3차원적 내러티브 탐구 공간(three-dimensional narrative inquiry space)' 개념의 실제적인 구체화를 시도하였다. 한편, Clandinin과 Connelly(2000)는 내러티브 탐구자가 연구참여자와 함께 수행하는 연구의 전 과정ー연구자/연구참여자의 내러티브 기술, 인터뷰 대화, 현장텍스트 구성, 중간연구텍스트 작성, 최종연구텍스트 작성 등ー에 걸쳐 늘 '3차원적 공간'에 깨어 있을 것을 강조하였다.

1. 시간성

　3차원적 내러티브 탐구 공간의 첫 번째 차원인 '시간성(temporality)'은 과거, 현재, 미래로 이어지는 시간의 연속성을 의미하며, 경험은 시간의 연속선상에서 영향을 주고받으면서 형성된다는 것을 뜻하므로 Dewey가 말한 경험의 '계속성'과 같은 맥락에서 나온 용어이다. '경험은 과거의 다른 경험으로부터 자라나는 것이고, 그 경험은 미래의 또 다른 경험으로 이끌어 간다'는 Dewey(1938)

의 '계속성' 개념을 차용하여 Clandinin과 Connelly(2000)는 '시간의 연속선상—상상한 현재, 상상한 과거, 또는 상상한 미래—어느 곳에 우리를 위치시켜도 각 시점은 모두 과거의 경험적 바탕을 가지고 있으며, 경험적 미래로 이끌어 간다'는 내러티브 탐구 공간의 '시간성' 개념을 만들어 냈다. 시간의 어느 지점에서도 경험은 항상 진행형의 무언가이며, 따라서 시간은 그 중심에 있는 무언가이다.

Dewey는 '시간의 흐름 속에서 형성되는 경험'이라는 관점을 제안하면서 바로 현재 그 시간, 그리고 오랜 시간에 걸쳐 형성되는 한 사람이 살아내는 경험이란 것의 숨겨지고 드러나는 본성을 보여 준다. Clandinin 등(2007)은 "모든 사건이나 사람은 항상 과거, 현재, 미래를 가지고 있으며, 내러티브 탐구자가 사람이나 장소, 사건들을 늘 변화 속에 있는 과정으로 이해하려고 노력하는 것은 매우 중요한 일이다"(p. 23)라고 설명함으로써 내러티브 탐구 과정에서 '내러티브하게 생각'하는데 따른 시간성의 중요성을 강조하였다. Clandinin과 Connelly(1994)는 내러티브 탐구의 네 방향(backward/forward, inward/outward)을 제시하기도 하였는데, 시간성의 차원에서는 현재 경험이 과거 경험으로부터 어떤 영향을 받았는지(backward), 또 미래 경험에는 어떠한 영향을 주게 될지(forward) 경험을 바라보는 두 방향성(backward/forward)을 제시하였다. 연구자로서 3차원적 내러티브 탐구 공간 안에서 일한다는 것은 현재의 스토리이든 기억된 과거의 스토리이든 그것들을 말할 때 과거의, 현재의, 그리고 미래의 나 자신과 만난다는 것을 의미한다. 연구의 맥락에서 연구참여자와 함께 스토리를 말하고 다시 말하는 삶을 살아갈 때, 우리 각자가 어떤 사람인지, 우리가 어떤 사람이 되어 가는지에 관한 스토리를 말한다는 것은 미래에 대한 가능한 플롯 라인을 제시하는 것이다. 경험의 이야기는 이렇게 시간의 연속선상에서 이어지며 살아지게 된다.

그러므로 내러티브 탐구자가 탐구 대상의 경험을 탐구할 때, 시간성 차원을 고려하여 과거에 어떠한 경험으로 이 경험이 형성되었는지, 또한 이 경험이 미래에 어떠한 경험으로 형성될 것인지를 고려하고 생각하면서 탐구를 해 나가야 할 것이다.

2. 사회성

　3차원적 내러티브 탐구 공간의 두 번째 차원인 '사회성(sociality)'은 개인의 내적 조건과 사회적인 외적 환경 조건의 상호작용에 의해 경험이 형성된다는 것을 뜻하므로 Dewey가 언급한 '경험의 상호작용성'과 맥을 같이하는 용어이다. 앞서 '경험의 개념'에서 Dewey(1934)가 언급한 것처럼 '인간은 원천적으로 자신을 둘러싸고 있는 환경과 불가분의 관계 속에서 살아가는 존재'라는 점에 대한 이해로부터 경험의 '사회성' 차원을 생각해 낼 수 있었다.

　경험 형성의 개인의 내적 조건이라고 하면 기분, 감정, 희망 등이나 가치관, 도덕관, 종교관, 윤리 의식 등의 개인적 실제적 지식(PPK)을 그 예로 들 수 있을 것이다. 경험 형성의 외적 환경 조건에는 사람이나 사물, 사건 등이 구성하는 주변 환경과 더불어 사회적·문화적·역사적·언어적·기관의·가족의 내러티브가 이에 포함된다. 이러한 다방면의 내러티브는 해당 분야가 지니고 있는 가치관으로 이해할 수 있을 것이다. 예를 들어, 본 저자가 영어 학습, 영어교육 전공 등 영어와 관련된 삶의 이야기로 인생의 거의 전부를 점철되게 살아온 것은 경험을 구성하는 그 시점에 한국 사회에 형성되어 있던 '파워(power)'로서의 영어 관념 때문이었고, 이것이 나의 삶의 이야기 구성에 영향을 미친 '사회적 내러티브'였던 것이다. 또한 영어를 너무 못하여 교육대학교 진학을 선택했던 나의 대학 입시 이야기에는 "여자는 선생이 최고다"라는 부모님의 말씀이 강력히 작용했던 것이고, 이것이 당시 '가족의 내러티브'로 나의 경험 형성에 영향을 주었던 것이다.

　'사회성' 차원에서 탐구의 나머지 두 방향성(inward/outward)이 제시될 수 있는데, 연구자는 탐구 경험이 형성될 때의 참여자의 내적 조건(inward)과 그를 둘러싸고 있는 외적 환경(outward)이 어떻게 작용했는지를 깊이 들여다볼 필요가 있다는 것이다. 이와 더불어 '사회성' 차원은 연구자가 참여자의 경험을 탐구할 때에만 고려해야 하는 것이 아니라 연구의 전 과정에 걸쳐 깨어 있어야 할 차원임을 주지하는 것은 매우 중요하다. Connelly와 Clandinin(2006)은 내러티브 탐구에서 연구자와 참여자 사이의 관계성의 중요함에 대하여 '사회성' 차원에서 특정화하여 다음과 같이 언급하였다. "연구자는 항상 참여자의 삶과 함께 연구 관계성 안에 위치한다. 우리는 관계성으로부터 우리 자신을 제거할 수 없다"(p. 480).

3. 장소

3차원적 내러티브 탐구 공간의 세 번째 차원인 '장소(place)'는 "탐구나 사건이 일어나는 특정의 구체적이면서 물리적인 장소나 일련의 장소"(Connelly & Clandinin, 2006, p. 480)를 의미한다. Connelly와 Clandinin(2006)은 "모든 사건은 어떤 장소에서 벌어진다"(p. 481)고 하였다. 그래서 "내러티브 탐구자는 경험이 형성되는 각 장소의 영향을 생각하면서 그 경험을 탐구할 필요가 있다"(Clandinin et al., 2007, p. 23)고 강조하였다.

'장소'가 경험 형성에 미치는 영향은 막강하다. 인간은 어떤 장소에 위치하느냐에 따라 전혀 다른 질의 이야기를 살기도 하고, 그에 따라 서로 다른 다중의 정체성을 구성하기도 한다. 장소의 다름은 그 장소를 구성하는 사람, 사물, 분위기 등의 다름을 전제한다. 그래서 같은 스토리를 이야기할 경우에도 장소가 달라짐에 따라 스토리의 내용 구성이 달라지는 경험을 누구나 다 해 보았을 것이다.

결론적으로 내러티브 탐구자는 3차원적 내러티브 탐구 공간에 위치하여 시간성, 사회성, 장소의 차원을 고려하면서 네 개의 탐구 방향성을 가지고 경험을 탐구하여야 한다는 것이다.

06
연구 정당성

　사회과학연구자들, 특히 질적 연구자들은 부단히 '연구의 정당성(justification)'에 관한 질문(연구의 목적이 무엇인지?, 무엇을 발견하고 싶은지?, 무엇을 다르게 이해하게 되었는지?)을 받는다(Clandinin, 2013). 질적연구의 역사(한국에는 1990년대 이후에 질적연구가 처음 소개됨; 김영천, 2006)가 그리 오래되지 않은 한국에서는 연구재단, 정부정책 입안자, 양적연구 전통에 익숙해 있는 학술지의 심사위원 등이 내러티브 연구 결과물을 그저 밖에 나가 몇몇의 사람들에게 이야기를 들려달라고 부탁하고 그들로부터 들은 이야기를 적어서 생산된, 지극히 단순한 과정에 의한 결과물로서 치부하는 경우가 종종 있어 왔다. 이러한 인식은 내러티브 탐구 논문이 너무도 개인적이고 일화적이며 자기도취적이라는 이유로 연구재단의 연구비 수혜 대상에서 탈락되거나 학술지 논문 게재를 거부당하는 현상으로 이어지곤 하였다. 이와 같은 이유 때문에 내러티브 탐구자로서 연구의 정당성과 목적을 묻는 질문에 답할 수 있어야 함은 매우 중요하다. 우리는 우리의 연구에 대해서 "그래서 어쩌라고요?(So what?)" "누가 관심을 가지나요?(Who cares?)"라고 묻는 질문에 답할 수 있어야만 한다.

　흔히 양적연구의 전통에서 연구 정당성은 객관성(objectivity)을 바탕으로 한 타당도(validity: 연구하고 싶은 것을 제대로 정확하게 연구했는지의 정도)와 신뢰도(reliability: 연구 결과를 믿을 수 있는지, 즉 똑같은 연구를 다른 사람이 해도 같은 결과가 나오는지의 정도)를 가지고 가늠된다. 그러나 내러티브 탐구는 연구하고 싶은 것이 '인간 경험'이기 때문에 연구의 방법이 양적연구와는 확연히 다르므로 '제대로 정확하게 연구했는지'를 '타당도'라는 양적연구의 잣대로 측정할 수 없다.

그래서 질적연구에서는 타당도, 신뢰도와 같은 용어의 사용 자체를 거부하며 (Mishler, 1986), Lincoln과 Guba(1985)는 타당도에 대한 대체어로 '신뢰할 수 있음(trustworthiness)'을 제안하였다. 또한 내러티브 탐구는 '인간 경험의 이해'를 목적으로 객관성이 초점이 아닌 간주관적 대화의 방식을 거쳐 내러티브 해석을 통해 경험의 이해에 이르게 되는 연구 방법이기 때문에 연구의 결과에 대한 어떠한 예측도 하지 않으며, 똑같은 연구 결과가 나올 수도 없으므로 '신뢰도'를 통해 연구 정당성을 확보할 수 없다. 탐구가 목적하는 바와 가장 통찰력 있는 지식은 연구자와 참여자 사이의 깊은 간주관성에 의해서만 얻을 수 있는 것이다(Ferraroti, 1981).

연구 설계를 시작하는 시점에서부터 연구 정당성과 목적을 확립해 놓음으로써 우리는 연구 퍼즐이나 적합한 연구 방법, 현장텍스트, 연구 속에서의 연구자의 위치 등에 대한 질문에 좀 더 명확히 답할 수 있다. 오랜 시간에 걸쳐 내러티브 탐구자로서, 또한 다른 내러티브 탐구자들과 함께 살아온 학자로서 Clandinin(2013)은 질적연구의 한 갈래인 내러티브 탐구가 사회인문과학연구로서 그 정당성을 부여받기 위한 최소한의 방법으로 다음의 세 가지 정당성을 확보할 것을 제안하였다.

1. 개인적 정당성

개인적 정당성(personal justification)은 이 내러티브 탐구가 연구자 개인에게 왜 중요한지에 답할 수 있을 때 연구 정당성이 확보된다는 것이다. 내러티브 탐구는 연구참여자의 경험만을 대상으로 하는 탐구가 아니라 연구자와 연구참여자가 함께하는 관계적 · 협력적 협동작업임을 앞서 명시하였듯이, 여기로부터 연구자 자신의 개인적 정당성이 내러티브 탐구에 있어서 중요한 이유로 위치할 수 있다.

내러티브 탐구자는 자기 자신의 삶의 경험과 불안(긴장, 걱정, 갈등 등), 개인적 연구 퍼즐을 지니고 있는 맥락 안에서 개인적으로 탐구를 정당화한다. 이러한 개인적 정당성이 중요한 이유는 다음과 같다. 첫째, 연구자는 탐구 맥락 안에서 '현재의 내가 누구인지, 앞으로의 내가 어떻게 되어 갈지를' 탐구하여야만 한다. 둘째, 연구 퍼즐에 대한 확고한 이해가 없다면 연구자는 연구 관계성 속에서 우리가 어떤 이야기를 살고 말하는지에 대한 아무런 감각 없이 관계성 안으로 들어가는 위험을 겪게 된다. 셋째, 탐구 안에서 우리(연구자)가 누구인지에 대한 이해 없이는 연구참여자의 경험에 주목하는 방식에 깨어 있을 수 없다.

연구자가 연구 대상이 되는 경험과 관련하여 자기 자신을 어떻게 이해하고, 얼마만큼 이해하느냐는 연구참여자의 경험 탐구의 폭과 깊이에 절대적인 영향을 미친다. 내러티브 탐구의 처음 출발을 연구자 자신에 대한 탐구로부터 시작하는 근거가 바로 여기에 있는 것이며, 연구자 자신의 내러티브 기술(narrative beginnings)에서 우리는 연구의 개인적 정당성을 확인할 수 있다. 학술지 논문에서는 지면의 한계 때문에 세부적으로 상세하게 기술된 개인적 정당성을 발견하기가 힘들지만, 학위논문에서는 좀 더 상세한 개인적 정당성 기술을 볼 수 있다(김수진, 2016; 권신영, 2019; 김이준, 2019; 김경림, 2022; 유정인, 2022; Davies, 1996; Raymond, 2002; Hong, 2009). 연구텍스트에서 연구자의 개인적 정당성을 볼 수 있을 때 독자는 그 연구에 대하여 좀 더 깊이 있게 이해할 수 있다.

2. 실제적 정당성

실제적 정당성(practical justification)이란 탐구의 결과가 연구 분야의 실제(practice)에 어떤 변화를 가져올 수 있을지에 답할 수 있을 때, 그 연구의 정당성을 확보한 것으로 보는 것이다. 따라서 연구자가 내러티브 탐구를 통해 학문 분야의 변화 가능성을 가늠하고 추구하는 것은 매우 중요하다. 예를 들어, 교육학

분야에서는 내러티브 탐구를 통해 학교, 교사, 학생, 부모 등에 대한 이해의 확
장으로 교육과 관련한 실제적 변화를 이끌어 낼 수 있고, 의학 분야에서는 의학
적·임상적 실제의 변화를, 상담학 분야에서는 상담의 실제에 변화를 이끌어 낼
수 있는 가능성을 갖춤으로써 연구의 실제적 정당성을 확보할 수 있는 것이다.
예시 자료로 홍영숙(2013)의 「한국초등학교에서 비원어민 영어교사로 살아가기」
와 채선기(2016)의 「십오통활 집단상담에 참여한 남자중학생들의 삶의 경험에
대한 내러티브 탐구」, 최이선(2017)의 「치료놀이를 경험한 아동의 삶에 대한 내
러티브 탐구」, 김경아(2022)의 「코로나 우울을 겪고 있는 특수형태근로종사자 여
성의 삶에 대한 표현예술치료 기반 내러티브 탐구」 등에서 우리는 실제적 정당
성이라는 연구의 정당성을 명징하게 발견할 수 있다.

3. 사회적 정당성

  사회적 정당성(social justification)은 '이론적 정당성'과 '사회적 행동/정책의 정
당성'의 두 가지 측면에서 생각할 수 있다. 즉, '이 연구가 이론적 이해를 확장하
거나 사회적으로 좀 더 정의로운 상황을 만드는 데 어떤 기여를 할 수 있을까?'
에 답할 수 있을 때 내러티브 탐구는 사회적 정당성을 갖게 되는 것이다.
  '이론적 정당성'은 새로운 방법론적(Caine, 2007)·학문적 지식의 창출로부터
확보될 수 있다. Clandinin과 Connelly가 오랜 시간에 걸쳐 개발한 연구 프로
그램(내러티브 탐구 방법 관련) 같은 것을 예로 들 수 있는데, 그들은 학교와 교
사의 행위에 대한 내러티브적 이해를 표현하기 위해 개인적 실제적 지식(PPK)
(Clandinin, 1986; Connelly & Clandinin, 1988), 전문적 지식환경(PKL)(Clandinin &
Connelly, 1995, 1996), 살아내는 이야기(SLB)(Connelly & Clandinin, 1999) 등의 주
요한 이론적 용어를 개발하였다.
  '사회적 행동/정책의 정당성'은 정의로운 사회 구현을 위한 사회 정책이나 사

회적 행동 가능성을 제시 또는 시사점을 제공함으로써 확보될 수 있다. 「필리핀 결혼이주여성의 가족생활 경험이야기 탐구」에서 소수자로 살아가는 다문화 여성의 부당, 불평등한 삶의 모습을 드러낸 홍영숙(2022)의 연구와 「감정노동자의 직업경험에 대한 내러티브 탐구」로 콜센터 전화상담원의 삶을 드러낸 최미(2021)의 연구, 「성인 발달장애 자녀를 둔 일하는 여성의 삶에 대한 내러티브 탐구」에서 장애인에 대한 사회 정책이나 사회적 인식을 드러낸 김경림(2022)의 연구, 「생산적 활동을 유지하는 초고령 노인의 삶에 대한 내러티브 탐구」에서 고령화 사회로 접어든 한국 사회에서 살아가는 초고령 노인의 삶의 구성을 드러낸 유정인(2022)의 연구 등에서 우리는 '사회적 행동/정책의 정당성'을 발견할 수 있다.

연구를 시작하기에 앞서 연구자는 앞의 세 가지의 정당성에 대한 질문에 답을 할 수 있어야 할 것이다. 내러티브 탐구에 있어서 연구자 자신의 개인적 관심/중요성과 다른 사람들의 삶 속에서 표현되는 커다란 범주의 사회적 관심 간의 관계성을 창출해 낼 수 있어야 한다. 연구 주제에 왜 관심을 가지게 되었는지, 왜 내러티브 방법론을 선택하였는지를 개인적 차원뿐만 아니라 사회적 차원의 말로 답할 수 있을 때 연구의 정당성이 부여된다.

4. 내러티브 연구물의 평가

내러티브 탐구로 진행된 연구가 학문적으로 질 높은 연구물로 평가받기 위해서 연구자는 개인적 · 실제적 · 사회적 정당성이라는 세 가지의 연구 정당성을 갖출 것을 권고 받았다. 연구물의 평가에 앞서 연구자와 평가자 모두가 기본적으로 지녀야 할 내러티브 탐구자를 바라보는 관점에 대하여 언급하고자 한다.

첫째, **연구자는 연구의 전 과정에 걸쳐 가장 중심적인 연구 도구가 된다.**

연구자는 연구 퍼즐과 인터뷰 대화의 질문을 구성하고, 현장텍스트를 형성하며, 현장텍스트를 분석 및 해석하는 글(narrative accounts)을 포함하여 전체 논문 글쓰기를 수행한다. 따라서 연구자는 연구의 전 과정에서 가장 중심적인 역할을 하는 연구 도구이다.

둘째, **연구자의 주관성 또는 간주관성이 인정될 수밖에 없다.**

연구자는 연구참여자의 내러티브를 듣기만 하는 사람이 아니라, 연구참여자와 더불어 서로의 삶의 이야기를 함께 구성해 가는 관계적인 연구 동반자이다. 연구자는 내러티브 탐구 과정에서 자신의 자전적 이야기를 살아내고 고유한 삶의 배경에서 형성된 관점을 가지고 말을 한다. 따라서 전 연구 과정에 걸쳐 연구자의 PPK가 고려되어야 한다는 것은 매우 중요한 부분이다. 이와 같은 연구 맥락에서 내러티브 연구물을 양적연구의 평가 기준인 일반화(generalization)나 객관성(objectivity)의 잣대를 가지고 평가할 수는 없는 것이다.

셋째, **연구자의 중립성은 반드시 확보되어야 한다.**

'질적연구의 평가에 있어서 객관성이 중요한 평가 항목이 되는 것은 아니다'라는 말이 연구자가 어느 한 쪽으로 편향된 견해를 가져도 된다는 것을 뜻하는 것은 아니다. 질적연구이든 양적연구이든 모든 사회과학연구물 안에서 확보되어야 할 것은 연구자의 중립성이다. 어떤 질적연구방법론은 연구자의 주관성과 편견을 배제하기 위해 코딩(coding)과 해석에 대한 연구자의 자기검증과 자기 분석 과정을 거치도록 요구하기도 하며, 기타 동료 확인(member checking)[1]이나 다각화(triangulation)와 같은 확인 과정을 거치기도 한다. 내러티브 탐구와 같이 좀 더 관계적(relational)인 연구방법론에서는 동료 확인을 어떻게 하였는지, 연구 과정을 어떻게 구성했는지에 대하여 상세한 설명을 하도록 권하고 있다.

---

1) 동료 확인(member checking)이란 주로 연구자가 자신의 연구에 대하여 책임 있는 대화를 나눌 수 있다고 신뢰하는 사람들로 구성된 '관계적 반응 집단' 안에서 연구 퍼즐이나 중간연구텍스트, 최종 연구텍스트 등 연구와 관련된 모든 것을 함께 공유하고 논의하는 것을 의미한다.

※ 다각화(triangulation)

다각화는 질적연구의 타당성을 확보하는 가장 일반적인 방법의 하나로 사용되고 있다. 동일한 문제에 대해서 다양한 연구 방법, 다양하게 생성된 자료, 연구에 참여한 다수의 조사자, 활용 가능한 다양한 이론 등 여러 유형의 검증원을 사용하여 분석하는 기법을 말한다. 다각화는 이미 알고 있는 두 장소에 세워둔 안테나를 사용하여 멀리 떨어져 있는 방송국의 특정한 위치를 찾아낼 수 있다는 간단한 기하학적 원리에 입각해 있다. 이러한 원리를 확장하여 다각화는 다양한 출처의 자료를 사용하고, 다양한 방법을 동원하고, 많은 조사자가 동일한 결론을 보고하고, 여러 이론의 지지를 받는다면 그 연구의 타당성은 높다고 보는 입장을 취한다. 그러나 다양한 이론을 활용하여 동일한 결과를 확정하려는 시도는 이론의 유사성을 의미할 뿐 경험적 의미가 없다는 점에서 해석에서 유보적인 태도를 견지할 필요가 있다(교육평가용어사전, 2004).

07 연구 윤리: 관계적 존재론, 관계적 윤리

1. 관계적 존재론

앞서 '내러티브 탐구는 환경과의 사회적 상호작용 속에서 시간에 걸쳐 일어나는 연구자와 연구참여자 간의 협동작업(Clandinin & Connelly, 2000)'임을 언급하였듯이, 내러티브 탐구에 대한 이해를 다룬 여러 저작물(Connelly & Clandinin, 1990; Clandinin & Connelly, 2000; Clandinin & Caine, 2013)에서 내러티브 탐구의 관계적 측면은 점점 더 강조되고 있다. 이는 연구자에 대하여 단순히 경험이야기의 상황을 기술하는 사람이 아니라 관계적 존재(relational ontology)로서 연구에 깊이 관여하고 있는 사람으로, 그리고 연구참여자와 친밀하고 밀접한 관계성에 놓여 있는 사람으로 강조하고 있음을 뜻한다.

내러티브 탐구는 연구참여자의 대상 경험에 대한 탐구에 그치는 것이 아니라 연구자 또한 탐구의 일부가 되어서 함께하는 작업이다. 연구참여자의 경험과 관련하여 우리의 경험 또한 더불어 탐구하는 것이며, 이러하기에 우리의 과거, 현재, 미래의 경험 속에서 문화적·사회적·가족의·기관의 내러티브를 탐구하면서 끊임없이 변화의 이야기를 살게 되는 것이다. 연구자 자신의 경험이야기 탐구로 탐구를 시작하는 것도 이러한 맥락에서이다. 연구참여자의 경험과 더불어 연구자 자신의 경험을 탐구함으로써 우리가 누구인지, 우리가 무엇이 되어 가는지(존재론적 질문)를 찾아가며 자기 자신과 마주한다는 것은 방법론적인 성찰성을 확보하는 것으로 매우 중요한 요소이다(Clandinin et al., 2018).

내러티브 탐구를 하면서 우리는 스토리를 듣고 말한다. 스토리는 늘 우리와 함께 있고, 항상 우리가 누구이며, 무엇이 되어 가고 있는지의 일부분이다. 여기서 스토리를 듣는 자와 말하는 자의 관계성이 매우 중요한데, 이는 듣는 자의 공감적 존중의 반응이 우리가 누구인지, 어떻게 스토리가 우리를 형성하는지를 말해 주기 때문이다. 살고 말한 이야기(stories)에 대한 존중이 곧 개별 인간의 삶(living and life)에 대한 존중이다.

연구자는 연구참여자의 삶의 이야기 속으로 들어가 그들과 함께 이야기를 살고(living), 말하고(telling), 다시 말하고(retelling), 다시 사는(reliving; Clandinin & Connelly, 1998) 현장에 존재하게 되는데, 이와 같은 이유로 내러티브 탐구를 '관계적 방법론'이라고 일컫는 것이며, 연구자와 참여자 간의 친밀한 관계성은 내러티브 탐구 수행의 전제가 된다(홍영숙, 2016a). 연구자와 연구참여자 간의 상호 연관성은 탐구 초기에 하려고 하는 '앎'에 초점을 맞춘 인식론적 질문을, 존재론적으로 깊이 관여되는 맥락에서 발생되는 존재론적 질문으로 돌려놓곤 한다. 관계적 존재론에 대한 몰입은 내러티브 탐구에 있어 기본적인 것이라고 말할 수 있다.

내러티브 탐구에서 지속적으로 강조되는 '관계적(relational)'이라는 말은 연구자와 참여자 간의 관계성에 국한되지 않는다. 우리가 탐구 수행 과정에서 몰입하게되는 관계적 존재론은 연구참여자와 관련지어 우리가 누구인지를 묻는 것뿐 아니라, 좀 더 큰 세상(학교, 학문 분야 등)과 또는 연구자를 포함하여 일반 사람들이 살고 있는 더 큰 세상(사회)과 관련지어 우리가 누구인지 물을 것을 요구한다. 그래서 내러티브 탐구자들은 글쓰기에서 '관계적'이라고 함을 개인적 정당성, 실제적 정당성, 사회적 정당성의 측면으로 연결하여 풀어내곤 한다.

2. 관계적 윤리

관계적 존재론의 바탕에는 근원적으로 관계적 윤리(relational ethics)가 존재한다. 오랜 시간 동안에 우리는 '돌봄'의 개념을 사용하여 '윤리'를 말해 왔고, 관계 속에 산다는 것이 무엇을 의미하는지를 말해 왔다. 내러티브 탐구가 방법론으로 발전되기 시작하던 초기에 관계적 탐구라는 기틀 아래에서 연구 윤리를 논하면서 Noddings(1984)의 돌봄의 윤리(ethics of care)를 사용하였다. 그녀는 경험에는 늘상 윤리적 요소가 존재한다고 파악했으며, 윤리를 생각할 때 돌봄이라는 요소에 집중할 것을 제안하였다. '우리가 돌봄에 관여할 때 다른 사람과의 관계성으로 들어간다'는 것이 그녀의 중심 생각이었다. Noddings는 '돌봄의 윤리는 사람(people)에 국한되며, 아이디어(ideas)를 돌보는 지적 경험은 순전히 개인에게 속하는 것으로 사람을 돌보는 것과는 관계적 윤리 면에서 구분된다'고 생각하였다. 20여 년이 지나 Long(2008)은 수학 교사에 관한 그녀의 박사학위 내러티브 논문에서 '사람 돌봄과 아이디어 돌봄은 구분될 수 없다'고 주장하면서 '아이디어를 돌봄이 사람과 다른 사람들을 관계적으로 연결시킨다'는 둘 사이의 깊고 중요한 관련성을 피력하였다.

> 사람 돌봄과 아이디어 돌봄은 서로 분리된 형태의 돌봄이 아니라 복잡하면서도 보완적 방식으로 서로 연결되어 있다. Noddings(1984)는 아이디어를 돌보는 지적인 경험은 순전히 개인에게 속해 있다고 말했다. 그러나 나는 개인이 수학에 대해 작업하면서 느끼는 것들은 개별적일지라도 그 개인은 여전히 그 수학적 작업으로 인하여 다른 사람들과 관계적으로 연결될 수 있다고 생각한다(p. 109).

따라서 관계적 윤리를 돌봄의 윤리로 이해할 때, 연구자가 갖게 되는 연구참여자에 대한 돌봄, 관계성뿐만 아니라 연구와 관련한 학문적 · 물리적 · 상황적 사고 활동 또한 관계적으로 윤리에 연결되어 있음을 받아들일 수 있다.

'관계성에 대한 충실함(fidelity of relationships; Noddings, 1986)'을 가지고 연구를 수행할 때, 내러티브 탐구에서 말하는 '윤리적 고려'란 일반적으로 탐구의 전 국면에 걸쳐 연구참여자와 연구자 사이에서 협의된 책임감으로 생각할 수 있다(Clandinin & Connelly, 1988, 2000). 이러한 윤리적 문제는 기관생명윤리위원회 (Institutional Review Board: IRB)의 승인자료를 준비하고, 참여자를 찾고, 그들의 이야기를 듣기 시작하고, 그들 옆에서 함께 살아가는 그런 일들을 시작하는 연구의 출발부터 충분히 상상하며 작성될 필요가 있다. Lieblich(1996; Clandinin & Murphy, 2007, p. 647에서 재인용)는 참여자의 이야기(stories)에 집중하는 과정에서 절대 판단하지 않으며, 그들에 대한 불신을 중지하고, 열심히 들으면서 "어떠한 해도 입히지 말아야 한다"는 IRB의 기준 정도를 넘어서 연구자가 더욱 깊은 관계적 윤리 의식을 갖출 것을 주장하였다. 이러한 관계적 책임감은 단기 책임감과 장기 책임감으로 더욱 폭넓게 이해되고 있다. 우리는 연구가 수행되면서 연구텍스트가 쓰이고 미래를 향하여 삶이 지속적으로 펼쳐질 때, 연구참여자와 연구자의 삶에 주의를 기울여야 한다(Coles, 1997; Huber et al., 2006; Lieblich, 1996).

우리가 연구참여자 옆에서 살아가면서 그들의 이야기를 들을 때, 우리는 항상 '현장'과 더불어 연구참여자와 함께 구성하는 '현장텍스트'를 늘 연구참여자와 함께 만들어 간다는 점에 주의를 기울여야 한다. 탐구의 과정에서 발생하는 이런 모든 경험에는 윤리가 깊이 스며 있다. 우리가 할 수 있는 한 탐구 공간에서 우리가 누구인지, 우리의 존재가 우리와 연구참여자 사이의 공간을 어떻게 형성하는지에 늘 깨어 있어야 한다. Coles(1986)는 다음과 같이 말하였다.

> 우리(연구자)는 우리가 말하는 것에 세심한 주의를 기울여야 한다. 환자가 말하는 것은 그들을 아프게 하는 것에 대한 그들의 생각을 우리에게 들려주는 것이고, 우리가 말하는 것은 우리에게 일어나고 있는 것을 우리에게 들려주는 것이다—우리가 생각하는 것, 틀릴지도 모르지만……. 그들의 이야기, 당신의 이야기, 나의 이야기—이것이 우리가 가고 있는 이 여행에서 우리 모두가 함께 가지고 가는 것이다. 그래서 우리는 서로에게 우리의 이야기를 존중해야 할 의무와 그 이야기로부터 배우는 신세를 지고 있는 것이다(p. 30).

익명성과 비밀보장의 문제는 삶의 어려움이 연구텍스트에서 드러날 때 더욱 중요하게 떠오른다. 내러티브 탐구 공간을 연구자와 연구참여자 모두가 속해 있는 공간으로 이해하는 것은 중요하다. 이 공간은 항상 윤리적이며 수용적 태도와 상처받기 쉽지만 서로에게 이익이 되는 돌봄으로 가득 차 있는 특별한 공간이다.

내러티브 탐구의 관계적 측면은 내러티브 탐구자가 연구텍스트를 쓸 때 특별히 윤리 문제에 더욱 주의를 기울이게 한다. 내러티브 탐구자는 인간의 살고 말한 이야기를 통해 그들이 누구이며, 무엇이 되어 가고 있는지를, 그리고 그 이야기가 그들을 견디게 한다는 것을 이해한다. 이러한 이해가 있기 때문에 연구참여자의 살고 말한 이야기를 정중하게 드러낼 수 있도록 연구텍스트에 대해 협의할 필요성을 느끼게 되는 것이다.

> 사람들이 말하는 이야기는 그들 자신을 돌보는 힘이 있다. 이야기가 당신에게 찾아온다면 그 이야기를 돌보도록 하라. 그래서, 그것들이 필요한 곳으로 데리고 가는 법을 배우라. 사람은 삶을 유지하기 위해 때로는 음식보다 이야기가 더 필요하다. 그것이 우리가 서로의 기억 속에 이러한 이야기를 들여놓는 이유이다. 이것이 사람들이 그들 자신을 돌보는 방법이다 (Lopez, 1990, p. 60).

한편, Bergum과 Dossetor(2005)는 그들의 책 『관계적 윤리: 존중의 총체적 의미(Relational Ethics: The Full Meaning of Respect)』에서 '윤리란 원칙주의적 접근을 넘어서는 것으로 사람들이 살아가는 사회적 맥락을 알리는 것이며, 윤리적인지 아닌지를 결정하는 일은 함께 살아가는 사람들 사이에서 항상 하게 되는 일상적인 관계성의 일부분이다'라고 언급하면서 관계적 윤리의 일상성을 논하였다.

관계적 존재론과 함께 올 수밖에 없는 관계적 윤리는 연구의 과정에서 상호관계, 호혜주의, 상호 존중 등에 대하여 고려할 것을 요구한다. 이뿐만 아니라 관계적 윤리는 우리가 안주하고 있는 세상과 사람에 대한 책임감에 대하여 질문하기도 하고, 우리의 연구가 이끌어 갈 미래의 세상이 어떻게 돌아갈지, 또 우

리가 존재하는 현재의 세상이 어떻게 돌아가고 있는지 질문하도록 요구하기도
한다.

관계적 윤리가 사람들이 살아가는 사회적 조건에 주목함에 따라 사회 정의와
평등이 문제되는 곳에서의 경험을 탐구하는 페미니스트 철학자들이 등장하게
되었다. Addams(1902)는 사람들과의 관계 속에서 깨닫게 되는 사회에 대한 염
증, 사회에 드러나지 않고 숨겨져 있는 명확하지 않은 것들, 사회가 처한 어려운
국면 등에 주목해야만 한다고 지적하였다. 관계적 윤리는 우리가 진정한 사회
적 문제와 사회적 가치를 다루어야만 한다고 주장한다. 이러한 상황 속에서 내
러티브 연구자 또한 타협이나 절충보다는 차이와 사회적 행동에 주의를 기울이
게 되었다.

Clandinin 등(2018)은 내러티브 탐구를 수행함에 있어 '관계적 윤리' 측면에서
고려해야 할 사항으로 다음의 다섯 가지를 제시하였다.

첫째, 상상력, 즉흥성, 즐거운 마음, 세상을 두루 볼 줄 아는 눈을 가지기

둘째, 스토리를 듣고, 스토리를 살게 하는 방식에 있어서 조급한 마음을 경계
하기

셋째, 경험의 계속성에 대해 늘 깨어 있음으로써 경험이란 항상 진행형으로
새롭게 형성되고 끊임없이 변화한다는 것을 윤리적으로 이해하기

넷째, 연구자로서 편할 수도 혹은 불편할 수도 있는 경계적 장소에 위치해 살
아가면서 과연 윤리적으로 살아가고 있는지를 확인하고 그에 대해 늘 깨어 있기

다섯째, 윤리적 관계는 침묵과 명상을 통해 조심스럽게 관심을 기울여야 하는
대상이며, 이는 살아짐(living)으로 구현되는 실체임을 이해하기

내러티브 탐구자인 우리는 우리가 어떻게 우리의 삶 속에서 관계적 윤리를 살
아냈는지, 또 우리가 어떻게 우리의 삶 속에서 관계적 윤리를 바라보고 명명하
게 되었는지를 스스로에게 부단히 물어보아야 한다. 우리 자신의 삶 안에서 행

해지는 이러한 자기 대면의 행위는 어떻게 내러티브 탐구의 핵심이 '관계적 윤리'라는 것을 이해할 수 있는지 설명해 준다. 내러티브 탐구는 그 중심에 관계적 윤리를 품지 않고는 가능할 수 없는 관계적 연구방법론이다.

제2부

내러티브 논문, 어떻게 쓸 것인가

제1부에서는 '이해'의 측면에서 내러티브 탐구에 대한 이론적·철학적 바탕에 대하여 안내하였다. 이번 제2부에서는 내러티브 탐구에 대한 이해를 바탕으로 '실제'의 측면에서 질 높은 내러티브 논문을 쓰기 위하여, 첫째, 내러티브 탐구자가 되기 위한 시금석, 둘째, 내러티브 탐구 방법으로 논문 작성하기, 셋째, 인터뷰 대화 수행하기, 넷째, 내러티브 탐구 시 주의사항, 다섯째, 내러티브 탐구 동향 등에 대한 실제적 안내를 하고자 한다.

08
내러티브 탐구자가 되기 위한 시금석

앞서 제1부의 '연구 윤리: 관계적 존재론, 관계적 윤리'에서는 관계적 윤리가 강조되는 연구방법론의 맥락에서 내러티브 탐구를 살펴보았다. 이번 '내러티브 탐구자가 되기 위한 시금석'에서는 관계적 탐구인 내러티브 탐구를 수행함에 있어서 내러티브 탐구자가 된다는 것이 어떤 의미인지, 연구자는 어떠한 연구 관계성을 형성하면서 연구자의 삶을 살아가게 되는지를 Clandinin과 Caine(2013), Clandinin(2022)의 제안점을 중심으로 기술하고자 한다.

1. 관계적 책임감 갖기

내러티브 탐구에서는 연구자로서 관계성 속에서 산다는 것, 즉 이야기를 살고, 말하고, 다시 말하고, 다시 사는 것을 연구참여자와 함께 구성하고 협의하는 협력적 방법으로 산다는 것이 무엇을 의미하는지에 많은 관심을 가진다. 내러티브 탐구 공간을 연구자와 연구참여자가 함께 속해 있는 공간으로, 그리고 항상 열려 있고 서로 상처받기 쉽다는 것을 인정하며 상호 의존적인 돌봄의 태도와 윤리로 특징짓는 공간으로 이해하는 것은 매우 중요하다.

윤리 문제는 내러티브 탐구 전반에 걸쳐 깊이 스며들어 있으며 관계적 윤리, 돌봄의 윤리(Noddings, 1984; Bergum, 1999)로 특징지어 이야기된다. 우리가 관계적 책임감(relational responsibility)에 주목할 때, 우리는 우리의 연구에 중요성을 부여할 수 있는 평등과 사회적 정의라는 문제에 또한 주목하게 된다. 내러티브 탐구에서 형성하는 관계적 세계는 3차원적 탐구 공간 내에서의 관계적인 삶, 즉 연구참여자와 연구자의 삶에 주목하도록 우리를 이끌어 간다.

2. 한가운데로 들어가기

내러티브 탐구자는 항상 연구 관계성(research relationship)의 한가운데로 들어 간다. 개인적이고 전문가적인 연구자 자신의 삶 한가운데로, 연구 프로젝트나 대학원생의 연구, 개인적 관심에 관한 연구 등등 특정 기관의 내러티브 안에서 바쁜 연구자의 삶 한가운데로, 대학이나 상담센터, 연구소 등과 같은 기관적 내 러티브의 한가운데로, 사회적·정치적·언어적·문화적 내러티브의 한가운데 로 내러티브 탐구자는 들어간다. 연구참여자들은 항상 그들 삶의 한가운데에 있 으며, 과거와 현재, 그리고 드러나는 사회적·문화적·언어적·기관의·가족의 내러티브에 주목함으로써 그들의 삶이 형성된다. 연구참여자와 연구자의 삶이 복잡하고 다양하게 펼쳐지는 개별 경험의 한가운데에서 만나질 때, 우리는 함께 할 수 있는 시간과 장소, 공간을 구성하고 내러티브를 풀어내는 방법과 함께 있 을 방법을 협의하기 시작한다. 여기서 우리가 생각해야 할 것은 연구참여자와 연구자의 삶의 한가운데에 있는 것이 아니라, 그들 각각의 삶 속에 깃들어 있는 또 다른 주변의 삶의 한가운데에 함께 있다는 것이다. 이에 더하여 살아졌고, 살 아지고 있는 우리 각자의 삶 속에 사회적·문화적·언어적·기관의·가족의 내 러티브가 지속성을 띠며 한가운데에 함께하고 있음을 놓치지 말아야 한다는 것 이다. 이런 과정 속에서 연구자와 참여자는 그들의 이야기를 살아가고, 시간의 흐름에 걸쳐 있는 그들의 경험이야기를 말한다. 내러티브 연구자와 참여자의 삶 을 구성하는 개인적이고 사회적인 경험의 이야기는 여전히 삶의 한가운데에서 살고, 말하고, 다시 말하고, 다시 살면서 탐구는 마무리된다. 내러티브 탐구는 지속적으로 이어지는 경험의 한가운데에서 항상 시작하고 끝을 맺는다.

　내러티브 탐구를 설계하는 단계에서부터 우리는 최대한 상상적으로 잠재적인 연구참여자의 가능한 삶의 한가운데에 우리를 위치시킬 필요가 있다. 그렇게 함으로써 연구참여자의 삶에서 상상할 수 있는 시간성과 사회성, 장소에 주의를 기울일 수 있다. 내러티브 탐구를 상상하고 설계하기 시작할 때, 우리는 보통 우리의 연구참여자에 대해서 알지 못한다. 하지만 가끔은 자신도 모르게 상상의 연구참여자를 마음 속에 품기도 한다. 우리는 상상의 연구참여자가 어떻게 탐구를 구성할 수 있는지 이해하기 위해서 '내러티브의 시작(narrative beginnings)'으로서 연구자 자신에 대한 깊이 있는 자전적 내러티브 탐구를 조심스럽게 수행할 필요가 있다(Cardinal, 2010; Chung, 2008). 연구자 자신에 대한 자전적 내러티브 탐구가 탐구의 전체 과정 속에서 지속되는 가운데 우리는 일련의 현장텍스트를 탐구하게 되고, 그로 인해 잠재적 연구참여자와 함께 특별한 현상과 관련하여 내가 누구인지, 내가 누가 되어 가는지를 이해하게 된다. 우리가 내러티브의 시작으로 작성하게 되는 연구자의 자전적 내러티브는 연구 퍼즐의 구성으로 이끌어 주며, 개인적 · 실제적 · 사회적 측면에서 우리의 연구를 정당화시키는 역할을 한다.

　'한가운데에서 만남'을 이해하는 것은 내러티브 탐구를 상상하고 살아냄에 대한 함의를 제공한다. '한가운데에서 만남'은 우리가 어떻게 탐구의 현장에 들어갈지, 어떻게 더불어 관계적인 삶을 살아갈지, 어떻게 인터뷰 대화의 공간을 확보할지에 대하여 협의할 수 있는 근거를 제공하는 것이며, 또한 연구텍스트뿐만 아니라 결국 어떻게 연구에서 빠져나갈지에 대해서도 협의할 수 있는 바탕이 된다. 물론 연구에서 빠져나간다는 것이 영구적 끝냄이 아닌 것은 우리가 연구참여자를 위해서, 그리고 우리가 함께 했던 일과 우리 자신을 위해서 오랜 시간 관계적 책임감을 지니고 가는 것이 지속될 것이기 때문이다(Huber, Clandinin, & Huber, 2006).

3. 관계성 협의하기

현장으로 들어간다는 것은 연구 퍼즐이 탐구되는 것뿐만 아니라 관계성에 대한 협의가 시작된다(negotiation of relationships)는 것을 의미한다. 연구 목적, 연구에 대한 변화, 의도, 현장텍스트 또는 연구텍스트 등에 대한 조정은 탐구 과정 전반에 걸쳐 일어나는 지속적인 과정이다. 내러티브 탐구자는 현재의 연구 및 후속 연구 모두에서 자신이 도움이 될 수 있는 방법 또한 협의한다. 연구자로서 연구참여자와 관계성을 수립하면서 연구참여자들은 연구자를 그들과 관계 속에 있는 사람으로 알면서 이해하게 되고, 아울러 연구자로 하여금 항상 윤리적 책임감을 가져야 함을 되새기게 하는 역할을 한다. 연구자가 관계적 윤리에 천착하여 짧거나 혹은 긴 기간 동안에 책임감을 인식하고 있을 때, 연구자는 도움이 될 방법과 연구참여자의 필요와 소망으로부터 멀어지지 않으려는 노력을 열심히 하게 된다. 이것은 역시 연구자가 연구참여자와 그들의 가족, 그리고 지역사회와 관계적 시간을 보낸다는 것을 뜻하기도 한다.

탐구가 시작되면서 우리의 삶이 탐구의 한가운데에서 만났고, 최종연구텍스트가 구성되고 나서 그 한가운데를 떠날지라도, 우리는 탐구가 끝난 이후에 오랫동안 우리의 이야기를 살고(living) 다시 살기(reliving)를 지속함으로써 이야기를 말하고(telling) 다시 말했던(retelling) 관계적 공간이 우리의 정체성을 변화시켰다는 것을 알게 된다. 연구자는 탐구를 통해서 우리가 어떻게 변했는지를 주목하게 된다. 깊이 있게 들으면서 우리의 변화된 살고 말한 이야기를 탐구하는 것은 내러티브 탐구자로서 영향을 줄 수 있는 사회정치적 또는 이론적 공간을 창출하는, 그리고 실제에 변화를 가져오는 가능성을 이끌어 낼 수 있다.

4. 연구자의 자전적 내러티브 작성하기

연구의 정당성 중에서 개인적 정당성(personal justification) 확립과 좀 더 관련이 되는 것으로, 연구의 처음 시작에서 수행되어야 할 것은 연구자의 자전적 내러티브(narrative beginnings) 탐구 과정이다(Clandinin, 2006; Chung, 2008; Cardinal, 2010). 내러티브 탐구는 연구자 자신의 경험이야기를 탐구하는 것부터 시작한다. 내러티브 탐구는 지속성을 띠며 반성적으로 되돌아보는 방법론이기 때문에 내러티브 탐구자는 연구의 전과 중, 후에 대한 자신의 경험을 계속하여 탐구할 필요가 있다. 연구자는 연구자 자신이 내러티브 탐구의 일부라는 사실을 잊지 말아야 한다.

연구자로서 자전적 내러티브를 작성하고 탐구하는 과정에서 우리는 3차원적 내러티브 탐구 공간을 통해 우리 자신의 경험을 바라보아야 한다. 이는 연구 퍼즐을 이해하기 위해서, 또 때로는 연구 퍼즐을 정하기 위해서 저 멀리 우리의 유년 시절로까지 거슬러 올라가야 한다는 것을 의미하는 것이기도 하고, 이는 또한 우리의 이야기가 펼쳐졌던 장소에 주목해야 한다는 것일 수도 있으며, 그리고 우리의 이해를 이끌었던 사회적·정치적 맥락을 명확히 드러내는 것일 수도 있다. 연구자의 자전적 내러티브가 연구 퍼즐의 형성에 매우 중요한 부분이기는 하지만, 반드시 그 전체가 최종연구텍스트의 한 부분으로 들어가야 한다는 것은 아니다. 우리는 연구 퍼즐과 연구의 결과에 대한 독자의 좀 더 나은 이해를 돕고자 이 부분을 공유하는 것이다. 그러므로 별로 길지 않은 길이의 학술지 논문의 경우에는 연구자의 자전적 내러티브를 반드시 실을 필요는 없으나, 학위 논문의 경우에는 논문의 구성상 연구자 자신의 경험이야기 탐구로부터 시작하는 내러티브 탐구 특성상 자전적 내러티브의 역할이 매우 중요하므로 논문의 처음으로 구성하여 논문 글쓰기를 할 것을 강력하게 권고한다.

5. 현장으로 들어가기

내러티브 탐구의 수행에 있어서 우리는 연구참여자와 끊임없이 관계적 탐구 공간에 대해서 협의한다. 탐구와 관련된 '관계적 공간'이 우리가 가장 일반적으로 말하는 '현장'을 의미한다. '현장'이란 연구와 관련된 물리적이고 정신적인 모든 공간을 포함하는 개념이다. 우리는 현장으로 들어가면서 내러티브 탐구를 시작한다.

내러티브 탐구를 시작하는 방법에는 다음의 두 가지가 있다.

• 이야기 말하기로 시작하기(Beginning with telling stories)

연구참여자가 말하는 개인의 이야기를 들으면서 연구자가 탐구를 진행하는 방식이다. 연구자들이 가장 많이 택하는 방식이며, 여기서 일반적으로 가장 많이 사용되는 현장텍스트 형성 방법은 대화(conversations)나 대화로서의 인터뷰이다. 이 외에 이야기를 좀 더 끌어내기 위해 관련된 물건들(사진, 서류, 음악, 기타 등등)을 활용하기도 하고(Taylor, 2007), 연구참여자의 내러티브를 이해하기 위해 그들이 그린 그림(원정언, 2019; 김경아, 2022)이나 사진을 이용(백지연, 2014; Bach, 2007)하기도 한다. 그리고 참여자의 관찰 자료를 형성할 수도 있다.

'이야기 말하기' 방식으로 탐구를 시작하게 되면 연구자는 연구참여자가 속해 있는 장소와 연구참여자가 맺고 있는 다른 사람들과의 관계성 속으로 또한 들어갈 수도 있다. 이 같은 현상은 '이야기 살기' 방식에서 좀 더 강하게 나타나곤 한다.

• 이야기 살기로 시작하기(Beginning with living stories)

연구참여자가 그들의 이야기를 살고 말할 때, 그들 옆에서 함께 살아가면서 연구자가 탐구를 진행하는 방식이다. 이 방식은 좀 더 어렵고, 시간이 많이 소요되며, 집중적이면서 심오한 방법이라고 말할 수 있다. 연구자는 연구참여자가 탐구

참여 이전부터 속해 있던 커뮤니티에 깊이 관여될 수도 있고, 연구참여자가 데리고 가는 곳에 자주 가게 되며, 연구참여자의 가족, 애인, 과거의 가족 구성원, 친구, 동료 등을 만나게 된다. 연구참여자에게 중요한 장소에 연구자가 들어가기 시작하는 것은 연구참여자와 함께 사는 순간 속에 있다는 것을 뜻하며, 이런 방식으로 연구참여자가 일부가 되는 사회적 환경 속으로 연구자도 들어가는 것이다.

'이야기 살기 방식'에서 사용되는 현장텍스트 형성 방법은 '이야기 말하기 방식'에서 사용하는 방법을 포함해서 영상 매체를 사용(Caine, 2007; Caine & Lavoie, 2011)하거나 정책 또는 삶에서 벌어지는 활동과 관련된 서류 등을 활용하는 등 폭넓고도 다양한 방법에 열려 있다.

두 가지 방법 모두 공통적으로 연구자는 개별 참여자의 경험의 내러티브가 사회적·문화적·언어적·가족의·기관의 내러티브로부터 어떻게 영향을 받고, 어떻게 녹아들어 있는지에 집중할 필요가 있다.

각 방법에 따른 연구 모두, 연구자가 현장에 살면서, 그리고 현장텍스트와 중간연구텍스트, 최종연구텍스트를 쓰면서 마주하게 되는 모호함과 복잡함, 어려움, 불명확함 등을 드러내어 보여 준다.

6. 현장에서 현장텍스트로 이동하기

현장이란 경험이야기를 말하는 연구참여자와의 지속적인 대화의 과정일 수도, 또는 특정 장소(들)에 있는 연구참여자와 함께 살아가는 과정일 수도 있다. 그래서 현장에 존재한다는 것은 시간에 따라 펼쳐지는, 어떤 장소(들)에서의 삶(경험) 안에 정착하는 것을 의미하기도 한다. Sarris(1993)는 내러티브 탐구의 관계적 공간에서 이야기를 한다는 것은 "연대기적 순서"(p. 1)를 따라가는 것이 아님을 강조하였다. Hooks(1998)는 사람들의 살고 말한 이야기는 결코 선형적이지 않으며, 반드시 "A점에서 B점으로 이동"(p. xx)하는 것도 아니라고 설명하였다. 우리가 연구에 대하여 생각할 때, 살고 말한 이야기의 내러티브 질은 삶의 이야기의 참여자이면서 동시에 구술자인 사람들이 말하는 경험의 본성적 시간성에 의해 결정된다는 것을 기억해야 한다(Carr, 1986).

현장텍스트는 연구자와 연구참여자 각자가 만들거나 또는 같이 함께 형성하기도 한다. Clandinin과 Connelly(2000)는 아주 오래 전부터 '데이터'라는 용어 대신에 '현장텍스트'라는 용어를 사용하기 시작하였다. 이는 내러티브 탐구에서 작성되는 텍스트가 객관적인 텍스트라기보다는 경험적이고 간주관적인 텍스트라는 점을 전달하기 위해서였다. 현장텍스트는 연구자와 연구참여자의 경험을 되돌아보며 작성되는 공동작업물이다. 그래서 현장텍스트는 관계성이 허용하는 범주에서 반성적인 경험의 측면을 보여 주고 들려주는 것으로 이해되어야 한다. 가끔 가다가 연구자와 연구참여자 모두가 함께 만들었던 틈새와 침묵을 자세히 들여다보면서 그때 보여지는 것에 의해 놀라기도 한다. 내러티브 탐구자가 연구참여자의 이야기를 듣는 탐구 맥락에 있든지, 또는 삶이 드러나는 특정 장소에서 연구참여자와 함께 살아가는 탐구 맥락에 있든지 간에 살고 말한 이야기에 대한 해석은 지속적으로 일어난다. 3차원적 탐구 공간이라는 관념적 틀 안에서 연구참여자와 함께 작업하는 관계적인 측면에 주의를 기울인다는 것은 현재라는 유리한 지점에서 과거를 해석하고 있다는 것을 내러티브 탐구자와 연구참여자 모두가 인정한다는 것을 의미한다(Kerby, 1991).

우리가 연구참여자와 더불어 관계적인 3차원적 내러티브 탐구 공간을 구성해 나갈 때, 내러티브 탐구자는 현장텍스트를 구성하기 시작한다. 현장텍스트란 보통 데이터로 불리며, 여기에는 대화, 인터뷰, 참여자의 관찰, 여러 가지 이야기와 관련된 물건 등이 포함된다. 현장텍스트의 일부가 될 수도 있는 것에는 미술작품, 사진, 기억상자 속의 물건, 서류, 계획서, 정책, 시간에 따른 기록물 등을 그 예로 들 수 있다. 때때로 이야기와 관련된 물건들이 이야기를 끌어내는 촉진제로 쓰이기도 하지만, 현장텍스트의 일부가 되지 않을 때도 있다. 만날 시간과 장소, 현장텍스트의 일부가 될 수도 있는 사건 등을 포함하는 관계적 공간을 연구참여자와 조정할 때, 우리는 현장텍스트의 다양성 또한 조정한다. 어떤 연구참여자는 자기 스스로 현장텍스트를 모으고 작성하고 개발하기도 하는데, 여기에는 저널, 시, 만들어진 이야기, 이야기와 관련된 물건 등이 포함될 수 있다. 연구자는 경험을 살고 말하는 다양한 방법에 깨어 있을 필요가 있다. 각 형태의 현장텍스트는 사람들이 어떻게 경험을 이해하고 그 경험의 의미를 구성하는지를 말해 주며, 탐구 과정에서 다시 말한 이야기들이 무엇을 나타내는지, 즉 다양한 최종 연구텍스트의 가능성을 우리에게 알려 준다.

7. 현장텍스트에서 중간연구텍스트와 최종연구텍스트로 이동하기

현장텍스트에서 중간연구텍스트, 최종연구텍스트로 이동한다는 것은 여기저기 꼬인 데를 풀고 방향을 바꾸어 돌아가야만 하는 복잡하고도 반복되는 과정이다. 수많은 양적연구와 질적연구에서 데이터가 수집되면 연구결과를 출판하기 위해 데이터의 정확성 확인을 위한 동료 확인 과정이나 수집된 데이터를 일렬로 늘어놓는 과정을 거친다. 그러나 이것은 내러티브 탐구자가 현장텍스트에서 중간연구텍스트와 최종연구텍스트로 이동하는 모습을 나타내는 것이 아니다. 내러티브 탐구자는 연구 결과를 공적으로 발표하는 과정을 통하여 연구참여자와 관계적 방법으로 살아가기를 계속한다. 이것은 현장텍스트, 중간 연구텍스트, 최종 연구텍스트 모두 연구참여자와 함께 협의된다는 것을 의미한다.

현장텍스트는 항상 연구관계성 안에 놓여 있다. 관계적인 3차원의 내러티브 탐구 공간 안에서 조심스럽게 작업하면서 연구자는 홀로 또는 연구참여자와 함께 현장텍스트를 중간연구텍스트로 구성하기 시작한다. 현장에서 연구참여자와 함께 탐구의 과정을 살아내면서도 내러티브 해석은 늘 일어나고 있지만, 어떤 지점에서 연구자는 현장텍스트를 가지고 작업하기 위해서 연구참여자와의 아주 밀접한 접촉으로부터 떨어져 나온다. 전사 자료, 사진 자료, 현장 노트, 연구 일지, 서류 등 시간성 · 사회성 · 장소 차원을 고려하며 형성된 모든 현장텍스트의 분량을 감안하면 중간연구텍스트를 작성하는 일이 매우 위협적으로 느껴지기도 한다. 분석과 해석을 하면서 중간연구텍스트의 초고를 작성하는 것은 관계적 방식으로 연구참여자와의 연결을 지속하게 하는 역할을 해 준다. 중간연구텍스트를 작성할 때, 연구자는 내러티브적으로 생각하기를 계속한다. 즉, 3차원의 공간 안에서 현장텍스트를 자세히 들여다보는 것이다. 중간연구텍스트는 해석을 보충하고 경험의 의미에 대한 다중적 가능성에 대해 협의할 기회를 연구자와 연구참여자에게 제공한다. 좀 더 드러나는 경험의 실마리에 대하여 연구참여자와 협의하기 위해 중간연구텍스트로 돌아가는 것은 연구텍스트를 구성하는 데 있어 매우 중요하다. 중간연구텍스트에 대하여 연구참여자와 대화를 나눔으로써 연구자는 연구참여자와 더불어 더욱 집중적인 연구 수행으로 들어갈 수 있다. 대화를 통해 현장텍스트가 더 필요하다고 판단되면 인터뷰 대화를 보충할 수도 있고, 훌륭한 연구텍스트의 생산을 위해 꼭 필요한 무언가를 위해 연구 활동을 보충할 수도 있다.

'현장텍스트에서 중간연구텍스트로의 이동'을 이해하는 데 Downey와 Clandinin(2010)의 '깨진 거울 조각 은유'가 도움이 된다. 그들은 '깨진 조각들도 보일 수 있다'고 다음과 같이 언급하였다.

> 특정 시간과 장소에서 살고 말한(lived and told) 이야기처럼…… 내러티브 탐구에서 우리는 깨진 조각들을 다시 모으려고 하기 보다는 지속되는 삶 안에서 시간성 · 사회성 · 장소의 차원을 이해하는 것으로 가능해지는 것이 무엇인지 그것에 주목하면서 한 개인의 삶의 한가운데에서 관계적 방식으로 흩뿌려진 조각들 안으로 들어가려고 한다. (탐구로) 펼쳐지는 삶 안에서 보여지게 되는 것의 다중성에 주목하면서 내러티브 탐구자는 다중적이면서 있을 수 있는 다시 말하기와 상상력이 풍부하고 내러티브적으로 일관된 방식으로 전진하는 방법을 구성하기 위해서 각각의 조각과 가는 파편의 특별함에 집중한다(p. 391).

Downey와 Clandinin(2010)은 앞의 글에서 우리가 현장텍스트에서 중간연구텍스트와 최종연구텍스트로 이동할 때, '내러티브 일관성(narrative coherence)[1]'을 어떻게 이해하면서 조심스럽게 고려해야 하는지를 잘 보여 주고 있다. 우리는 삶을 살아갈 때 끊임없이 내러티브 일관성을 찾는데, 심지어는 일관성이 불가능해 보이는 상황에서조차도 그렇게 한다. Carr(1986)는 다음과 같이 언급하였다.

> 일관성에 있어서 우리의 삶(lives)은 때로는 조금 더, 때로는 조금 덜 일관성을 품는다. 삶이란 합리적으로 함께 잘 어우러지기는 하지만, 경우에 따라서 따로 떨어지는 경향이 있다. 일관성이란 우리가 그것을 갈구하고 갈구하지 않고와 상관없이 우리에게 지워진 요구로 보인다. 모든 것은 이해될 필요가 있다. 일관성이 보이지 않을 때 우리는 부족함을 느낀다. 근원적인 정체성으로서가 아니라 함께 어우러지는 삶으로서 자아의 통합은 미리 주어진 조건이 아니라 이루어내야만 하는 성취이다. 우리 중의 일부는 성공('자아의 통합'에 있어서)을 하고, 다른 사람들보다 나아 보이기도 한다. 어느 누구도 완벽하게 성공할 수는 없다. 우리가 하고 있는 것은 우리 자신과 다른 사람들에게 우리가 무엇이고, 우리가 어떤 사람인지에 관한 이야기를 말하고 다시 말하는 것이다(p. 97).

내러티브 탐구자인 우리는 때때로 성공할 수도, 실패할 수도 있는 내러티브 일관성 찾기를 위해 연구참여자와 함께 열심히 노력하면서 깨어 있을 필요가 있다. 중간연구텍스트와 최종연구텍스트를 함께 작성하고 협의할 때 내러티브 일관성이나 그 부족함을 드러내듯이, 우리는 연구참여자와 연구자 개별 삶의 다중성, 그리고 내러티브 탐구의 한가운데에서 함께 구성하는 우리 삶의 다중성을 드러내야만 한다.

---

1) 내러티브 일관성(narrative coherence; Carr, 1986): 인생에 있어 불연속적이고 파편적으로 보이는 경험의 조각들이 내러티브 속에서 유기적 관련성을 띠고 조직화, 구조화되면서 일련의 사건으로 순서(sequence)를 갖추게 될 때 내러티브 일관성을 지닌다고 표현한다.

가끔가다가 이런 일관성을 향한 분투는 비밀이야기(secret stories)를 드러냄으로 귀결된다. 그래서 비밀이야기를 들으면 내러티브 일관성이 보이게 되는 것이다. 그러나 때로는 인생을 살고 말하는 국면에서 내러티브 일관성이 불가능할 수도 있다. 이는 인생에서 벌어지는 사건들이 상상의 범주를 벗어나 있기도 하기 때문이다(Torgovnick, 1994).

내러티브 풀어내기(narrative accounts)와 같은 중간연구텍스트는 다중적이고 다양한 현장텍스트를 이해한 바탕에서 쓰여진다. 중간연구텍스트는 현장텍스트를 보충적으로 수집하게 만드는 이유가 되기도 하는데, 이는 살고 말한 경험들을 좀 더 이야기하도록 한다는 것을 의미한다. 중간연구텍스트는 또한 연구 관계성 속에서 다시 말하고 다시 사는 것에 몰입하게 만드는 방법이 되기도 한다.

중간연구텍스트를 작성하는 과정에서 우리는 3차원적 내러티브 탐구 공간 안에서 살아간다. 현장텍스트를 여러 차례 반복해서 읽고, 반복해서 보며, 동시에 시간성, 사회성, 장소에 집중한다. 경험의 의미 속으로 좀 더 깊게 이동할 수 있도록 만들어 주는 것이 바로 3차원적 내러티브 탐구 공간이다. 탐구 공간이 3차원으로 존재하지만, 이 3차원은 자주 서로 얽히고 매듭지어 있다. 어떤 점에서는 이 세 개의 차원이 인생 경험이라는 천을 직조한다고 말할 수 있다. 3차원의 매듭이란 장소와 사람, 시간에 대한 이야기가 함께 묶인 것인데, 이때 다른 차원에 대한 이해없이 한 가지 차원을 이해할 수는 없다. 이러한 방식으로 중간연구텍스트는 새로운 현장텍스트와 지속적으로 협의된 연구 퍼즐 속에서 아직도 남아 있는 궁금증을 우리에게 가르쳐 준다.

중간연구텍스트가 연구 퍼즐에 집중하게 하는 시작점인 동시에 현장텍스트의 의미를 구성하기 시작하는 지점이 되지만, 우리는 결국 최종연구텍스트로 이동할 필요가 있다. 최종연구텍스트는 쓰기가 매우 어렵게 느껴지기도 하는데, 이는 연구자와 참여자가 이제 그들의 관심을 청중—그들이 알지 못하고, 또 참여자가 살고 말한 경험과는 아주 동떨어져 있는—에게로 돌려야 하기 때문이다. 최종연구텍스트를 작성할 때, 연구에 대한 개인적ㆍ실제적ㆍ사회적 정당성

에 다시 한 번 주목하는 것은 매우 중요하다. 최종연구텍스트는 전통적이고 학
문적인 출판이나 학위논문, 구두 발표 등을 위해 쓰여지지만, 종종 비학문적 청
중을 위해 최종연구텍스트를 쓰기도 한다. 비학문적 청중을 위한 글쓰기는 다
른 대중적 텍스트와 같이 극장 연극, 예술 작품 전시, 웹사이트, 시, 정책 설명
등으로 표현될 수도 있다.

8. 시간성, 사회성, 장소를 보여 주는 방법으로 경험의 내러티브 드러내기

  각각의 내러티브 탐구가 펼쳐져 드러나고 반복되는 연구 과정 속에서 내러티
브 탐구 공간의 3차원에 주목하는 것은 매우 중요하다. 탐구의 복잡성 속에서
연구 퍼즐과 관련된 경험에 대한 통찰력은 이 3차원에 주목함으로써 확보될 수
있다. 우리 자신의 삶과 참여자의 삶 속에서 파열이나 붕괴, 침묵을 보기 시작
할 때, 우리는 자주 이 3개의 차원 모두에 주목하게 된다. 우리의 목적이 치료적
과정에 있지는 않지만 내러티브 탐구 과정이 치료의 효능을 가질 수도 있는데,
이는 내러티브 탐구가 우리 모두가 사는 어려운 장소, 시간, 또는 상황에 우리의
관심을 이끌어 갈 수 있기 때문이다. 탐구 공간에서의 3개 차원(시간성, 사회성,
장소 차원) 모두를 대중이 볼 수 있게 함으로써 이야기화된 삶의 복잡성 또한 볼
수 있게 된다.

  우리가 질문(questions)을 가지고 시작하지 않았기 때문에 최종연구텍스트 또
한 결코 최종 답(answers)을 제공하지는 않는다. 그보다는 청중이 협력적이고
윤리적인 방법으로 경험을 다시 생각하고(rethinking) 다시 말하며(retelling) 탐구
할 수 있도록, 그리고 그들이 다른 사람들과 관계 맺는 방식과 실제 삶의 방식을
바라볼 수 있도록 이끌어 가는 것이 내러티브 탐구의 또 다른 목적이라고 할 수
있다.

9. 관계적 반응 집단 형성하기

내러티브 탐구자들은 항상 어떤 관계적 반응 집단(relational response communities)에 참여할 것을 강력하게 권고를 받는다. 반응 집단 내에서 초창기의 연구 퍼즐이나 중간연구텍스트, 최종연구텍스트 등이 함께 공유되고 논의될 수 있으며, 내러티브 탐구의 신뢰도를 높이는 동료 확인(member checking) 집단으로서의 역할도 할 수 있다. 반응 집단은 연구자가 참여자의 경험과 연구 퍼즐을 어떻게 다루는지 깨달을 수 있도록 해 주기 때문에 탐구가 진행되는 내내 매우 중요한 역할을 하게 된다. 반응 집단은 주로 연구자가 자신의 연구에 대해 책임 있는 대화를 나눌 수 있다고 신뢰하고 중시하는 사람들로 구성이 되는데, 구성원은 동질적 집단(예: 같은 전공의 스터디 그룹) 또는 이질적 집단(예: 여러 분야에서 다양한 배경을 지닌 집단)으로 이루어질 수 있다. 다양성이 특징이 되는 반응 집단은 특히 다양한 전공과 다양한 세대, 다양한 문화 배경을 지닌 구성원과 학문적인 그리고 비학문적인 구성원을 고루 갖출 수 있어 탐구를 더욱 풍성하게 만들 수 있다.

반응 집단 안에서 내러티브 탐구자는 방법론적·이론적 성장을 지속적으로 이루어 가고, 관계성 속에서 윤리적으로 반응하는 방식에 대해 배우며, 듣는 것을 반복적으로 배우게 된다. 반응 집단 구성원들이 탐구 안에서 연구자로서, 참여자로서 우리를 바라보듯이, 우리 또한 연구자로서의 여정에 내재되어 있는 복잡함을 이해하게 된다. 반응 집단은 오랜 시간에 걸쳐서 꾸준히, 정기적으로 운영될 필요가 있다. 집단 내의 신뢰와 존중, 돌봄을 유지하기 위해서 반응 집단 안에서 구성원으로서의 의무감과 책임감에 대하여 지속적으로 협의해야 할 필요가 있다. 반응 집단은 탐구에 대한 궁금함과 통찰을 제공하는 한편, 구성원을 유지하면서 응원과 반응을 통하여 관계성과 성취를 서로 축하해 주는 역할도 하게 된다.

10. 개인적 · 실제적 · 사회적 정당성 확보하기

내러티브 탐구를 계획할 때부터 내러티브 탐구자는 자신의 연구를 모든 사회과학 연구자들과 함께 공유할 필요가 있다는 것, 즉 "그래서 어쩌라고?(So what?)"와 "무슨 상관인데?(Who cares?)"라는 질문에 답함으로써 연구의 정당성을 확보할 필요가 있다는 것을 마음에 새겨야 한다. 내러티브 탐구자로서 우리는 '개인적으로, 실제적으로, 사회적으로'라는 세 가지 방면으로 내러티브 탐구를 정당화할 필요가 있다. 이러한 세 가지 정당성은 탐구가 시작되면서 생각하게 되고, 탐구의 과정 속에서 다시 생각하게 되며, 중간 · 최종 연구텍스트를 작성할 때 다시 언급하게 된다.

1) 개인적 정당성

'이 내러티브 탐구가 연구자에게 왜 중요한가?'에 답할 수 있어야 한다.

내러티브 탐구를 개인적으로 정당화하기 위해서 내러티브 탐구자는 '연구자의 내러티브(narrative beginnings)'로 탐구를 시작한다. 연구자의 자전적 내러티브 탐구를 시작함으로써, 첫째, 연구와 관련하여 연구자 자신이 누구인지 그리고 무엇이 되어 가는지를 배우게 되고, 둘째, 참여자와의 관계 속에서 연구자 자신이 어떤 존재인지를 생각하게 되며, 셋째, 연구 논문 속 어디에 자신을 위치시킬지를 결정하게 된다. 자전적 내러티브 탐구는 먼저 연구 퍼즐의 윤곽을 잡고 그 후 에 깊이 있게 퍼즐을 다듬어 가도록 하는 연구의 출발점이 된다. 탐구가 진행되면서 '개인적 정당성'은 바뀔 수도 있는데, 연구자의 자전적 스토리를 다시 살고 다시 말하도록 이끌기도 하고, 참여자와 함께 그리고 반응 집단 안에서 살면서 알게 된 것을 더욱 깊게 탐구하도록 요청을 받기도 한다.

2) 실제적 정당성

'이 연구가 전공 학문 분야의 실제(practice)에 있어서 어떤 변화를 가져올 수 있는가?'에 답할 수 있어야 한다.

내러티브 탐구를 계획하는 초반에서부터 "그래서 어쩌라고?" 질문에 대한 답은 모습을 갖추기 시작하는데, 이것이 바로 실제적 정당성을 갖추기 시작하는 것이다. 우리로 하여금 다른 사람들의 경험에 가까이 다가가도록 하고, 그들이 위치해 있는 사회적 맥락에 근접해 가도록 이끄는 것이 실제적 정당성이다. 실제적 정당성의 일부로서 내러티브 탐구자는 사회 정의와 사회 평등이라는 이슈를 생각하게 된다. 이러한 생각을 바탕으로 연구의 결과를 가지고 전공 학문 분야의 실제에 어떤 변화를 가져올 수 있을지를 논할 수 있는 것이다.

3) 사회적 정당성

'이 연구가 이론적 이해를 확장하거나 사회적으로 좀 더 정의로운 상황을 만드는 데 어떤 기여를 할 수 있을까?'에 답할 수 있어야 한다.

연구의 시작에서부터 또한 생각할 필요가 있는 것은 사회적 정당성인데, 여기에는 이론적 방면과 사회적 방면이라는 두 가지 방식이 있다. '이론적 정당성'은 새로운 방법론적 · 학문적 지식에 의하여 탐구를 정당화시키는(Clandinin & Huber, 2010, p. 436) 것을 의미한다. 예를 들어, 내러티브 탐구가 비교적 새로운 연구방법론이라는 것을 감안할 때 집중적으로 사용되고 있는 교육학 분야(내러티브 탐구는 교육학 분야의 연구에서 처음 출발하였다) 이외의 학문 분야에서 본 연구 방법을 사용하여 인식론적 · 존재론적 이해를 드러내고 방법론적 기여를 할 수 있다면 이는 훌륭한 이론적 정당성을 확보한 것이 될 것이다. '사회적 행동/정책의 정당성'은 내러티브 탐구의 사회적 정당성 확보에 중요한 역할을 한다. 내러티브 탐구자는 특정 정책이나 대중 담론의 확장 모두에 기여할 수 있다. 내러티브 탐구자는 연구참여자의 경험을 일반화시키지는 않는 반면, 정책과 그 실행 과정이 품고 있는 복잡성과 모순을 지적함으로써 정책 발전에 기여할 수도 있는 것이다. 사회적 정당성 측면에서 연구자가 기여할 수 있는 또 하나의 중요한 역할은 독자로 하여금 살아낸 경험(lived experience)에 부여된 전제와 가치 안에서 사람들의 삶을 이해하고 그들의 경험에 내재 되어 있는 복잡성과 혼란, 침묵 등을 볼 수 있게 해 주는 것이다.

11. 청중에 주목하기

내러티브 탐구자들은 목소리(voice), 특성(signature), 청중(audience)의 문제에 있어서 균형을 잡아야만 한다. 개별 탐구 안에서 연구자는 다양한 문장 구조와 내러티브 풀어내기 기술을 통해 목소리와 특성의 다중성을 나타내고자 시도한다. 내러티브 탐구는 항상 연구참여자와 연구자의 살아내고 이야기된 경험을 나타내기 위해 시간성에 의해 드러나는 풍부한 내러티브 풀어내기로 가득 차 있다. 연구텍스트는 문자 형태 및 시각적 · 청각적 형태 등 다양한 형태를 취할 수 있다.

커다란 범주의 사회적 · 기관적 · 문화적 내러티브가 우리 경험의 의미를 밝히는 데 어떻게 작동하는지, 그리고 연구자와 연구참여자가 살아내는 이야기를 어떻게 구성하는지에 대한 질문을 내러티브 탐구에서 언급해야 함은 분명하다(Connelly & Clandinin, 1999). 상황 맥락적 내러티브에 관심을 기울임으로써 연구자는 살고 말한 이야기의 복잡성을 더욱 깊이 이해할 수 있도록 만든다.

연구텍스트를 작성하는 동안, 내러티브 탐구자는 참여자와 실제 청중 모두에게 주의를 기울여야 한다. 연구텍스트는 참여자와의 협의 과정을 거치는데, 참여자는 최종연구텍스트로 옮겨 갈 때 가장 영향력 있는 목소리를 내는 사람이다. 연구텍스트에서는 참여자와 연구자 모두의 경험에 대한 내러티브 질을 되돌아보고, 사회적 · 문화적 · 언어적 · 가족의 · 기관의 내러티브 안에 이러한 경험의 이야기가 어떻게 연관되어 있는지 다시 생각해 볼 필요가 있다.

연구텍스트가 연구자와 참여자 사이에서 협의를 거치는 한편 연구자는 학문적 커뮤니티(반응 집단 등)에 대한 책임감을 지녀야 하며 "그래서 어쩌라고?"나 "무슨 상관인데?"의 질문에 대한 답변을 연구텍스트에 적어야만 한다. 이러한 질문은 개별 내러티브 탐구의 사회적 · 이론적 중요성을 묻는 것이다. 궁극적으로 연구텍스트는 연구의 중요성에 대하여 반복적으로 물음으로써 발전할 수 있다. 연구텍스트는 연구자와 참여자가 경험을 다시 말하고, 다시 살면서 생겨날 수 있는 그들의 성장에 주목하면서 연구의 개인적 · 실제적 중요성에 또한 관심을 갖게 되는 것이다.

내러티브 탐구가 관계적 탐구라는 점에 커다란 방점이 찍히는 것을 알고 있듯이, 연구는 연구자와 참여자 사이에 놓여 있는 관계적 존재이기 때문에 최종연구텍스트까지 모두 마무리되고 난 이후라도 오랫동안 연구자는 윤리적 문제에 깨어 남아 있어야 한다.

12. 인간 삶의 역동성 이해하기

내러티브 탐구자로서 우리는 연구의 한가운데로, 우리 자신의 삶의 한가운데로, 참여자의 삶의 한가운데로 들어간다. 이것을 인식한다는 것은 마지막 이야기가 존재하는 것은 아니라는 것을 의미하며, 개별 이야기와 경험은 다시 말하고 다시 살아내는 경험을 위하여 새로운 이야기를 청한다는 것을 의미한다. 연구자로서 우리가 이것을 이해할 때 우리는 항상 변화 중에 있는 삶을 이해하기 위해 노력할 것이며, 항상 형성 중에 있는 삶을 바라보고 드러내기 위해 노력할 것이다(Greene, 1995). 역동적인 삶을 이해한다는 것은 떠오르는 새로운 관계성에 대하여, 예상치 못한 방식으로 펼쳐지는 삶에 대하여, 그리고 남아 있는 충격

요소들에 대하여 항상 열려 있다는 것을 말한다. 이것은 또한 우리가 말할 수 있는 것 중에 마지막 말이나 마지막 이야기, 오직 하나의 이야기는 있을 수 없다는 것을 의미한다. 이것이 데이터의 진실성이나 정확성, 확실성을 중시하는 연구자들에게는 문제가 되겠지만, 지속적으로 경험이라는 사회적 직조를 탐구하면서 사람들의 변화되어 가는 모습을 놓치지 않는 내러티브 탐구자들에게는 가능성을 열어 주는 것이다.

09 내러티브 탐구 방법을 사용하여 논문 작성하기

　내러티브 탐구방법론에 대한 이해를 바탕으로 하여 '인간 경험의 이해'라는 탐구의 본질적 목적을 지니고 내러티브 탐구를 수행해 보자. 근래 들어 사회과학연구에서 내러티브 탐구에 대한 관심의 증가는 확산적 내러티브 연구물의 생산으로 이어지고 있다. 그러나 내러티브 탐구에 대한 분명하고 체화된 이해를 근간하여 연구를 진행하여도 오랜 세월 익숙해진 양적연구의 전통에서 완전히 탈피하여 작성된 질 높은 내러티브 연구물을 접하기는 그리 쉽지 않다.

　따라서 본고에서는 내러티브 탐구자인 저자의 내러티브 탐구에 대한 본질적·이론적 이해와 내러티브 탐구 특강 및 워크숍, 내러티브 논문지도 등의 경험에서 비롯된 PPK를 바탕으로 하여 '어떻게 하면 좋은 내러티브 논문을 작성할 수 있는지'에 대한 논문 작성의 실제에 대하여 안내하고자 한다. '연구 주제를 선정하는 방법'에서부터 시작하여 내러티브 논문을 구성하는 항목별 안내가 이루어질 것이며, 각 구성 항목의 작성에 대하여 이론적·방법론적 지원과 더불어 빈번히 발생하는 글쓰기 오류와 작성 시 주의해야 할 점 등으로 안내의 내용이 구성될 것이다.

1. 내러티브 논문의 구조

　현재 한국에서 생산되는 내러티브 논문의 대체적인 구성 틀에 대해 안내하고자 한다. 본래 내러티브 탐구의 결과물로 작성되는 글쓰기 양식은 '경험의 내러티브 탐구 결과를 가장 효율적으로 제시'하는 것에 초점을 두기 때문에 내러티브 형태와 글쓰기 방식에 대한 다양성과 자율성에 있어서는 매우 열려 있다. 이러한 점을 인식하여 다음에 제시하는 기본적인 논문 구성 항목들은 견지하되, 거기에 또 다른 부가적 항목을 덧붙이거나 항목 타이틀을 구성하는 면에 있어서는 '내러티브적인' 연구자의 사고의 유연성과 창의성을 발휘해 볼 것을 적극 권한다.

　양적연구물과 대비하여 반드시 지켜 사용해야 할 내러티브 탐구 용어로는 다음과 같은 것들이 있는데, 이는 논문 내용 글쓰기에서뿐만 아니라 목차 구성항목 작성에도 그대로 적용되어야 한다.

① 연구 퍼즐: '연구 문제'로 제시하지 않는다.

② 연구참여자: '연구 대상'으로 제시하지 않는다.

③ 인터뷰 대화: '인터뷰'로 제시하지 않는다.

④ 내러티브 풀어내기: '연구 결과'로 제시하지 않는다.

(※ '서론, 결론'의 타이틀 사용은 본래 내러티브 논문에서는 볼 수 없으나, 한국에서의 논문 작성 맥락상 타협의 여지가 있어 이 책에서는 제시하고 있다)

'목차' 예시 자료

〈목차 예시 1〉 일반적인 국문 내러티브 논문

목 차

*연구자의 내러티브/ 내러티브의 시작(narrative beginnings)
　　　→ ('연구자의 내러티브'를 '서론'의 첫 번째 절로 구성할 수도 있다)

Ⅰ. 서 론

1. 연구의 필요성 및 목적

2. 연구 퍼즐(research puzzles)

II. 이론적 배경

III. 연구 방법 및 절차

IV. 내러티브 풀어내기(narrative accounts)

V. 경험의 의미

VI. 결론

1. 요약

2. 논의

3. 의의 및 제언

*내러티브를 마치며(선택사항)

〈목차 예시 2〉 영문 박사논문

Hong, Y. S. (2009). *A narrative inquiry into three Korean teachers' experiences of teaching returnee children.* Unpublished doctoral dissertation, University of Alberta, Edmonton, AB Canada.

Table of Contents

〈목차 예시 3〉 국문 박사논문

김수진(2016). 비자살적 자해의 시작과 중단에 대한 내러티브 탐구. 박사학위
　논문, 숙명여자대학교.

목 차

2. 내러티브 논문의 작성

(※ 이 절의 내용은 저자의 2020년 논문, 「내러티브 논문작성의 실제」를 근간으로 수정 및 보완하여 작성하였음을 밝힌다.)

1) 연구 주제 선정하기

무엇에 대하여 탐구할 것인지, 즉 연구 주제가 무엇인지에 따라 그 주제를 효율적으로 탐구할 수 있는, 그에 적합한 연구 방법이 결정된다. 또는 연구자가 선호하는 연구 방법이 있다면 그 방법론에 합당한 연구 주제를 선정하기도 한다. 일반적으로 연구자들은 질적연구, 양적연구에 대한 선호를 먼저 갖추고 연구 주제를 탐색하곤 한다.

내러티브 탐구는 연구참여자의 경험만을 탐구 대상으로 하는 연구 방법이 아니라 연구자 또한 탐구의 일부분이 되어 탐구 주제 경험과 관련하여 다시 말하고 다시 사는 과정을 참여자와 함께 살아가는 관계적·협력적 연구 방법이다. 이렇게 내러티브 탐구는 자전적 측면이 매우 강하고, 그래서 연구 주제의 탐색은 연구자 경험의 범주를 벗어나지 못하며, 연구 주제는 자연스럽게 자기 경험의 내러티브로부터 떠오르게 되는 것이다. 연구 주제를 선정할 때 연구자 자신이 연구참여자가 지니고 있는 탐구 주제 경험과 같은 경험을 지니고 있는 것이 가장 이상적인데, 이는 주제 경험 탐구에 좀 더 깊고 넓은 통찰과 이해를 줄 수 있기 때문이다. 그러나 모든 내러티브 탐구에서 연구자가 탐구 주제에 대한 직접 경험을 가지고 있는 것은 불가능한 일이다. 예를 들어, 북한이탈주민의 경험, 결혼이주여성의 경험, 다문화가족의 경험, 동성애 경험 등등 다수의 연구 주제 경험은 연구의 가치와 정당성을 높이는 연구 주제일 수는 있지만 연구자 누구나가 가질 수 있는 경험은 아니기 때문이다. 이럴 경우, 연구자는 최소한 탐구하려는 주제와 관련된 장(space)에 살거나, 연구참여자와의 관계성을 기반으로 한 참여자 경험에 대한 탐구가 되는 것이 좋다.

참고로 본 저자가 수행한 모든 연구는 나의 삶의 경험이야기와 강력하게 연결되어 있다. 어떤 연구는 직접 경험에서, 어떤 연구는 참여자와 같은 장(space)에서 살아가면서 그들과의 관계적 경험에서 생겨난 탐구 궁금증에서 연구가 수행되었다. 몇 가지 예를 다음의 〈표 9-1〉에 제시한다.

〈표 9-1〉 연구 주제 선정 배경(직접 경험: 관계적 경험)

번호	연도	논문 제목	직접 경험	관계적 경험
1	2013	한국초등학교에서 비원어민 영어교사로 살아가기: 교사정체성 형성을 중심으로	○	
2	2014	영어 관념의 유동성과 교사정체성의 다중성: 한 초등영어교과전담교사의 삶에 대한 내러티브 탐구	○	
3	2014	Meanings of English to NNESTs in Korean School Contexts	○	
4	2015	한국계-미국인(Korean-American) 대학교 원어민 강사가 살아내는 교사경험이야기 탐구		○
5	2016	대학 편입학을 경험한 두 대학생이 살아낸 삶의 이야기 탐구		○
6	2017	휴학 경험을 형성하는 지방대학 남학생의 삶에 대한 내러티브 탐구		○
7	2019	필리핀 결혼이주여성 두 명의 언어정체성 형성에 관한 내러티브 탐구	○	
8	2019	캐나다에서 한국인 부모로 살아가기: 한 한국계 이민가정 어머니의 부모이야기 탐구	○	
9	2019	캐나다의 한국계 이민 가정 자녀의 언어 중개(language brokering) 경험 탐구: 부모와의 관계성을 중심으로	○	

• 〈표 9-1〉의 설명

- 1~3번 연구: 2009년 9월 박사학위를 마치고 귀국한 후, 전에 근무했던 초등학교로 복귀하였다. 그곳에서 영어전담교사를 맡게 되었고, 원어민 영어교사를 보조교사로 관리하면서 함께 co-teaching을 하는 한국 영어교육의 현장을 경험하였다. 비원어민 영어전담교사는 1년 계약직의 원어민 영어교사를 보조교사로 채용하여 관리하는 정교사의 권력관계성을 지니고 있지만 영어를 가르치는 맥락에서는 당시 한국의 영어 위상, 즉 사회적 영어 관념에 의해 전혀 다른 권력관계성의 이야기를 살고 있었다. 나는 이들이 비원어민 영어교사로서 어떤 교사이야기를 살아내는지가 궁금하였고, 이는 대학교로 이직 후 나의 주요한 연구 주제가 되었다. 연구의 키워드는 영어 관념과 교사정체성(교사로 살아내는 이야기)인데, 이 역시 영어교육 전공과 경력 교사라는 나의 학문적 · 직업적 배경이 나의 연구 관심과 연결된 것이다.

- 4~6번 연구: 연구참여자들과 대학교라는 같은 장(場)에서 살아갈 때 관계성 속에서 생겨난 탐구 궁금증에서 비롯된 연구들이다. 4번의 경우, 북미 출신-특히 백인 원어민 강사가 주류를 이루었던 대학교 영어 교수 맥락에서 한국계-미국인 원어민 강사는 어떠한 교사정체성의 이야기를 살아가는지가 궁금해서 탐구하였고, 5번과 6번은 지방 대학의 특성상 유난히 편입학과 휴학이 많았던 당시의 현상 속에서 나와 관계성이 형성되어 있던 학생들을 연구참여자로 하여 수행했던 연구들이다.

- 7~9번 연구: 3편의 연구물 모두 저자가 캐나다에서 한국계 부모로 살아갈 때 관심을 갖게 된 자녀의 언어 중개(language brokering)[1] 경험이 바탕이 되어 수행

---

1) '언어 중개(language brokering)'란 커다란 범주에서 언어적 또는 문화적으로 다른 배경을 지닌 화자(話者) 간의 의사소통을 제3자가 중재하는 행위(McQuillan & Tse, 1995)를 일컫는 용어이나, 본 연구에서는 '이주해 간 새로운 국가에서 그 나라의 언어를 좀 더 빠른 속도로 학습 또는 습득한 자

된 내러티브 탐구 논문이다. 7번 연구의 경우, 캐나다의 한국계 이민가정에서 자녀와 부모 사이에 발생하는 언어 중개 경험이 부모-자녀 관계 이야기 형성에 어떻게 작용하는지를 탐구해 보려 했던 연구 설계를 가지고 필리핀 결혼이주여성의 가정환경에 적용하여 한국연구재단 과제로 수행하였다. 그러나 캐나다 맥락과 다른 연구참여자 가족의 사회적·문화적 환경의 차이로 언어 중개 경험이 눈에 띄게 드러나지 않아 연구 퍼즐과 연구 내용의 수정을 거쳐 '언어정체성 형성 탐구'로 결과물을 제출하게 되었다. 8번과 9번 연구는 처음의 연구 설계가 바탕이 되어 캐나다의 한국계 이민 가정 부모와 자녀에 대한 탐구로 캐나다에서 진행하였다.

앞서 제1부의 '연구 윤리: 관계적 존재론, 관계적 윤리'에서 우리는 내러티브 탐구가 갖추어야 할 세 가지의 연구 정당성(개인적·실제적·사회적 정당성)에 대하여 배웠다. 연구 주제를 선정할 때 사회적으로 부당한 대우를 받을 환경에 노출되어 있거나 삶의 유지가 고통스럽고 상처받기 쉬운 취약계층(예: 북한이탈주민, 다문화가족, 동성애자, 환자 등)에 대한 연구가 된다면 연구의 실제적·사회적 정당성을 확보하기에 좀 더 수월할 수 있을 것이다.

2) 연구자의 내러티브 작성하기

내러티브 논문에 등장하는 첫 번째 장이 바로 '연구자의 내러티브(narrative beginnings)[2]'이다.

내러티브 탐구는 항상 강력하게 자전적이다. 탐구의 관심은 연구자 자신의 경

녀가 언어 능력이 부족한 부모를 위하여 구두적 통역이나 문자 해석 등을 통하여 그 국가 태생의 원주민과의 효율적인 의사소통을 이끌어 가는 행위(Hall & Sham, 1998; Hall & Robinson, 1999)'로 규정한다(홍영숙, 2019d, p. 705: 9~13).
2) 연구자 자신의 경험에 대한 탐구 글쓰기가 이루어지는 곳으로, '연구자의 내러티브' 혹은 '내러티브의 시작'이라는 제목을 사용한다.

험의 내러티브로부터 나오는 것이며, 내러티브 탐구의 플롯라인을 형성한다. 그러하기에 모든 내러티브 탐구는 주제 경험과 관련된 연구자 자신의 경험에 대한 이야기로 탐구를 시작한다. 이것은 연구자 자신이 내러티브 탐구의 일부분이라는 것을 의미하는 것이고, 또한 내러티브 탐구가 연구참여자의 경험만을 탐구하는 것이 아니라 연구자와 연구참여자 모두의 경험을 탐구하는 협동작업이라고 말하는 것이다.

연구자의 내러티브 역시 참여자의 내러티브를 기술할 때처럼 이야기 형태로 기술해야 한다는 점은 매우 중요하다. 이야기 형태(story-form)란 단순히 사건이나 사실의 기술 또는 사변적 사고의 결과나 자기 분석(self-analysis)적 · 상황 분석적 글이 아니라, '시간성 속에서 축적되고 다른 것들에게 영향을 미치기도 하는 경험들이 시간의 흐름에 따라 변화되어 가는 것을 묘사하는 것(Polkinghorne, 1988; Clandinin & Murphy, 2007, p. 634에서 재인용)'을 의미한다. 다시 말해 경험의 3차원, 즉 경험의 시간성, 사회성, 장소 차원이 잘 드러나도록(즉, 상황 맥락이 잘 드러나도록) 경험이야기를 기술해야 하는데, '마치 장면이 실제 눈에 보이는 듯이 머릿속에 그려지는 묘사가 되도록 기술하라[3]'는 것은 내러티브 기술에 대한 바람직한 조언이 될 수 있다.

이 장에서 연구자는 자신의 이야기를 어디서부터 시작해야 할 지 많은 고민을 하게 된다. '연구자의 내러티브'는 생애사적 글쓰기처럼 자신의 인생 전체에서 인상 깊었던 모든 중요한 사건 이야기의 요약적 나열이 되어서는 안 된다. 여기서는 연구 주제와 관련된 연구자의 이야기를 선택하여 작성하되, 탐구 주제 경험과 연결되는 시점의 이야기만이 아니라 경험의 시간성 차원에서 주제 경험 탐구로 이끌려 왔던 과정, 과정에서 겪게 된 경험의 이야기들을 일관성 있게, 그리고 상호 관련성을 보이면서 기술하는 것이 중요하다. 내러티브는 연구자의 어린 시절

---

3) 2008년 말, Hedy Bach(시각적 내러티브 탐구자: a visual narrative inquirer) 박사가 저자의 박사학위논문 처음에 등장하는 「연구자의 내러티브(narrative beginnings)」의 초고를 읽고 나서 들려 준 조언이다.

의 이야기부터 시작될 수도 있고, 탐구 주제와 직접 관련된 이야기로 먼저 시작을
했다가 과거의 이야기로 돌아가 이어 갈 수도 있다. '연구자의 내러티브' 구성은
효과적인 내러티브 제시가 될 수 있도록 한다는 기준에 의거하여 연구자가 자율
적으로 판단하여 내러티브를 선택, 제시하면 된다. 잘 쓰인 '연구자의 내러티브'
를 읽음으로써 독자는 연구자가 왜 이 연구를 하게 되었는지(개인적 정당성)를 이
해할 수 있을 뿐 아니라 인간으로서의 연구자의 삶의 모습을 이해하게 된다. 이
러한 이해가 일어났을 때 독자는 탐구의 결과물인 논문 공유의 여정에 동참하고
싶어진다.

개인적 삶의 이야기에는 누구나 드러내고 싶지 않은 부분들이 있게 마련이
다. 연구자도 마찬가지이다. '나의 이야기를 어디까지 드러내야 할까?'가 연구
자에게는 늘 고민이다. 연구참여자는 가명 등의 사용으로 최대한 익명성을 보
장해 주지만, 연구자인 나의 이름은 논문의 표지에서 오롯이 금색 광채로 빛나
고 있기 때문이다. 2008년, 나의 연구자의 내러티브(narrative beginnings)를 쓸
때 나 역시 한참을 고민했던 기억이 난다. 결론적으로 나는 '해야 할' 모든 이야
기를 했고, 그것은 '좋은 선택'이었다. '해야 할'이라고 표현한 것은 숨기고 싶은
이야기들이 있었지만 그것들 없이는 나의 내러티브 일관성과 상호 관련성을 드
러낼 수 없었기 때문이고, '좋은 선택'이 된 것은 그로 인하여 나는 오래 전의 나
의 경험의 의미를 그제야 이해하고 거기서 치유를 받는 경험을 할 수 있었기 때
문이다. 어디까지 드러낼지는 전적으로 연구자의 결정이다. 반드시 모든 것을
드러내야 할 의무도, 책임도 우리에게는 없다. '좋은 내러티브 글쓰기'가 모든
결정의 기준이 될 것이다.

한편, 『내러티브 탐구의 관계적 윤리(The Relational Ethics of Narrative Inquiry)』
(Clandinin et al., 2018)에서의 윤리적 특성은 연구자의 내러티브에 등장하는 관
계적 인물들에 대한 기술에서도 고려되어야 한다. 이는 연구자의 이름은 실명
일 수밖에 없기 때문에 연구자의 내러티브 기술에 등장하는 가족이나 친구, 지
인 등의 관계적 인물들이 완벽하게 가려질 수 없다는 점을 연구자는 윤리적 차

원에서 고려해야 한다는 것이다. '연구자의 내러티브' 기술로 인하여 등장하는 관계적 인물이 상처나 해를 입을 가능성이 보인다면 구두로 동의를 받거나 내러티브 이해를 훼손하지 않는 범위 안에서 단편적 수정을 하는 등의 조치가 있어야 할 것이다.

내러티브 탐구도 학문적 연구이기 때문에 '연구자의 내러티브'와 같은 내러티브 글쓰기에 있어서도 매우 객관적이고 중립적인 문체를 고수하려고 하는 연구자를 만날 때가 있다. 내러티브 탐구 논문 역시 학문적 글쓰기로 쓰여야 함은 분명하다. 단, '연구자의 내러티브'와 '내러티브 풀어내기' 장에서의 내러티브 기술은 제외된다. 이는 앞서 언급한 바와 같이 경험의 3차원이 드러나는 이야기 형태로 기술해야 하므로 절대 객관적, 중립적일 수 없다. 하지만 경험의 이야기를 분석하고 해석하는(풀어내는) 연구자의 글에서는 중립적인 학문적 글쓰기가 되어야 할 것이다. 연구자 자신의 내러티브에 대해서도 연구자가 분석하고 해석해야 한다. 자기 자신의 경험의 내러티브를 풀어내는 부분에 있어서는 연구자의 입장에 위치하여 너무 감성적인 표현은 자제하는 것이 좋다.

'연구자의 내러티브'를 기술함으로써 연구자는, 첫째, 연구 주제 경험과 관련하여 어떤 연구참여자를 선정하여야 할지 연구참여자 선정 기준을 세울 수 있으며, 둘째, 자신의 내러티브 탐구를 통하여 연구참여자의 경험이야기 중에서 어떠한 부분에 중점을 두고 탐구할지 연구 퍼즐을 형성할 수 있고, 셋째, 본 연구가 학문적 연구로 타당성을 갖출 수 있을지 연구 정당성(개인적 · 실제적 · 사회적 정당성— 이 책 제1부의 '연구 윤리: 관계적 존재론, 관계적 윤리' 참조)을 수립할 수 있다.

저자가 '내러티브 탐구'로 박사학위를 마치고 귀국한 2009년 이래로 지금까지 내러티브 학위논문 심사 장면에서 심사평으로 지적받았다고 전해 들은 내용 중 가장 많은 부분이 '연구자 자신의 이야기가 이렇게 맨 앞에, 그리고 이렇게나 길게 쓰일 필요가 있는가?'라는 것이었다. 이와 같은 지적은 양적연구에서 중시하는 연구자의 엄격한 객관성 확보 기준의 적용에서 비롯된 것이며, 연구자 자신이 연구의 일부분이고 연구자와 연구참여자의 협동작업으로 진행되며, 연구자의 간주관성이 인정될 수밖에 없는 내러티브 탐구의 방법론적 특성에 대한 이해 부족으로 해석된다. 저자 역시 심사자로 참여한 논문 심사장에서 또다른 심사자에게 "'연구자의 내러티브'를 '연구의 필요성 및 목적' 뒤로 보내면 안 되는가?"라는 질문을 받은 적이 있다. "내러티브 탐구는 연구자와 상관없는 사회 맥락 속에서 연구의 필요성을 발견해 내는 것이 아니라, 연구자의 삶의 이야기에서 연구의 관심이 드러나고 연구자도 연구의 일부분이기 때문에 연구자 자신의 탐구로부터 연구가 시작되는 것"이라는 답변을 할 수밖에 없었다.

연구자의 자전적 내러티브 탐구를 우선적으로 수행함으로써 연구자는 연구 참여자의 주제 경험과 관련하여 살아낸 이야기를 좀 더 심도 깊고 통찰력 있게 분석 및 해석하고 이해할 수 있는 것이다. 그러므로 연구자의 내러티브가 논문의 제일 첫 장에 와야 함은 정당한 것이고, 또한 매우 중요한 것이다. '연구자의 내러티브' 글쓰기 분량에 대해서는 앞서도 내러티브가 사건이나 사실의 간략한 요약이 아니라 이야기 형태로 제시되어야 함을 강조하였듯이, 경험의 지속성과 상호작용성, 상황이 드러나는 경험의 이야기를 기술하여 이해에 이르도록 한다는 것은 두 세 쪽의 분량으로는 도저히 불가능하다고 말할 수 있다. 경험의 시간성 차원에서 과거의 어떠한 경험으로 현재의 경험이 형성되었는가를 알아보기 위하여 어린 시절로, 또는 학창 시절의 이야기로 거슬러 올라가야 하는 경우는 매번 발생한다. 참고로 저자는 박사학위논문에서 '연구자의 내러티브'를 43쪽 분량으로 구성하였고, 그것은 전혀 특이한 사안이 아니었다. 내러티브 논문지도 경험이 쌓이면서 한국에서의 학위논문 쓰기 맥락과 내러티브 질을 고려하면서 저자는 최소한 10쪽 이상의 '연구자의 내러티브' 작성을 권고한다. 연구자의 내러티브를 읽으며 독자는 연구자의 삶을 이해함과 동시에 연구자가 왜 이 주제 경험으로 탐구를 하게 되었으며, 왜 이러한 연구 퍼즐을 생성하게 되었는지, 그리고 이 연구는 어떠한 연구 정당성을 갖추게 될지를 이해할 수 있게 된다. 이러한 이해로 독자를 이끌어 갈 수 있다면 이것은 훌륭한 '연구자의 내러티브(narrative beginnings)'가 되는 것이다.

연구자의 자전적 내러티브가 논문의 제일 앞에 위치해야만 하는 타당한 이유에 대해서는 부족함 없이 설명되었다고 믿는다. 연구자는 연구의 결과물을 학위논문이나 학술지 논문으로 생산해 낼 수 있는데, 학위 논문에서는 논문의 질적 효율성 면에서 연구자의 내러티브가 반드시 제시되는 것이 좋으나, 학술지 논문에서는 쪽수의 제한(일반적으로 20쪽 내외) 때문에 대체적으로 기술되지 않는다. 참고로 저자의 학술지 논문, 「캐나다에서 한국인 부모로 살아가기: 한 한국계 이민가정 어머니의 부모이야기 탐구(2019)」에는 길지 않은 '연구자의 내러티브'가 실려 있다.

다음으로 학위논문과 학술지 논문에서 각 1편씩의 '연구자의 내러티브' 예시 자료를 제시한다.

'연구자의 내러티브' 예시 자료

〈예시 1〉 학위 논문: 「비자살적 자해의 시작과 중단에 대한 내러티브 탐구」(김수진, 2016, pp. 1–10)

1. 내러티브의 시작

1) 내가 살아가야 하는 이유

나는 현장에서 내담자들을 만나는 상담자로 만 15년째 살아오고 있다. 그동안 다양한 내담자들과의 만남이 있어 왔지만, 특히 청소년들과의 만남은 강렬한 경험들이었다. 한 사람 한 사람을 만나는 과정 속에는 어떤 삶의 이야기든지 간에 반드시 나와 조우하게 되는 경험들이 있었다. 그들의 아픔 속에도, 기쁨 속에도, 스스로를 넘어서는 성장의 과정 속에서도 끊임없이 나와 만나 대화를 나누는 경험을 하게 되었다. 어떤 의미에서는 나의 내담자들은 나의 스승이었고, 인생의 동반자이기도 했다. 언어로 표현해 내는 과정만으로도 힘겨운 삶의 경험들 속에서 도망가지 않은 채, 그들은 주어진 삶의 무게를 감당했고, 성장함을 보여 주었다. 각자의 삶 속에서 살아가는 이유를 찾고, 또한 살아내던 그들을 통해 나 또한 내가 살아왔던 이유와 내가 살아가야 할 이유들을 찾게 되었다.

'수진아, 그만 가자' 그 한마디에 유치원 마당에서 즐겁게 놀던 나의 유년 시절의 배경은 순간 낯선 세계로 바뀌고 만다. 마치 배경 화면이 바뀌듯이… 지금도 가끔 그때의 장면이 사진처럼 떠오른다. 푸른 잔디가 있던 곳이었고, 그네를 타던 아이들과 미끄럼틀에 오르던 아이들, 그중에 내가 있었다. 노란 가방과 모자를 쓰고 유치원에 가는 것을 좋아했던 것으로 기억된다. 그런데 그날은 아직 유치원이 끝날 시간이 아니었는데, 엄마가 찾아오셨고 나를 보고 그만 가자며 손을 잡고 유치원 마당을 나섰다. 유치원과 여전히 까르르 웃으며 뛰어노는 친구들을 뒤로한 채 엄마의 손에 이끌려 나서면서 못내 아쉬움이 남았지만, 내 손을 잡아끌던 엄마의 표정은 그리 밝지 않았다. 자세한 이유를 물을 수도 없었던 것 같다. 공장을 운영하시던 아버지 덕에 유치원에 다닐 만큼 나름 여유롭고 편안했고 따뜻했던 그곳에서, 갑작스런 공장의 사고로 인해 부도가 나면서 차갑고 어둡고 낯선 교회의 창고 건물로 들어가 살게 되었다. 부모님은 어린 나에게 자세한 설명을 해 주진 않았지만, 뭔가 잘못되었다는 생각은 어렴풋이 하게 되었다. 두려웠지만 그냥 받아들일 수밖에 없었다. 추운 겨울이었지만 차디찬 바닥 위에 스티로폼을 깔고 지냈던 궁핍한 생활이 지속되었다. 과자나 장난감은 바랄 수도 없던 생존의 변화 앞에서 더 이상 힘든 내색을 하거나 투정을 부릴 수 없다는 것을 나는 그냥 그렇게 알아 버렸다. 쌀이 없어 굶기도 했던 어느날 교회 목사님께서 새벽에 몰래 넣어 놓고 가신 쌀에 눈물을 흘리던 엄마의 모습을 보면서는 더 이상 엄마를 힘들게 하면 안된다는 생각을 했었다. 학교에 입학을 해서도 학용품 하나도 아껴서 써야 한다는 생각을 강하게 했었다. 짝꿍이 가지고 있던 자석필통이 너무도 부러웠고, 색깔이 다양한 색연필도 갖고 싶었다. 초등학교 2학년 때는 공책을 아껴 써야 한다는 생각에 산수 문제를 작은 글씨로 적었다는 이유만으로 담임선생님에게 심하게 매를 맞기도 했다. 서러움이란 감정을 제대로 알게 해 주었지만 그 일에 대해서도 집에 와서 말하지 못했다. 부모님은 그런 이유들이 아니어도 충분히 힘겹다는 것을 눈치껏 알았기 때문에, 그 후로도 오랫동안 나는 누군가에게 도움을 요청하는 법을 알지 못했다.

그저 힘들어도 괴로워도 혼자서 해결해야 한다고 생각했고, 도움을 요청한다는 것은 상대방을 힘들게 한다는 생각이 강하게 자리잡게 되었다.

이러한 생활이 언제 끝날지 알 수 없던 초등학교 2학년 시절 어느 늦은 저녁, 부모님은 동생과 내가 잠든 사이 심하게 다투시게 되었고, 힘든 처지를 비관하며 '연탄불을 열고 모두 죽어 버리자'… 그 소리가 어찌나 선명하게 들리던지 잠든 척하고 있던 내 심장은 방망이질 치면서 죽음이란 단어가 커다란 암흑 같은 두려움으로 밀려들어 왔다. 죽음이 무엇인지 제대로 알지 못했지만, 어쨌든 무서웠고, 두려웠다. 친구들과 함께 죽은 새의 무덤을 만들어 주었던 우리들만의 의식처럼 죽음은 그렇게 차가운 땅 속에 묻히는 것이었고, 더 이상은 아무것도 없는 것이었다. 난 지금 죽을 이유가 없었다. '난 지금 죽고 싶지 않아' '난 살고 싶어' 울면서, 울면서… 나는 절규하였고, 부모님 또한 어린 딸의 고통스런 울음에 비극적인 선택을 멈추게 되었다. 하지만 나로 인해 가족이 죽음이 아닌 삶을 선택하게 되었다는 무거운 책임감 때문에 나는 누구도 짊어져 주지 않는 삶의 무게를 스스로 지고 가는 달팽이가 되어 버렸다.

어떤 이유에서든 내가 가족을 힘들게 하면 또다시 죽음을 선택할 것만 같았고, 그런 두려움을 다시금 마주하고 싶지 않았다. 어떻게 해서든 가족이 살아갈 수 있는 이유를 만들어 내야만 했다. 그래서였다. 내가 유일하게 할 수 있는 것은, 해야만 하는 것은 공부라고 생각했다. 늘 1등이라는 성적표를 갖다 드릴 때 엄마는 너무도 기뻐하셨고, 초등학교 5학년 때 머나먼 사우디의 건설현장으로 떠나셨던 아빠에게 유일한 기쁨을 드리는 일도 모두 나의 성적이었다. 특히 건설회사 CEO로, 치과의사로, 사장님으로 소위 잘 나가던 친척들 앞에서 그나마 자존심을 세울 수 있도록 할 수 있던 것도 나의 성적이었다. 결국 그 시절 성적은 나의 존재의 이유가 되었던 것이다.

중학교 때까지 공부 잘하는 모범생이었던 나는 지역의 비평준화 고등학교를 진학하게 되었다. '졸업 때는 관광버스를 대절해 서울대학교로 갑시다' 입학식 때 자신있게 외치시던 교장선생님의 그 목소리는 여전히 잊혀지지 않는다. 그러나 그곳에서 난 휘청이며 무너짐을 경험하게 되었다. 모두가 1등을 할 수는 없었기에 처음 받아보는 등수와 성적 때문에 그동안 성적으로 버티던 자존심은 바로 곤두박질을 치며 떨어졌다. 그것이 나의 삶의 이유였고, 우리 가족을 살게 하는 이유였는데 갑자기 나의 존재가 사라지는 듯했고, 교실에서 수업을 듣는 중에도, 늦은 시간의 야간자율학습 시간에도 이전에 내가 알던 나는 그곳에 없었다. 더 이상 학교에서의 의미를 찾을 수 없었다. 학교를 그만 둬야 하나… 머릿속은 복잡했고, 집중하지 못한 채 방황을 하면서 지냈던 시간들은 지금 와서 돌아보면 그야말로 겉으로 드러나지 않는 조용한 학교 부적응이었다. 그렇게 힘겨워하는 나를 받아들이지도 못했고 그렇다고 버릴 수도 없었다. 단지 서울대학교 합격생 숫자로 학교의 명문 여부를 비교하는 숨막히는 입시 경쟁 속에서 경험된 깊은 좌절로 하루하루를 정말 힘겹게 버텨 내고 있었다. 부모님께 힘든 마음을 내색조차 하기 어려웠다. 나는 늘 혼자서 해결해야 했고 내가 무너지면 가족도 무너질 듯 두려웠다. 내가 지금까지 버티던 유일한 삶의 목표를 잃어버렸고, 심지어는 '고작 이렇게 하려고 그때 죽지 않겠다고 절규했었나' 싶어 스스로에게 실망스런 마음으로 자책을 하게 되었다.

물론 고등학교 시절 내내 어두움만 기억되지는 않지만, 적어도 난 늘 무거웠고 우울했다. 그때도 선생님들이나 친구들, 그리고 부모님에게 제대로 나의 힘든 마음을 말해 본 적이 없었다. 그저 혼자서 모든 짐을 끌어 안은 채 웅크리고 있었고, 힘들다고 인정하고 싶지도 않았다. 힘들다고 말하는 순간 모든 것이 현실이 되어 지금까지 버텨 왔던 시간들이 물거품처럼 사라질 것만 같았다. 내 인생의 가장 어두웠던 그 시절… 그 누구에게도 힘든 마음을 나눌 수조차 없이 고통스럽던 그때, 문득 중학교 3학년 때 담임선생님께 야단을 맞고는 내 앞에서 칼등으로 자신의 손목에 상처를 내던 친구의 모습이 떠오르게 되었다. 자신의 몸에 상처를 내는 친구의 모습을 보며 두려움과 동시에 어떤 행동을 취해야 하는지 몰라 당혹스러워 하던 그 순간이 기억되었다. 한편으론 어느 정도로 고통스러운지 궁금하기도 하였고, 나도 따라해 볼까라는 생각을 하기도 했다. 고통에 대한 두려움과 당혹스러움, 상처가 주는 아픔과 죽음이라는 고통과의 맞닥뜨림 등으로 기억 저 너머에 묻어 두었던 시간들이었다.

나는 그 친구처럼 몸에 직접적으로 상처를 내지는 않았지만 대신 끊임없이 정신적 자해를 시도하였다. 손목을 그어 피를 내는 모습과 저 깊은 땅 속 어딘

가로 끝없이 깊게 떨어져 가는 나의 모습을 늘 머릿속으로 상상하면서, 밤에 눈을 감으면서는 아침엔 제발 눈을 뜨지 않기를 기도하였다. 기억 저 너머에 깊이 깊이 묻어 두었던 죽기 싫다고 절규하던 어린 나의 두려움과 다시금 마주하게 되면서 고통스러운 시간을 보냈다. 상상 속의 자해는 잘 해내지 못하는 나에게 스스로 벌을 주는 행위였고, 차라리 삶을 포기해 버릴까 싶은 순간을 대신하면서 나는 고통스런 시간들을 버티고 있었다.

2) 상담자로서의 길

살아가는 것 자체가 힘겹던 고등학교 시절에 나는 제대로 진로를 고민해 보지 못했다. 그저 점수에 맞춰 어느 학교를 들어가야 하는지가 더욱 중요했기에 나의 적성, 관심 등은 고려의 대상이 아니었다. 학력고사의 마지막 세대였던 나는 그저 '여자는 학교 선생이 제일이다'라는 사회적 통념 속에 지역의 교대를 지원하게 되었다. 부모님은 딸이 교대에 입학하게 되면 그것으로 이미 진로는 결정이 되는 터라 내심 안심하셨고, 학력고사가 있던 날 아버지는 교대까지 함께해 주시며 내가 고사장에 들어갈 때까지 배웅을 해 주셨다. 부모님의 기대를 저버리면 안 된다는 생각이 가장 큰 짐이었다. 내가 교사가 되어서 어떻게 살아가고 싶다는 인생의 그림보다는 여전히 부모님의 살아가야 할 이유를 대신 만들어야 한다는 크기를 가늠할 수 없는 무게가 여전히 나를 짓누르고 있었다.

결과는 불합격이었다. 고등학교 내내 조용히 책상 앞을 지켰지만 나는 집중하지 못했고, 당연히 성적이 잘 나올 리가 없었다. 합격자 발표가 있던 날, 나의 배경 화면은 또 한 번 바뀌게 되었다. 정말 하늘이 무너진다는 경험이 무엇인지 가늠이 될 만큼 내 마음은 크게 무너져 내렸고, 무엇보다도 부모님을 실망시켰다는 자책으로 괴로웠다. 재수를 통해 다시 한 번 도전을 해야 하는지 고민이 되었으나, 부모님은 딸에 대한 기대를 내려놓으셨는지, 재수를 강하게 반대하셨다. 다른 진로에 대한 고려가 없던 터라, 그저 교사를 해야겠다는 생각으로 전문대학 유아교육과에 입학을 하게 되었다. 입학식을 하고 학교에 다니는 내내 두 가지의 마음이 계속 부딪혔는데, 한편으로는 이곳은 내가 있을 곳이 아

2. 내러티브 논문의 작성 **129**

니라는 생각에 지금이라도 그만 두고 재수를 해야 하는 건 아닐까 고민을 했고, 다른 한편으로는 유아기의 성장과 잠재력을 틔우도록 돕는 중요한 촉진자의 역할을 하는 유치원 교사로서의 의미들을 배우면서 내 안의 어둠들을 조금씩 거두게 되었다. 상반된 두 가지 마음이 계속 충돌하던 가운데 졸업을 하고 유치원 교사로 근무를 하게 되었다. 3년간은 초롱초롱한 눈망울을 내게 보내며 자신의 선생님을 최고로 아는 아이들이 보내는 사랑을 듬뿍 받으며 유치원 교사로서의 정체성을 형성해 가고 있었다.

그러다 다시금 변화를 선택하게 되는 계기를 맞게 되었다. 내 자아가 형성되기 이전부터 나는 기독교인이었고, 항상 주일에는 교회에 가는 게 일상이었다. 하지만 고등학교 때는 주일에도 자율학습을 해야 했기에 나는 교회에 가지 않는 것을 당연하게 여기며 신앙인으로서의 삶도 멀어지고 있었는데, 대학에 들어가고 나서는 교회 청년부 활동을 통해 다시금 신앙을 회복하게 되었다. 성경 공부를 하고 기도모임을 하면서 내 안에서는 또 다른 물음이 고개를 들고 있었다. 나라는 존재를 통해 좀 더 의미 있는 일들을 할 수도 있지 않을까라는 막연한 생각과 세상 속에서 살아가는 기독교인으로서 비전을 품고 싶다는 소망으로 하나님께 기도를 하며 매달렸다. 기도에 대한 응답이었을까… 그 무렵 함께 근무를 하던 동료 교사를 통해 '상담'이라는 단어를 정말 우연하게 접하게 되었다. 마음이 아픈 사람들을 위로하고 상처를 치료하는 것이라는 설명에 나의 마음은 무작정 상담이라는 세계로의 문을 향해 나아가고 있었다. 무엇을 어떻게 해야 하는지 아무것도 알 수 없었지만, 나와 같이 힘든 시간들을 보내는 청소년들을 회복시키고 세우는 일을 해야겠다는 강한 신념이 내 안에 들어왔다. 하나님께서 주신 비전이란 확신에 다른 고민은 더 이상 없었다. 어쨌든 상담을 공부해야겠다고 마음을 먹었고, 진로를 의논할 대상은 없었지만 우선은 편입을 통해 공부를 시작해야겠다고 결정했다. 시간이 부족했지만, 퇴근 이후에 편입학원을 다니며 급하게 4개월 여를 시험 준비를 하였고, 정말 감사하게도 1997년 3월 청소년학과에 편입을 하게 되었다.

새롭게 시작된 공부는 정말 흡입력이 대단하였다. 청소년에 대한 이해, 발달심리, 상담심리, 성격심리 등의 수업 시간에 나는 완전히 매료되었고, 매일 매일이 새로운 나로 다시금 태어나는 순간이었다. 교수님들의 강의를 들으며 설레었고, 상담자로서의 진로에 대한 그림을 그려 보기 시작했다. 누군가를 돕고자 상담자가 되기 위한 공부를 선택했지만, 목표가 생긴 그 자체로 나는 나를 돕고 있었고, 조금씩 자존감을 회복해 가고 있었다. 졸업 후에는 자연스럽게 상담전공으로 대학원에 진학하여 석사 과정을 밟게 되었다. 학부 때보다 좀 더 실제적이고 깊이 있게 상담을 공부하게 되었고, 조심스럽지만 상담 기관에서 실습도 하게 되었다. 첫키스, 첫사랑…무엇이든 처음의 경험은 늘 마음을 설레이게 하듯이 상담 현장에서의 첫경험은 석사 4학기 때 청소년상담 기관에서의 실습을 통해서였는데, 그때 만났던 2명의 내담자는 지금도 내 마음의 가장 깊은 곳에 기억되고 있다. 물론 그 기억은 설레임만은 아니리라. 완전 초보 상담자인 나의 미숙함을 감추고 싶었던 동시에, 어떻게든 돕고 싶다는 순수한 열정과 관심으로 상담을 진행했던 시간이었다.

석사를 졸업하고 나서 청소년상담 기관에서 상담자로 일을 할 수 있는 기회를 얻었다. 2009년 박사 과정에 입학하기 전까지 청소년 내담자들을 만나 상담을 하고, 또래상담, 위기상담, 부모교육 등의 청소년 상담 사업들을 맡아 운영을 하였다. 상담을 통해서 학교에서, 길거리에서 많은 아이들을 만났다. 청소년 시기에 고통스럽게 흔들렸던 내가 청소년들을 만나 그들의 이야기를 듣고, 삶의 방향을 찾아 나가도록 돕는 일들을 하게 된 것이다. 내담자들을 보다 잘 돕고 싶다는 마음으로 전문가 자격을 취득하기도 했고, 개인상담과 집단상담을 통해 나 또한 내담자로서의 경험을 하기도 했다.

그 시간들 속에는 나의 아픔을 감추기보다는 드러내야 하는 순간들도 있었고, 더불어 나의 성장과 회복이 일어나는 순간들도 있었다. 특히 집단상담을 통해서 나의 유일한 존재의 의미가 시험 성적이라고 여겼던 그 시간들의 상처를 돌아보게 되었는데, 반복해서 경험을 이야기하면서는 조금씩 나를 이해하며 위로하게 되었다. 2004년 8월 내적치유 집단상담에 참여하던 중에 꿈을 통해 나를 위로하는 경험을 하였다. 나는 졸업한 고등학교 운동장에 서 있었다. 저 멀리서 한 여자 아이가 나를 향해 밝은 얼굴로 사탕을 들고 뛰어오고 있었는데, 아이는 갑자기 내 앞에서 넘어졌고 아이가 들고 있던 사탕에는 잔뜩 흙이 묻게 되었다. 아이는 더러워진 사탕을 들고는 너무도 서럽게 울고 있었다. 난 우는 아이를 데리고 수돗가로 가서 사탕에 묻은 흙을 씻어 주며 '괜찮아, 괜찮아'라며 다독이는 꿈을 꾸었다. 꿈에서였지만 넘어진 아이는 '나'임을 짐작했고, 나는 그 아이를 일으켜 세우고는 실수해도 괜찮다며 위로하였다. 그렇게 나 스스로를 위로해 가는 다른 방법을 배워 나가게 되었다. 동시에 청소년 상담자로서의 정체성을 갖게 되었던 과정 속에는 내가 있었고, 그들이 있었고, 함께 존재로 살아가는 우리가 있었다.

3) 자해를 하는 아이들

2012년 봄, 법원을 통해 상담을 시작하게 되었던 내담자 수회(가명)가 있었다. 학교 적응의 어려움으로 자퇴 후 검정고시를 준비하던 수회는 어느 날 서로 많이 의지하던 친구와 크게 싸우고는 격한 감정으로 상담실에 찾아 왔다. 우선 아이가 감정을 추스르도록 따뜻한 물을 마시게 하면서 상담실에서 마주 앉았다. 흥분된 마음은 좀처럼 쉽게 가라앉기 어려웠고, 대화 도중에 테이블 밑에서 뭔가를 하는 듯하여 확인하니 상처를 내고 있었다. 날카로운 샤프의 끝으로 자신의 손등을 반복적으로 긁어 깊은 상처를 내었는데, 말로 표현되지 않는 다양한 감정을 품은 채 상처에 집중하는 모습이었다. 자신의 감정을 주체하지 못하며 자해를 하는 청소년들을 종종 상담에서 만나기도 하였지만, 상담자인 내 앞에서 직접적인 행동을 하는 내담자를 본 적은 없었기 때문에 너무나도 혼란스러울 수밖에 없었다. 우선 아이의 손을 잡은 채 상처에 약을 바르며, 대화를 시도하였다. 돌아서 버린 친구로 인해 너무 화가 났고, 속상하면 그렇게 행동하게 된다고 하였다. 그러면 기분이 조금 풀리는 거 같다고… 자해를 하는 아이들은 상담을 마치고 돌아갈 때는 다시는 몸에 상처를 내지 않겠다고 약속을 하고 돌아가지만 제 몸에 상처를 내는 일은 반복되었다. 상처가 주는 고통스러움과 죽음에 가까이 다가선 위험한 몸짓 때문이었을까…아니면 상담자로서 느끼는 무력감 때문이었는지도 모를 불편감들이 상담에의 집중을 방해하고 있었다.

그렇게 시작된 경험을 계기로 자해라는 현상에 관심을 갖게 되었고, 그들이 직접 들려 주는 경험과 목소리에 귀를 기울여 이해해 보고 싶었다. 그 첫 시도는 반복적인 자해를 하는 청소년 내담자들을 만나고 면담을 하는 것이었다.

> "하고 나면 그냥 시원하니까요…아플 때까지…그러면 좀 화가 풀려요. 뭔가 좀 진정되고…여기(상담실)는 공기가 덥잖아요. 근데 밖에 나가면 시원해지잖아요…그냥 화나면 피가 거꾸로 솟는다고 하잖아요. 그니까 조금 피를 빼 주니까 괜찮은 거 아닐까요?(2013년 12월 미영과의 면담 중에서)"

면담이 거듭될수록 단지 위험한 행동이라는 결과에만 주목했던 두려움과 호기심들이 그들을 진정으로 이해하는 데 얼마나 커다란 방해요인이 되었는지를 깊이 깨닫게 되었다. 그들은 상처를 감추고 싶어 하는 마음과 동시에 자신의 이야기를 누군가에게 들려 주고 싶어 했다. 특히 상처에 대한 이야기만이 아닌 자신의 삶의 경험들을 이야기하고 싶어 했고, 참여자 중 한 명은 말이 통하는 성인과 이야기하게 되니 좋다며 웃기도 하였다. 분명 위험한 행동이었지만 연구를 통해 조금이나마 그들의 행동을 이해하게 되었다. 청소년들의 자해 행동은 심리적 고통을 스스로 처리하여 화를 진정시키면서 힘든 마음을 위로하고, 주변에 자신의 감정을 전달하고자 하는 마음과 동시에 이를 감추고 싶어 하는 상반된 태도를 가지고 있으나 다른 대안적 방법이 부재한 상황에서 자해가 반복되는 중독적 특성을 지니고 있었다(김수진, 김봉환, 2015).

자신의 심리적인 고통을 스스로 해결하고자 몸에 상처를 내는 자해를 선택한다는 상반되고 모순된 행동의 의미에 대한 관심과 출발에서 질적연구를 공부하게 되었다. 현상학, 근거 이론, 문화기술지 등의 질적연구 워크숍에 참석하던 중 박세원 교수님의 '존재론적 탐구' 워크숍에서 인간의 경험을 이해하기 위한 목적에서 수행되는 '내러티브 탐구'를 접하게 되었다. 단순하게 연구참여자들을 이해하는 차원이 아닌 연구자인 나의 경험을 돌아보고, 그러한 재경험을 통해 연구참여자와 다시금 만나고 성장해 가는 과정이 마치 상담자로서 정체감을 형성해 가면서 느껴졌던 경이로움과 유사하게 다가왔다. 무엇보다도 연구자로서의 철학이나 위치 지움의 중요성을 강조하는 과정들이 도전이 되었다. 표면적으로만 이해하는 현상이 아니라, 비록 고통스런 자해를 통해 표현되었지만 그들 속에 깊게 자리 잡은 삶의 이야기들을 듣고 싶었고, 각자의 삶 속에서 드러낸 살아가는 이유를 찾고 싶었다.

그러던 중에 내러티브 탐구 워크숍에서 나의 깊은 좌절의 시간과 마주하게 되었다. 워크숍을 진행하시던 홍영숙 교수님께서 자신의 경험 속에서 시작된 내러티브의 시작(narrative beginnings)을 소개하시는 모습을 보면서 나의 연구 주제로 선택한 자해와 맞닿아 있던 경험들을 떠올려 보게 되었다. 그렇게 나의 이야기들을 되짚어 보던 가운데 타인의 행위로만 인식하고 있던 자해가 나의 삶 속에서도 아픔이라는 이야기 속에 무겁게 자리 잡고 있음을 인식하게 되었다. 물론 상담을 전공하게 되면서 참여했던 다양한 상담의 경험들을 통해서 힘 겹던 그 시절로 돌아가 나의 아픔을 만나고 위로하는 시간을 가졌지만, 박사학위논문의 주제를 자해로 선택한 이후 연구 주제와 연관된 나의 상처를 마주하는 것은 또 다른 새로운 경험이 되었다. 그때 그렇게 흔들리지 않았다면 오히려 꺾였을 수도 있었을 거라고… 나에겐 아픔이었지만 그 흔들림으로 인해 상담자로 살아가는 이유가 되었다는 또 하나의 깨달음 때문에 지금 이 순간에도 자해로 고통받고 있는 이들의 아픔과 함께하고 나아가 회복을 돕는 일들을 해 보고 싶은 마음이 연구를 진행하는 동력이 되었던 것 같다.

살아 있는 것은 흔들리면서

튼튼한 줄기를 얻고

잎은 흔들려서 스스로

살아 있는 몸인 것을 증명한다.

– 오규원의 「살아있는 것은 흔들리면서」 중에서

※ 앞의 예시 자료에 대한 저자의 의견:
내러티브하게(narratively)[4] 잘 쓰인 연구자의 내러티브이다. 크게 3개의 주제 타이틀로 구

---

4) 내러티브하게(narratively): 이는 내러티브 용어 중의 하나로 '이야기를 가지고 3차원적 내러티브 탐구

성하였는데, 하나의 주제 타이틀 아래 기술된 내용의 양이 많은 편이므로 이러할 경우에는 이를 쪼개어 여러 개의 이야기 제목으로 구성하면 좋을 것이다.

〈예시 2〉 학술지 논문: 「캐나다에서 한국인 부모로 살아가기: 한 한국계 이민가정 어머니의 부모이야기 탐구」(홍영숙, 2019c, pp. 101-103)

Ⅰ. 내러티브의 시작: 연구자의 내러티브

"엄마가 □□□공항에 내려서는 순간, 나는 내가 돌봐야 할 사람이 한 명 더 늘어난 느낌이야!" 2015년 1월 5일 월요일 저녁, 격앙된 목소리로 건네는 큰 딸아이의 외침에 부모 된 나의 정체성은 처참하게 무너져 내렸다.

내가 2004년 미국에서 석사 공부를 시작하면서 우리들의 외국 생활은 시작되었다. 미국에서 2년, 캐나다에서 3년 나는 도합 5년을 북아메리카에서 학위 공부만 하고 2009년 귀국하였다. 나의 딸들은 2015년 현재, 약 11년 동안을 미국과 캐나다에서 살면서 이제 대학원생과 대학생이 되어 있다. 영어교육 전공으로 석사 프로그램에 들어갔던 나는 미국에 가던 당시만 해도 당연히 딸들보다 영어를 월등히 잘했다. 그러나 1년도 채 지나지 않아 의사소통 상황에서의 유창성은 딸들을 도저히 따라갈 수 없었다. 하지만 성인으로 살아진 경험에 의한 연륜은 언어를 능가하는 무언가가 있었기 때문에 일상생활 속에서 필요한 그 곳 원어민과의 의사소통은 귀국하기 전까지 모두 내가 처리하면서 살아왔었다.

2009년, 내가 OOO대학교에서 박사학위를 마친 후 귀국하면서 두 딸아이를 떨어뜨려 놓고 산 지 6년이 되어가고 있었다. 귀국 후 매해 두 차례, 여름방학과 겨울방학에 딸들을 방문하여 한 달 정도 머물다 한국으로 돌아가는 것으로 두 딸들과의 삶은 그렇게 구성되었다. 시간이 흐르면서 딸아이들은 더욱 더 원어민 수준의 영어유창성을 갖추게 되었고, 엄마 없이 살면서 엄마가 해주었던 모든 일들을 예전의 엄마보다 더 잘 처리하는 유능함과 독립성도 지니게 되었

공간에 위치하여 탐구하는 것'을 의미한다(Clandinin & Connelly, 2000).

다. 방학 때만 함께 하는 나는 이제 그들의 방문자가 되었고 그 곳 생활의 주체는 그들이었으며, 영어로 의사소통이 필요한 상황이 오면 내가 할 수 있음에도 딸들에게 점점 더 의존하게 되었다.

2015년 1월 4일 일요일이었다. 그 날은 그 해 들어 가장 추운 날로 영하 35도를 밑도는 날씨였고, 내일은 대학교 개강일로 우리 큰 애가 병원 실습을 나가는 첫 날이기도 했다. 오후 3시 경 교회에 아이들을 내려주고 딸아이의 차를 내가 혼자 몰고서 근처 mall로 향했다. 교회에서 약 1.5 km 떨어진 곳에서 블랙아이스(black ice)를 만나 그다지 속도를 내지 않았는데도 차가 돌기 시작했다. 차는 컨트롤이 되지 않았다. 양방향 1차선씩인 도로 위에서 나는 차가 오는 반대편 도로 쪽이 아닌 도로 옆 도랑 쪽으로 차가 미끌어지도록 최대한 노력했고 그건 성공하였다. 아래로 경사진 도랑은 며칠 전 내린 폭설로 눈이 허리만큼 쌓여 있었고 그 위로 갈대의 머리 꼭대기 몇 개만 볼 수 있었다. 차는 미끌어지면서 270도 방향을 틀어 처박혔지만 쌓인 눈이 쿠션 역할을 해서 나도 차도 아무런 이상이 없었다. 하지만 비탈을 올라올 수가 없어서 토잉카를 불러야만 될 상황이었다. 내가 캐나다에 가면 로밍을 안하고 무료 와이파이만 쓰던 터라 그 날 따라 휴대폰을 가지고 나오지 않아서 아이들에게 연락을 할 수가 없었다. 지나가던 중동계 아기 엄마의 도움으로 교회에 도착하여 큰 아이가 토잉카를 불러 사고 난 지점에 도착한 시각이 오후 5시 경이었다. 이미 해는 져서 어둑어둑한데, 사고 지점에 도착하니 도로변에 차들이 죽 늘어서 있고 불이 번쩍번쩍하며 방송국에서 나와 촬영을 하고 911에서도 나와 테이핑을 한 상태였다. 가까이 가서 보니 우리 차 옆을 밴이 주욱 치고 가서 나란히 맞붙어 있었다. 그 차도 내가 미끌어졌던 바로 그 자리에서 미끌어졌던 것이다.

경찰에는 이미 신고가 되어 있었지만 경찰을 기다리다가 너무 추워서 가장 가까운 경찰서로 리포트를 하러 이동하였다. 이 때 부터 모든 일처리는 우리 큰 애가 맡게 되었고, 미끄러지던 당시 운전 또한 큰 애가 한 것이 되었다. 경찰서에서 리포트 폼을 작성할 때, 내가 옆에서 그 쓰는 내용에 대한 코멘트를 한국말로 하자 큰 애는 눈도 안맞추고 쌀쌀맞게, "엄마, 저리 가있어. 엄마가 여기서 자꾸 이야기하면 저기 officer가 이상하게 생각해." 이렇게 대꾸하는데 나 또한 엄마에 대한 딸아이의 그 태도에 너무 화가 났다. 피차 한마디 말없이 집에 돌아왔다. 돌아와서 큰아이가 경찰서에서의 자기의 태도에 대해 사과하였지만 둘 다 마음을 풀지는 못한 채 잠자리에 들었다.

다음날, 큰 아이는 일찌감치 실습을 가고, 점심 때 쯤 보험회사하고 이야기한 경과보고를 하러 전화를 해 주었다. 잠깐 쉬는 시간에 나와서 전화하는 거라며 말하는데 목소리는 여전히 냉랭하였다. 나 때문에 바쁜데 이런 일처리까지 하게 해서 너무 미안하였지만, 나 또한 큰 아이의 태도가 계속 화로 남아 있었다. 귀가하였는데 큰 아이는 계속 저기압으로 내가 하는 말에 제대로 답을 하지 않았다. 드디어 나도 폭발했고 딸아이도 폭발했다.

나: 너 지금 태도가 그게 뭐니?

큰 딸: 내가 오늘 얼마나 바빴는지 엄마가 알아? 엄마는 왜 집에 있으면서 아무 일도 안하고 나한테만 하라고 해?

나: 이제는 너가 엄마보다 영어를 훨씬 잘하고 뭐든지 잘 처리하니까 믿고 맡긴 거지. 내가 하면 한 시간 걸릴 일을 넌 10분이면 할 수 있으니까. 그래도 엄마보고 하라고 하면, 그래 하지 뭐. 할게!

큰 딸: 그리고 엄마 어제 나한테 '미안하다'는 말 안했어.

나: 뭐라고? 미안하지. 왜 미안하지 않겠어. 정말 미안했는데, 미안하다는 말도 들을 사람 이 받을 만 해야 할 수 있는 거지. 넌 어제 그 말을 들을 자세가 되어 있지 않았어. 난 정말 미안하게 생각해. 하지만 이 말보다 먼저 난 엄마에 대한 너의 태도에 대해 너한테 먼저 사과를 받아야겠어.

(중 략)

큰 딸: 엄마가 □□□공항에 내려서는 순간, 나는 내가 돌봐야 할 사람이 한 명 더 늘어난 느낌이야!

언제부터 한국 가정에서 부모, 자식 간에 '고맙다, 미안하다'를 깍듯이 주고받아야만 하게 되었는지, 난 이해할 수 없었고 이해하고 싶지도 않았다. 10년 넘는 세월이 우리 아이들에게 캐나다가 홈이 되게 만들었고, 그들의 정서와 사고방식도 완전히는 아니지만 많은 부분 캐나다식으로 변화시킨게 아닌가 싶다. 매우 씁쓸했다. 한국에서 영어를 가르치는 교수인 엄마가 영어유창성 부족 때문에 캐나다에서 딸에게 의존하고, 딸은 이런 엄마를 케어하는 보호자의 이야기를 삶이 조금은 부담스럽다는 내용의 이 날의 대화는 나의 영어교수 정체성과 아울러 부모 정체성 모두에 깊은 상처를 내고 말았다.

큰 아이와 그 일이 있고 며칠이 지났다. 피차의 마음이 말끔히 풀어지진 않았지만 대화는 그럭저럭 이어가고 있었다. 큰 아이가 이런 이야기를 들려주었다.

"엄마, 우리 교회에 다니는 고등학교 남자 아인데 그 부모님이 영어 때문에 어디를 가든 애를 데리고 다닌대. 얘가 오지 않으면 아무데도 못가시고 집에만 계신대. 그래서 걔가 그게 너무 싫어서, 집에서는 엄마 아빠하고 얘기도 안한대."

정말 충격이었다. 언어 중개(language brokering)는 모든 이민가정에서 벌어지는 현상이었다. 영어권 국가에서 석·박사 학위를 마친 나도 자식의 언어중개경험으로 인해 부모 정체성과 직업 정체성, 자식과의 관계성에 상처를 입었는데, 영어능력이 부족한 한국계 이민가정 부모는 과연 어떤 부모이야기를 살아갈지 정말 궁금하였다.

※ 예시 자료에 대한 저자의 의견:
앞의 예시처럼 허용된 지면 상황과 '탐구 주제 경험에 대한 통찰과 이해의 확장' 모두에서 연구자가 긍정적인 판단을 한다면 학술지 논문일지라도 '연구자의 내러티브'를 실을 수 있다.

3) 연구의 필요성 및 목적 기술하기

연구의 주제가 선정되면 자연스럽게 그 주제의 연구를 가장 타당성 있게, 즉 가장 잘 탐구할 수 있는 연구 방법이 결정된다. 역으로 어떤 연구 방법을 사용할지를 먼저 결정하고 그 방법으로 탐구하기에 적합한 연구 주제를 생각해 내기도 한다. 따라서 '연구의 필요성 및 목적'을 기술하는 장에서는 선택한 연구방법론을 구성하는 이론적·철학적 바탕에 근거하여 이 연구가 왜 필요하고, 무엇을 목적으로 하는지가 논리적으로 분명하게 기술되어야 할 것이다.

첫 번째 장에서 '연구자의 내러티브'를 내러티브하게(narratively) 잘 작성한 연구자가 두 번째 장인 이곳에서 양적연구 논문에서 볼 수 있는 필요성 및 목적의 기술로 급변하는 경우를 많이 발견하게 된다. 이는 오랜 기간 사회적·학문적 환경 속에서 익숙해진 양적연구의 본질적 목적이 연구자도 모르는 사이에 무의식적으로 작동하기 때문일 것이다. 양적연구는 다수의 연구 대상을 선정한 후에 그로부터 철저하게 객관성과 중립성이 보장된 연구 자료를 수집 및 통계 처리하여 연구 결과를 일반화로 제시하는 것을 목적으로 하는 연구 방법이다. 그러나 질적연구인 내러티브 탐구의 본원적 목적은 '개별 인간 경험에 대한 이해'이고, 이에 대하여 Clandinin(2013, p. 34)은 '내러티브 탐구는 인간의 경험을 이해하는 방법, 그 이상도 그 이하도 아니다'라고 일갈하였다. 양적연구의 목적으로 사용되는 '일반화' '효과 검증' '시사점 제공' '개선책 제시' '영향 분석' '공통점과 차이점 분석' 등이 내러티브 탐구의 주요 필요성 및 목적으로 기술되면 연구 퍼즐과 연구참여자 선정, 현장 텍스트 구성, 선행연구 분석, 내러티브 풀어내기 등 연구 수행의 전 과정에 걸쳐 내러티브 탐구의 방향성을 잃게 된다. 따라서 내러티브 연구의 필요성 및 목적은 우선적으로 '개별 인간 경험의 이해'라는 본질적 목적이 바탕이 되는 기술로 제시되어야 하며, 탐구의 시작과 마침까지 연구자가 끊임없이 내러티브 탐구의 목적을 반성적으로 되돌아보고 그에 천착하여 살아야 함은 매우 중요하다. 내러티브 탐구의 최종 목적지는 '개별 연구참여자의 경험의 의미 이해'이다. 복수 연구참여자의 경험의 공통점에 대한 이해가 아니라 개별 인간으로서의 연구참여자 각자의 경험에 대한 이해이다. 이러한 방법론적 입장의 근거는 '모든 인간의 경험은 다르며 고유하고 독특하다'는 질적연구의 명제적 전제에서 오기 때문이다. 따라서 내러티브 탐구자는 참여자의 경험의 내러티브를 탐구하기 전까지는 그의 경험이 어떻게 풀어져서 어떤 경험의 의미로 형성될 지 예측할 수도 없고 기대해서도 안 된다. 내러티브 탐구에서 가설을 세우지 않고, 세울 수도 없는 이유가 바로 이 때문이다. 연구자는 참여자 삶의 경험이야기에 대하여 판단중지(epoche)[5]와 백지상태[6]를 유지한 채 탐구에 임해야 하는 것이다.

앞서 제1부의 '연구 윤리: 관계적 존재론, 관계적 윤리'에서 학문적 연구로 인정받기 위하여 내러티브 탐구가 확보해야 할 세 가지의 연구 정당성에 대하여 논한 바 있다. 여기서 혼동하면 안 될 것은 연구 정당성 확보가 내러티브 탐구의 본질적 목적이 될 수는 없다는 것이다. 연구가 전공 학문 분야의 실제에 어떤 변화를 가져올 수 있는 '실제적 정당성'과 이론적 이해를 확장하거나 사회적으로 좀 더 정의로운 상황을 만드는 데 기여를 할 수 있는 '사회적 정당성'을 갖추어야 함은 중요하지만, 이는 '인간 경험의 이해'라는 본질적 목적 달성을 위해 수행된 탐구의 결과를 가지고 논할 수 있는 부차적인 목적에 위치할 수밖에 없다. 전공 학문 분야의 실제에 도움을 주거나 사회 정의 실현에 기여하는 것을 최우선의 목적으로 하는 탐구가 된다면 참여자의 경험 이해를 위한 연구자의 경험 접근법(approach)은 내러티브 탐구의 본질에서부터 멀어지게 된다. 그러므로 본질적 목적에 따른 연구의 필요성과 목적의 기술이 먼저 이루어진 다음에 실제적·사회적 정당성을 갖출 수 있는 요소들을 부가적 목적으로 제시할 수 있을 것이다. 부차적·부가적 목적으로 제시된 연구 정당성은 '내러티브 풀어내기'와 '경험의 의미 구성'을 통하여 개별 인간 경험에 대한 이해라는 최종 목

---

5) ① 에포케(epoche)는 고대 그리스 철학에서 '판단중지'를 뜻하는 말이며, 현상학에서는 '어떤 현상이나 사물에 대해 다 안다고 생각하지 않고 판단을 보류하거나 중지한다'는 의미를 가지고 있다.
　　출처: 충청타임즈(http://www.cctimes.kr)
　　② 판단 중지: 판단하는 사람이나 대상의 입장과 상태, 조건이 워낙 다양하기 때문에 매사를 일률적으로 좋거나 나쁘다고 할 수 없다는 뜻이다.
　　출처: 미디어 오늘 (2007. 2. 1. 기사). http://www.mediatoday.co.kr/news/articleView.html?idxno=54054
6) 백지상태: 어떠한 대상에 대하여 아무것도 모르는 상태
　　출처: Naver Korean-English Dictionary

적을 달성하고 나면, 경험 이야기의 탐구 과정에서 현상으로 드러난 의미의 결과들을 가지고 내러티브 탐구를 마치는 결론 장에서 연구의 정당성 차원(개인적, 실제적, 사회적 차원)을 논의함으로써 내러티브 탐구의 학문적 정당성을 확보할 수 있다.

또한 '연구의 필요성 및 목적 기술하기'에서 선행연구의 예시와 분석이 과도하게 들어가는 경우가 많이 발견되는데, 너무 많은 지면을 차지하는 선행연구의 제시가 해당 연구의 타당성을 지원한다는 판단은 잘못된 것일 뿐만 아니라 오히려 해당 연구의 필요성과 목적을 명확히 전달하여 타당한 연구임을 설득하려는 기술의 이유를 훼손하는 역할을 할 수 있다. 그러므로 '연구의 필요성 및 목적' 기술에는 이를 지원하는 측면에서 핵심적이고 중요한 선행 연구물의 간략한 비교 제시에 그치도록 하고, 세세한 예시나 분석은 '이론적 배경' 장에서 '선행연구 분석'이라는 타이틀의 하위 절로 다룰 것을 권한다.

4) 연구 퍼즐 구성하기

내러티브 탐구에서의 연구 퍼즐은 양적연구에서의 연구 문제에 해당되는 용어로서 연구 퍼즐이라고 함은 탐구의 구성주의적이고 다중적인 면을 전달하기 위해 사용하게 되었다. 내러티브 탐구에서 연구 문제라고 하지 않고 연구 퍼즐이라고 하는 또 다른 이유의 하나는 연구 결과로서 최종 답을 제시하지 않고 제시할 수도 없기 때문이다(홍영숙, 2015a). '개별 인간 경험의 이해'가 최종 목적지가 되는 내러티브 탐구에 의한 논문은 독자로 하여금 자기가 처한 환경 속에서 삶을 이끌어 가는 방법, 자기가 다른 사람들과 관계되는 모습을 다시 생각해 보고 상상하도록 이끌어 주는 것에서 그 의의를 찾을 수 있다.

그래서 연구 퍼즐을 구성할 때 명확한 답의 제시를 요구하는 무엇(what)보다는 어떻게(how)를 주로 사용하는 것이 그 이유에서이다. 내러티브 탐구는 '모든 개별 인간의 경험은 다르고 고유하며 독특하다'는 전제하에 경험에 대한 궁금증이나 의아함(wonder)에서 시작한다. 탐구가 끝날 때까지 탐구 경험의 의미가 어떻게 형성될지는 아무도 모르는 것이다. 그러하기에 내러티브 탐구자는 탐구 결과에 대한 어떠한 기대나 예측의 설정없이 탐구에 임해야 한다. 이러할 때 탐구 결과는 명확한 무엇(what)에 대한 답으로 구성될 수 없으며 각기 다른 의미 형성으로 드러나게 되고, 의미의 형성은 참여자 경험에 대한 이해로 이어지게 되는 것이다.

연구의 시작으로 '연구자 자신에 대한 경험의 내러티브 탐구(narrative beginnings)'를 거치면서 연구자는 연구 퍼즐을 형성하게 된다. 주제 경험과 관련된 자신의 삶의 이야기를 탐구하면서 참여자의 경험이야기에서 무엇을 들여다보고 탐구하고 싶은지가 퍼즐로 드러나게 되는 것이다(홍영숙, 2019c). 연구 퍼즐은 연구의 방향을 제시하고 이끌어 가는 안내자의 역할을 한다. 연구 퍼즐에 의해 인터뷰 대화의 내용 구성이 결정되고, 추후에 추가 및 보충 질문도 형성하게 된다. 그러므로 연구 퍼즐을 작성하기에 앞서 참여자와의 인터뷰 대화를 시도하는 것은 어불성설이다. 연구 퍼즐은 무엇을 탐구할 것인지 시간성, 사회성, 장소 등의 상황 맥락을 포함하여 이해할 수 있는 명확한 용어를 사용하여 구체적으로 제시되어야 한다. 너무 넓은 범주를 내포하거나(가끔 연구 퍼즐 하나가 논문 제목과 동일한 경우도 있다) 애매하고 모호한 표현으로 이해가 어려운 퍼즐로 제시된다면 연구자는 연구 과정 중에 길을 잃기 쉽고, 독자는 과연 연구자가 무엇을 탐구하려는 것인지, 그가 탐구를 잘할 수 있을지를 처음부터 의심하게 된다. 탐구의 대상 경험을 형성하는 여러 측면을 시간성이나 사회성, 상황 맥락에서 숙고한 후, 무엇에 대하여 탐구할 지를 결정하고 결정된 탐구 측면들을 연구 퍼즐이라는 언어로 구체화하여 제시해야 하는 것이다. 학위논문의 경우, 논문의 분량 상 깊이 있는 탐구가 예정되어 있으므로 연구 퍼즐의 문항 수는 3~5개 정도가 적당할 것으로 보이고, 학술지 논문은 1~3개까지는 가능할 것으로 보인다.

연구 퍼즐을 구상하는 시점에서 이미 참여자들의 경험이야기에 대한 예측과 예단, 기대를 가지거나, 더 나아가 탐구의 결과까지도 어렴풋이 미리 그려 놓고 시작하는 것은 양적연구에 익숙한 내러티브 탐구자가 범하기 쉬운 매우 경계해야 할 오류이다. 경험의 이야기 탐구 속으로 들어간 후에 탐구의 과정 중에서 연구자는 새로운 퍼즐을 생성할 수도 있기 때문에 연구 퍼즐은 탐구의 중간에 변경되거나 추가될 수도 있다.

종종 '경험의 의미가 무엇인지'를 연구 퍼즐의 하나로 제시하는 논문들을 볼 수 있는데, 경험의 의미는 내러티브 논문에서 반드시 기술되어야 할 부분이므로 연구 퍼즐로 제시할 필요는 없다. 탐구의 대상 경험에 대하여 무엇을 탐구할 것인지 명확하고 구체적으로 제시함으로써 탐구를 이끌어가는 안내자의 역할을 하는것이 연구 퍼즐인데, 이는 마치 '내러티브는 어떻게 풀어질 것인가(분석되고 해석될까)?'를 하나의 연구 퍼즐로 제시하는 것과 같은 것이다.

다음으로 학위논문과 학술지 논문에 작성된 '연구 퍼즐'을 예시 자료로 제시한다. 퍼즐의 기술은 어미가 의문문 또는 서술문의 형태를 띠어도 되고, 학술지 논문의 경우에는 문장 속에 끼워 제시하는 등 다양한 방식을 취할 수 있다.

'연구 퍼즐' 예시 자료

• 학위논문의 '연구 퍼즐' 예시

「A narrative inquiry into three Korean teachers' experiences of teaching returnee children」(Hong, 2009, p. 44)

My research puzzles, emerging from my stories, are:

1. about three teachers' experiences of making curriculum with returnee children.
2. about the ways three teachers' personal practical knowledge formed by their experiences of learning English shapes their stories to live by as they make curriculum with returnee children.
3. about the personal, social, and cultural narratives that shape three teachers' stories to live by in their work with returnee children.

4. about the shifts in three teachers' stories to live by as they work with returnee children in their professional knowledge landscapes.

....

「귀국 학생을 가르치는 3명의 한국 초등학교 교사의 경험에 관한 내러티브 탐구」
(Hong, 2009, p. 44)

나의 이야기로부터 생성된 연구 퍼즐은 다음과 같다.
1. 연구참여 교사들이 귀국 학생과 함께 교육과정을 구성하는 경험은 어떠한지,
2. 연구참여 교사들의 영어 학습 경험에 의해 형성된 그들의 개인적 실제적 지식이 귀국 학생과 함께 교육과정을 만들어 가면서 교사로 살아내는 이야기를 어떻게 구성하는지,
3. 귀국 학생들과의 삶 속에서 교사의 살아내는 이야기 형성에 영향을 미치는 개인적·사회적·문화적 내러티브는 어떠한지,
4. 귀국 학생과 함께 살아내는 연구참여 교사들의 이야기는 PKL인 학교에서 어떻게 변화를 겪게 되는지를 탐구할 것이다.

「고등학생의 학업중단위기 경험에 대한 내러티브 탐구」 (권신영, 2019, p. 38)

(1) 연구참여자들의 가족생활 이야기는 어떻게 학업중단위기 경험을 형성하는가?
(2) 연구참여자들의 학교생활 이야기는 어떻게 학업중단위기 경험을 형성하는가?
(3) 연구참여자들의 학업중단위기 경험은 이들의 성장과정에 어떤 의미를 구성하는가?

「성인 발달장애 자녀를 둔 일하는 여성의 삶에 대한 내러티브 탐구」 (김경림, 2022, p. 20)

첫째, 연구참여자의 장애 자녀를 두기 전의 삶의 경험은 어떠한가?

둘째, 연구참여자의 장애 자녀를 낳은 이후의 삶의 경험은 어떠한가?

셋째, 연구참여자의 자녀 이외의 관계에서 형성되는 삶의 경험은 어떠한가?

「감정노동자의 직업경험에 대한 내러티브 탐구: 콜센터 전화상담원을 중심으로」 (최미, 2021, p. 30)

(1) 연구참여자들의 콜센터 전화 상담원 이전 삶의 경험은 어떠한가?

(2) 감정노동자로서 콜센터 전화 상담원의 직업환경에서의 경험은 어떠한가?

(3) 콜센터 전화 상담원의 일상에서의 삶의 경험은 어떻게 구성되는가?

「생산적 활동을 유지하는 초고령 노인의 삶에 대한 내러티브 탐구」 (유정인, 2022, p. 19)

첫째, 연구참여자들이 살아온 초고령 이전 삶의 이야기는 어떠한가?

둘째, 연구참여자들이 생산적 활동을 유지하며 살아가는 이야기는 어떠한가?

셋째, 연구참여자들이 여생에 대한 소망은 어떠한가?

• 학술지 논문의 '연구 퍼즐' 예시

「한국초등학교에서 비원어민 영어교사로 살아가기: 교사정체성 형성을 중심으로」 (홍영숙, 2013, pp. 429-430)

1. 비원어민 영어교사가 지니고 있는 영어 관념에 대해 탐구한다.

2. 비원어민 영어교사의 영어 관념이 원어민 보조교사와 맺는 관계성에 어떤 영향을 미치는지에 대하여 탐구한다.

3. 원어민 교사에 대한 인식과 관계성이 비원어민 영어교사로서의 정체성 형성에 어떻게 작용하는지 탐구한다.

4. 비원어민 영어교사가 교사의 직을 가지고 생활하고 있는 곳인 학교의 모습

과 상황(professional knowledge landscape; Clandinin & Connelly, 1996)이 그의 영어교사 정체성 형성에 어떻게 영향을 미치는지 탐구한다.

「대학 편입학을 경험한 두 대학생이 살아낸 삶의 이야기 탐구: 편입학 경험에 이르기까지의 '교육 전환의 여정(curricular transition journey)'을 통하여」 (홍영숙, 2016, p. 102)

위에서 살펴본 연구의 필요성과 목적, 연구 방법, 연구의 틀을 가지고 실질적인 이야기 탐구 속으로 들어가기에 앞서 연구자가 지니게 된 연구 퍼즐은 다음과 같다.

첫째, 연구참여자의 편입학 경험은 그들이 살아낸 '전환의 여정' 이야기(stories to live by in their transition journey)와 어떻게 관련되어 있는가?
둘째, 연구참여자의 전환 경험이야기는 '4S 시스템: Situation, Self, Support, Strategies' 각각의 맥락에서 어떻게 구성되는가?

「캐나다의 한국계 이민 가정 자녀의 언어 중개(Language Brokering) 경험 탐구」 (홍영숙, 2019, p. 705)

자녀의 위치에서 부모를 위해 언어 중개자의 역할 경험을 형성할 때에, 그 경험 수행의 바탕을 이루는 심리적, 윤리적, 감성적 차원의 내러티브를 분석하고 해석함으로써 참여자의 언어 중개 경험의 의미를 도출할 것이다. 언어 중개 경험을 통하여 자녀는 부모와 어떠한 관계성을 형성해 가는지에 중점을 두고 본 연구를 수행하고자 한다.

「필리핀 결혼이주여성의 가족생활 경험이야기 탐구: 관계정체성 형성을 중심으로」 (홍영숙, 2022, p. 49)

본 연구는 두 명의 필리핀 결혼이주여성의 가족생활 경험이야기 탐구를 통해 그들 각각의 경험 이해를 목적으로 하는 내러티브 탐구이다. 경험의 일반화나 경험의 공통점 찾기를 목표로 하는 연구가 될 수 없음을 명시한다. 이와 같은 연구 목적에 따른 연구 퍼즐은 다음과 같다.

"필리핀 결혼이주여성 연구참여자들은 남편과 자녀, 시가족과 어떠한 가족생활이야기를 살아내는가?"

5) 이론적 배경 · 선행연구 기술하기

이론적 배경의 장은 해당 연구의 학문적 정당성을 부여하거나 이를 뒷받침해 주는, 해당 연구의 바탕이 되는 이론이나 이론의 틀을 기술하기 위한 공간이다. 또한 이론적 배경은 참여자 경험의 내러티브 풀어내기에서 기술되는 내용에 대한 선이해(先理解)를 독자에게 제공하기 위한 목적으로 기술되어야 한다.

탐구의 주제와 관련이 없음에도 연구자의 학문 분야에서 새롭게 등장하여 조명받고 있는 이론을 장황하게 늘어놓거나 심지어 이러한 이론을 '내러티브 풀어내기(분석 및 해석)'에 억지로 적용하는 시도는 주의해야 한다. 또한 연구자의 학문적 깊이를 과시하기 위한 목적의 이론적 배경에 대한 글쓰기도 경계해야 할 부분이다.

앞서 '연구의 필요성'에서 과도한 선행연구의 제시를 피하라고 언급하였듯이, 세밀한 선행연구의 분석은 이곳에서 이루어지도록 한다. 먼저 논문에서 선행연구를 분석하는 목적은 크게 두 가지로 말할 수 있다. 첫째, 탐구의 주제와 유사한 주제의 연구가 많을 경우에는 커다란 범주의 사회적 관심을 받고 있는 주제라는 점에서 사회적 정당성을 확보하기가 용이하고, 탐구의 주제와 유사한 주제의 연구가 거의 없거나 극소수일 경우에는 본 연구의 필요성이 더욱 강화되는 효과를 볼 수 있다. 둘째, 본 연구가 선행연구와 어떠한 점에서 차별성이 있으며, 그래서 가치 있는 논문이 될 것이라는 점을 주장하기 위함이다. 선행연구 분석이 첫 번째 목적에서 그친다면 본 연구의 가치성은 오히려 감소되고 만다.

유사한 주제로 수행된 연구물이 다수를 차지한다면 나의 연구도 무수히 많은 유사 연구 중 하나에 불과한 것이 되고 마는 것이다. 그러므로 반드시 두 번째 목적의 맥락에서의 기술이 들어가야만 본 연구가 학문적으로 가치 있는 논문이라는 정당성이 확보될 수 있다.

6) 연구 방법 및 연구 절차 기술하기

(1) 연구 방법

이 절은 내러티브 탐구 방법에 대한 소개 및 이 연구 방법의 사용에 대한 타당성을 피력하는 곳이 되어야 할 것이다. 내러티브 탐구가 무엇인지 이론적 · 철학적 바탕과 핵심 개념을 중심으로 한 기술이 되어야 할 터인데, 종종 Clandinin과 Connelly(2000)의 내러티브 탐구 원론서에 있는 내용이나 방법론과 관련한 학술지 또는 저술, 내러티브 논문의 내용을 그대로 발췌하여 싣는 경우를 발견하게 되는 것은 매우 안타까운 현실이다. 적어도 석 · 박사 학위 논문을 쓰는 정도의 연구자라면 자신의 연구에서 사용하는 연구 방법에 대해서 다양한 리딩(readings)과 공부를 통하여 심도 깊은 이해에 이를 수 있도록 충분한 학습의 시간을 선 수행해야 할 것이다. 그래서 연구 방법에 대하여 충분히 소화하고 이해한 내용을 연구자의 말로, 연구자의 어휘로 기술하는 것이 무엇보다 중요하다. 이렇게 소화하고 이해하여 연구자의 어휘로 기술한 내용일지라도 같은 의미를 담고 있다면 출처가 되는 참고 문헌을 달아야만 한다. 내러티브 탐구에 대한 진정한 이해에 도달한 연구자는 내러티브 탐구 정신이 바탕이 되는 기술을 통해 이 연구가 왜 내러티브 탐구 방법을 사용해야만 하는지에 대한 타당성을 설명하는 데에 수월성을 갖추게 될 것이다.

연구 방법을 기술하는 절에서 반드시 언급되어야 할 내용은 '3차원적 내러티브 탐구 공간(Clandinin & Connelly, 2000, p. 50)'이다. 이 3개 차원의 탐구 공간은 Dewey(1938)가 '계속성', '상호작용성'으로 제시한 경험의 속성과 이 두

속성이 통합적으로 활성화되어 생성되는 '상황'을 근간으로 하여 Clandinin과 Connelly(2000)가 고안해 낸 경험 분석의 틀이라고 말할 수 있으며, 이를 통하여 그들은 내러티브 탐구자의 역할과 위치를 안내하였다. 내러티브 탐구자는 경험을 탐구하는 사람으로서 참여자의 경험이야기를 3차원, 즉 시간성과 사회성, 장소의 차원에서 통합적으로 들여다보면서 분석하고 해석하며 이해하여야 한다.

John Dewey의 경험이론이 내러티브 탐구의 철학적 바탕을 형성하였기 때문에 우리는 여기서 Dewey(1916, 1934, 1938)를 언급하지 않을 수 없다. Dewey(1938)의 경험의 속성과 상황 요소로부터 Clandinin과 Connelly(2000)의 3차원적 내러티브 탐구 공간이 고안되었으나 경험의 속성과 3차원적 공간의 용어를 동일시하는 오류를 범하여서는 안 될 것이다. 이미 한국에서 출판된 많은 내러티브 논문 중에서 3차원적 내러티브 탐구 공간을 시간성-상호작용성-상황 또는 계속성-사회성-상황 등의 조합으로 제시한 경우를 많이 발견할 수 있다. '계속성-시간성' '상호작용성-사회성'은 개념적으로는 같으나 다른 학자에 의해 명명된 학문적 용어로서 그 자체로 고유성을 띄기 때문에 혼용하여 사용할 수 없으며, '상황-장소'는 개념에서부터 다르기 때문에 더욱이 그러하다. Dewey가 언급한 '상황'은 계속성(시간성)과 상호작용성(사회성), 장소 등이 통합되어 활성화되면서 생성되는 매우 큰 범주의 개념으로서 Clandinin과 Connelly가 제시한 3차원적 내러티브 탐구 공간의 세 번째 차원인 '장소'의 개념과 혼용하여 사용할 수 없으며, 이는 논문 작성 시 내러티브 탐구자가 매우 주의해야 할 사항이다.

(2) 연구 절차

① 연구참여자 소개

내러티브 탐구는 연구자와 연구참여자 사이의 친밀한 관계가 전제되어야 가능한 연구이다. 그래서 연구자는 실제 인터뷰 대화 국면에 들어가기에 앞서 연구참여자와의 친밀한 관계성 수립을 위해 별도의 시간을 마련하여야 한다. 참여자 선정에 있어 처음 만나는 참여자라면 관계성 형성을 위해 어떤 활동을 했는지 기술하면 되고, 때로는 친밀한 관계성이 이미 수립되어 있어 속 깊은 경험의 내러티브를 공유할 수 있는 참여자를 선정할 수도 있다. 이럴 경우에는 관계성 형성을 위한 시간이 절약될 수 있다.

따라서 여기서는 연구참여자를 선정하기까지의 과정을 소상히 기술하고 선정 기준 등을 제시하며, 연구 주제와 관련하여 소개할 필요가 있는 참여자에 대한 정보를 표로 제시하였다. '표' 양식의 사용 목적은 많은 양의 정보를 짧은 시간에 한눈에 파악할 수 있다는 점이다. 내러티브 논문에서 표의 사용이 요구되는 곳은 별로 없지만, 여러 명의 연구참여자 정보를 한눈에 알아볼 수 있는 표의 사용이 여기서는 매우 효율적으로 사용된다.

〈표 9-2〉 '연구참여자 정보' 표 예시

「장애 자녀를 둔 다문화가정 어머니의 가족생활경험에 관한 내러티브 탐구」(하미용, 2015, p. 38)

연구 참여자 (가명)	연령	국적	교육 수준	결혼 기간 (돌봄 기간)	직업	확대가족 동거 여부	장애가 있는 자녀			비장애 자녀
							성별	연령 (발병 당시 연령)	유병 기간 (장애 유형)	
스즈끼 마사꼬	46	일본	고졸	17년 (14년)	다문화 강사	동거	남	14세 (1개월)	14년 (뇌 병변 장애 1급)	2명
메리안	36	필리핀	전문 대졸	8년 (8년)	주부	비동거	여	8세 (1세)	8년 (뇌 병변 장애 1급)	없음
응웬티	38	베트남	고졸	13년 (9년)	다문화 강사	비동거	남	9세 (3세)	9년 (지적 장애 3급)	1명
쑤나	47	중국	대졸	12년 (10년)	단체 대표	비동거	남	10세 (2개월)	10년 (다운 증후군)	2명

「캐나다의 한국계 이민가정 자녀의 언어 중개(language brokering) 경험 탐구: 부모와의 관계성을 중심으로」(홍영숙, 2019, p. 706)

이름	성별	나이	이민 온 시기	언어 중개 경력 연수
이가영	여	25	2003년	13년
정나영	여	24	2005년	10년
박민철	남	20	2014년	3년

「성인 발달장애 자녀를 둔 일하는 여성의 삶에 대한 내러티브 탐구」(김경림, 2022, p. 49)

이름	연령	직업	자녀 연령	자녀 장애 유형	자녀 성별	자녀 직업
복지현	61세	자영업	30	지적장애 2급	남	물류센터
이수정	58세	연구교수	25	자폐성장애 2급	남	동료상담가
정은정	49세	언어재활사/ 행동재활사	23	자폐성장애 1급	남	물류센터

「생산적 활동을 유지하는 초고령 노인의 삶에 대한 내러티브 탐구」(유정인, 2022, p. 42)

가명	성별	나이	학력	가족 사항	생산적 활동
가연	여	81	고졸	독거(자녀 3남매)	문학 카페지기, 문학상 제정- 매해 작가 발굴/ 15년 지속
학산	남	80	대졸	부부(자녀 2남)	가족문화 전승 기록, 복지관 방송반 PD 및 기자/ 3~5년 지속
김미	여	81	초대졸	부부(자녀 3남매)	노인복지관 또래상담사 자원봉사/ 8년 지속
자봉	남	86	고졸	아들 가족과 동거 (자녀 2남매)	노인복지관 식당 자원봉사/ 9년 지속

앞의 예시 자료에서 볼 수 있듯이, '연구참여자 정보' 표는 탐구 주제의 경험과 관련이 있는 항목들로 구성되어야 한다. 탐구 주제와 전혀 상관이 없는 항목의 정보는 제공할 필요가 없으며, 그럴 경우에는 '내러티브 풀어내기'를 읽기도 전에 오히려 독자에게 참여자의 삶에 대한 선입관이나 편견을 심어 줄 수 있다. 연구자가 탐구에 들어가기에 앞서 '판단중지(epoche), 백지상태'를 견지해야 하듯이, 독자 또한 탐구 결과물을 접하기 전에 참여자에 대한 어떠한 선입관이나 편견을 지니지 않도록 연구자가 노력해야 한다.

표로 연구참여자에 대한 대략적인 정보를 제시한 후, '연구참여자의 내러티브 풀어내기'를 읽기에 앞서 맥락적인 선(先)이해에 도움이 될 수 있는 개별 참여자에 대한 소개글을 간략하게 작성한다. 개별 소개글은 '내러티브 풀어내기'에 등장하는 참여자의 이야기를 이해하기 위해 미리 알아야 할 사항들을 사실(facts) 중심으로 담백하고 중립적인 어조로 기술하도록 한다. 인터뷰 대화에서 나온 이야기를 포함하여 연구 결과에서 드러날 의미 등을 자세히 적을 필요는 없으며, 삶의 이야기 공감에서 비롯된 감상적·판단적 어휘의 사용은 최대한 자제하고 지양한다.

② 자료 형성[7] 및 분석

내러티브 탐구에서는 데이터(data) 대신에 현장텍스트(field texts)라는 용어를 사용하는데, 이는 내러티브 탐구에서 우리가 작성하는 텍스트가 객관적이라기보다는 경험적이고 간주관적인 텍스트라는 점을 나타내기 위해서이다(Clandinin, 2013, p. 46). 그러므로 현장텍스트는 수집하는 것이 아니라 연구참여자와 함께 형성해 가는 것이다. 현장텍스트의 종류에는 인터뷰 대화, 현장노트, 연구 일지, 관찰 자료, 기억을 끌어내는 물건(artifacts) 등이 있는데, 이 중

---

7) 질적연구는 상대주의적 존재론과 구성주의적 인식론의 입장에서 연구 자료를 연구참여자와 함께 '생성(형성)'해 가는 것으로 본다. 반면에 양적연구는 사실주의적 존재론과 객관주의적(실증주의적) 인식론의 입장으로 연구 자료를 '수집'하는 것으로 본다(Olson, 2011).

의 주 자료는 인터뷰 대화 자료가 될 것이다. 이 외에 연구자는 질 높은 내러티브 구성을 위하여 다양한 현장텍스트의 종류에 열려 있을 필요가 있다. 어떠한 현장텍스트를 어떻게 형성하였는지를 상세히 기술해야 하는데, 현장텍스트의 종류에 대한 설명은 다음과 같다.

- 인터뷰 대화(conversation): 대화 기간, 횟수, 1회당 소요 시간, 대화 장소 등에 대한 기술이 포함되어야 한다. 탐구할 내러티브 자료를 충분히 확보해야 함은 매우 중요하다. 따라서 인터뷰 대화 시간을 충분히 가져야 하는데, 1회에 90분~2시간 기준으로 적어도 학위 연구의 경우에는 4~5회 이상, 학술지 연구의 경우에는 2~3회 이상 수행해야 할 것으로 보인다.

- 현장 노트(field notes): 연구의 현장에서 쓰인 모든 기록이 포함된다(예: 참여자와의 잡담, 연구와 관련된 장소에 대한 관찰 소견).

- 연구 일지(personal journals): 일기 형식의 기록으로 연구자와 참여자 모두가 기록하는 것이 이상적이다. 참여자에게 연구 일지 작성을 요청할 수는 있으나 강제할 수는 없다.

- 관찰 자료(observation): 연구자가 육안으로 관찰한 것을 기록한 관찰 일지나 녹화를 통해 관찰한 영상 자료 등이 이에 속한다.

- 기억을 끌어내는 물건(artifacts): 경험과 관련된 사람, 느낌, 시간, 사건 등에 대한 기억을 끌어낼 수 있는 물건을 뜻하며, 이러한 물건을 통해 그에 얽힌 이야기를 공유할 수 있다(예: 사진, 서류, 성적표, 책).

현장텍스트 분석 방법에 대하여서는 어떻게 분석할 것인지 연구자의 분석 태도나 분석 시 적용할 이론이나 이론의 틀에 대하여 설명한다. Clandinin과 Connelly(2000)가 고안한 '3차원적 내러티브 탐구 공간'에 위치하여 경험의 내러티브를 어떻게 바라보고 분석 및 해석하였는지를 기술하는 것은 매우 중요하다. 최근 들어 다양한 질적연구 데이터 분석 프로그램이 개발 및 출시된 것을 볼 수 있는데, 이에 대한 사용 여부 또한 기술하여야 한다. 한편, 내러티브 탐구에서는 Gergen(2003)이 언급한 "이야기를 코딩 더미로 해체하는 분석적인 방법은 경험에 대해 내러티브하게 생각해야 하는 연구자의 집중력을 흐트러지게 함으로써 연구의 목적을 손상시킬 수 있다(p. 272)"는 이유로 데이터 분석 프로그램의 사용을 권장하지 않는다.

③ 연구 수행 절차

내러티브 탐구 원론서(Clandinin & Connelly, 2000)에는 내러티브 탐구 절차가 다섯 단계(㉠ 현장으로 들어가기, ㉡ 현장에 존재하기, ㉢ 현장텍스트 작성하기, ㉣ 현장텍스트에서 연구텍스트로, ㉤ 연구텍스트 작성하기)로 제시되어 있다. 그러나 모든 내러티브 탐구가 이 다섯 단계의 절차를 그대로 따를 필요는 없다. 다섯 단계의 절차를 따라 그대로 수행하였다면 그것을 밝히되, 원론서에 나와 있는 각 단계별 활동 내용을 그대로 옮겨 놓을 필요는 더더욱 없다. 각 단계에 따른 활동의 경계가 명확하게 있는 것도 아니고, 원론서에 기술되어 있는 단계별 활동 내용에 대한 이해가 연구자에 따라 때로는 분명하지 않을 수 있어서 다섯 단계로 제시한 실제 논문에서 어느 단계에 수행해야 할 연구 활동이 전혀 다른 단계에 들어가 있는 것을 발견하는 경우도 종종 있다. 그러므로 여기서는 연구자가 각 단계에서 수행할 연구 활동에 대한 분명한 이해를 가지고 본 연구의 절차를 몇 단계로 구성하여 수행할지 결정하면 된다. 때로는 3단계, 4단계, 혹은 6단계가 될 수도 있을 것이다. 그리고 그 절차에 따른 연구 단계에서 어떠한 연구 활동을 실제로 수행했는지 그것을 상세히 기술하는 것이 중요하다.

참고로 내러티브 탐구의 수행 절차(Clandinin & Connelly, 2000)에 따른 단계별 활동을 대략적으로 소개하면 다음과 같다.

㉠ & ㉡ **현장으로 들어가기, 현장에 존재하기**
- 연구 주제의 결정 및 연구 설계
- 연구자의 내러티브 작성
- 연구참여자 선정 및 친밀한 관계성 수립
- 관계성과 연구 목적, 상호 도움이 되는 존재 되기 협상

㉢ **현장텍스트 작성하기(자료 형성)**
- 인터뷰 대화 자료, 연구 일지, 현장 노트, 편지글, 사진 자료, 관찰 자료,
기억 상자(memory-box) 등

㉣ **현장텍스트에서 연구텍스트로(중간연구텍스트 작성: 내러티브 분석과 해석
과정)**
- 3차원적 내러티브 탐구 공간에 위치하여 경험의 이야기를 분석 및 해석
- 사회적·문화적·기관의·가족의 내러티브에 주목하면서 경험이야기를
분석 및 해석
- 현상으로서의 이야기에 주목(이야기로 드러날 수밖에 없는 삶에 의미를 부여
하는 중요한 스토리에 주목)

㉤ **연구텍스트 작성하기(전체 논문 작성)**
- 타 논문 많이 읽기
- 나의 논문 기술 방식 찾기
- 의미 타이틀 구성을 위하여 은유, 비유적 표현(metaphor) 찾기
- 경험의 의미 구성하기
- 결론(요약, 논의, 의의, 제언 등) 작성하기

(3) 윤리적 고려
여기서는 연구참여자를 연구의 맥락에서 얼마만큼 배려하고 존중했는지를

기술하게 된다.

연구 참여 동의서에 어떠한 내용이 들어 있는지, 예를 들어 익명 처리여부, 인터뷰 대화 횟수 및 기간, 자의적 연구 참여 중단 보장, 자료 보관 기간과 파기, 내러티브 분석 및 해석에 대하여 연구참여자 동의를 받을 것 등에 대한 내용을 동의서에 제시하였음을 기술하도록 하며, 내러티브 탐구가 얼마나 관계적 탐구(홍영숙, 2019a)인지, 얼마나 관계적 윤리(Clandinin et al., 2018), 돌봄의 윤리(Noddings, 1984; 이 책 제1부의 '연구 윤리: 관계적 존재론, 관계적 윤리' 중 '관계적 윤리' 참조)가 강조되는 탐구 방법인지의 측면에서 기술하면서 실제적으로 참여자와의 관계성을 드러내는 이야기를 덧붙이면 좋을 것이다.

2014년부터 한국의 각 교육기관과 연구기관에 기관생명윤리위원회(Institutional Review Board: IRB)의 설치가 의무화되었다. 인간을 대상으로 하는 연구에 대하여 심의가 의무화되었기 때문에 본 연구가 IRB의 심의 승인을 받았음을 표기하여야 한다. 2014년, IRB 설립 초기에는 '인간을 대상으로 하는 연구'의 범주에 질적연구를 포함시키지 않아서 저자의 연구계획 심의신청서가 면제로 통보되는 헤프닝도 있었지만, 근 10년이 흐른 현재 한국의 연구윤리 심의 활동은 아직도 많이 부족하지만 자리를 잡아가고 있는 모양새이다.

2008년 저자가 경험한 캐나다 앨버타대학교에서의 박사학위 연구에 대한 윤리위원회(Ethics Board)의 심의 절차는 매우 까다로웠고, 2017년 연구년 수행 과제에 대한 앨버타대학교의 연구윤리 심의는 더욱 까다롭게 바뀌어 있었다. 연구윤리에 대한 철저한 심의가 연구자들에게는 연구 수행 여부에 영향을 미칠 만큼 부담스러운 부분이지만, 연구윤리가 까다롭다면 그만큼 사회는 개별 인간 존중에 대해 깨어 있는 민주 사회라는 것을 귀국 후 한국의 연구윤리 심의 절차를 겪으면서 이해하게 되었다.

다음은 저자의 박사학위논문에 수록된 '윤리적 고려' 기술 부분이다.

「**A narrative inquiry into three Korean teachers' experiences of teaching returnee children**」**(Hong, 2009, pp. 73-75)**

Ethical considerations

The study began with the relationships between me, a narrative researcher, and my participants. A close relationship between us was a basic assumption during the process of the study. I could have a time to build a close relationship with two participants because of relatively early contact with them from Canada, but not for the third participant. I was able to contact him after arriving in Korea. I tried to have extra time for informal and personal conversations with him in order to establish a close relationship before starting conversations for my research.

I believe relationship lies at the heart of an 'ethic of caring' (Noddings, 1984). Noddings states that collaborative inquiry into issues of mutual interest, conducted in an atmosphere of trust and respect, would be more meaningful research for teaching (1984, p. 394). I made an effort to keep a caring relationship with my participants, being attentive to 'fidelity' (Schulz, 1996), trust, commitment, respect, patience, and 'dialogue' (Noddings, 1992). I knew that, positioned as a researcher, it was not my place to judge my participants' understanding but rather to engage as a narrative inquirer to understand the meaning participants have composed.

My research participants were asked to sign an agreement indicating their willingness to participate in this study. They were informed about the nature of the inquiry, and of their right to withdraw from the research at any point during the research process. Anonymity was promised if they wanted but they were also offered the opportunity to author their own parts in the study using their own names.

It was explained to each participant that the right to anonymity is paramount, and that information which, anyone felt, could hinder anonymity would not be publicized.

Even though they all wanted to use pseudonyms in the research texts, I was open to the possibility that participants might shift and change about whether they wanted to be named. The risks and benefits of using their own names were discussed with them to make sure that they were fully aware of what that means within the research.

The participants were given an opportunity to read the final draft of their narrative account. In the sharing, they clarified and negotiated the meaning of their stories which supported the intention of a collaborative interpretation of their stories (Raymond, 2002, p. 46).

This research adhered to the ethical guidelines of the University of Alberta and was approved by the Research Ethics Review Committee.

In Chapters 5, 6, and 7, I share the narrative accounts of the three participants.

．．．

윤리적 고려

본 연구는 연구자인 나와 연구참여자 간의 관계성을 바탕으로 시작되었다. 친밀한 관계성은 연구의 과정 내내 탐구의 기본적인 전제가 되었다. 두 명의 참여자와는 비교적 일찍 캐나다에서부터 연락을 취해서 가까운 관계성을 수립할 시간을 가질 수 있었으나, 세 번째 참여자와는 그렇게 하지 못하였다. 나는 한국에 도착한 이후에야 그와 접촉할 수 있었다. 그래서 탐구를 위한 인터뷰 대화를 시작하기에 앞서 친밀한 관계성 수립을 위해 비공식적이고 개인적인 대화를 하면서 별도의 시간을 가지려고 노력하였다.

나는 관계성이 '돌봄의 윤리'(Noddings, 1984)의 핵심을 이룬다고 믿고 있다. Noddings는 상호 관심이 있는 주제에 대하여 신뢰와 존중의 분위기 속에서 수행되는 협력적인 연구가 교수

활동에 더욱 의미 있는 연구가 될 것이라고 언급하였다(Noddings, 1984, p. 394). 나는 '충실함'(Schulz, 1996)과 신뢰, 헌신, 존중, 인내, '소통'(Noddings, 1992)에 주의를 기울이면서 나의 참여자들과 돌봄의 관계성을 유지하려고 노력하였다. 연구자의 입장에서 나는 참여자의 이해를 판단하는 위치가 아니라, 그보다는 내러티브 탐구자로서 참여자가 만들어 내는 경험의 의미를 이해하는 데 몰두하는 위치라는 것을 알고 있었다.

연구참여자들은 '자발적으로 이 연구에 참여한다'는 글귀가 적힌 연구 참여 동의서에 사인하도록 요청을 받았다. 그리고 본 연구의 본질과 연구 과정 어느 시점에서도 연구 참여를 철회할 권리가 있음을 안내받았다. 참여자가 원할 경우, 당연히 익명성이 보장되었고, 한편으로 실명을 사용하면서 자신의 내러티브 파트의 저자가 될 기회 또한 제안되었다.

익명성의 권리는 가장 우선시되는 것이며, 누구라도 익명성을 손상하는 정보가 있다고 느끼면 그 부분은 출판되지 않을 것이라는 설명이 연구참여자에게 전달되었다.

연구참여자 모두 연구텍스트 안에서 가명 사용을 원했을지라도, 나는 참여자들이 본명으로 불리기를 원할 수도 있다는 변경 가능성에 대해서는 열어 놓았다. 본 연구에서 본명 사용이 무엇을 의미하는지를 온전히 알게 하기 위해서 본명 사용의 위험과 혜택에 대하여 참여자들과 논의하였다.

참여자 각자의 '내러티브 풀어내기'가 완료되면 출판되기 마지막 단계에서 그것을 읽을 기회를 각각의 참여자들에게 주었다. 함께 공유하면서 참여자의 이야기를 협력적 해석을 통해 구성한 내러티브의 의미에 대하여 협의하고 명확하게 하는 절차를 거쳤다(Raymond, 2002, p. 46).

본 연구는 앨버타대학교의 윤리 강령을 고수하였으며, 연구윤리심의위원회(Research Ethics Review Committee)의 승인을 받았다.

이제 제5장과 제6장, 제7장에서, 3명의 연구참여자의 내러티브 풀어내기를 공유할 것이다.

7) 내러티브 풀어내기 작성하기

이 절은 내러티브 탐구 논문에서 가장 핵심적인 부분이라고 말할 수 있다. 연구참여자의 경험이야기를 분석하고, 해석하고,[8] 이해하는 부분이기 때문이다. 그러나 처음 내러티브 논문을 시도하는 연구자에게는 작성하기가 가장 어려운 부분이기도 하다. 이러한 어려움 해결에 보탬이 되고자 '내러티브 풀어내기'를 작성할 때 고려해야 할 점을 다음과 같이 제시해 보고자 한다.

① '내러티브 풀어내기' 작성 과정
• 인터뷰 대화 내용을 여러 차례 반복하여 듣는다.

• 연구의 주제와 거리가 먼 내용은 제외하고, 모든 내용을 전사한다.
  – 전사 앱의 사용보다는 내러티브 밀접성과 이해의 수월성을 위해 연구자가 직접 들으면서 전사할 것을 권한다. 연구자는 전사의 과정 속에서도 끊임없이 내러티브 분석에 대해 사고하게 되기 때문이다.
  – 연구 주제와 관련 없는 내용은 선택적으로 제외할 수 있지만, 실제 전사의 국면에 놓이게 되면 연구자는 만약을 위하여 또는 후속 연구의 가능성에 대비하여 내러티브 선택의 범위를 많이 넓히게 되는 것을 경험할 것이다.

• 인터뷰 대화 내용의 전사 자료를 여러 차례 읽으면서 '풀어내기'를 어떤 제

---

8) 분석: 어떤 물질이나 현상을 아주 자세하게 나누고 쪼개어 보는 것으로, 과학의 기본 수단 방법이라고 할 수 있다.
   해석: 해석은 풀어서(解) 깨닫는(釋) 일이다. 자잘한 것들로 복잡하게 뒤섞인 사물이나 현상을 풀어서 중요한 의미를 캐내는 일이다. 해석 없는 분석은 쓸 데 없다. 이를 하려면 속을 꿰뚫어 보는 통찰(洞察)이 있어야 한다. 결국 해석은 통찰력으로 깨달음을 얻는 일이다. 단순히 나누고 쪼개는 분석과 차원이 다르다.

목(의미 주제)을 중심으로 몇 개의 부분으로 구성할 것인지 구조화한다.

• 구성의 틀을 잡았으면 그 의미 주제 아래에 들어갈 이야기들을 선정한다.

• 선정된 이야기에서 의미 주제와 관련하여 강력한 인상을 줄 수 있는 이야기의 일부분을 발췌하여 싣고, 3차원적 내러티브 탐구 공간에 위치하여 분석 또는 해석한다.

② 내러티브 탐구에서 우리는 참여자의 경험이야기를 있는 그대로 드러내며 내부자 관점(emic perspective)에서 기술해야 한다고 말한다. 그러나 '있는 그대로' 드러낸다는 것은 연구참여자의 이야기만을 그대로 싣는 것을 의미하는 것이 아니다. '내러티브 풀어내기'에서는 연구참여자의 경험이야기에 대한 연구자의 분석과 해석이 들어가야 하며, 나아가 이해(의미 구성)까지도 들어갈 수 있다. 이때 경험이야기의 분석 틀로 작동되는 것이 '3차원적 내러티브 탐구 공간'이며, 연구자는 시간성, 사회성, 장소라는 3차원의 맥락 지점에 위치하여 그 경험을 통합적, 통찰적으로 바라보고 분석해야 한다. 내러티브를 풀어낼 때는 '3차원적 내러티브 탐구공간' 뿐만 아니라 사회적·문화적·기관의·가족의 내러티브 등을 함께 고려하면서 '이 경험이 무엇의 영향을 받아 어떻게 형성되었는지' 분석 또는 해석해 내고, 때로는 전공 분야의 이론을 적용하여 분석할 수도 있다. 이같이 내러티브 분석의 근거가 될 수 있는 요소들은 3차원적 공간을 비롯하여 다양한 맥락의 내러티브와 이론들, 기타 많은 것이 있을 수 있다. 연구자는 이러한 요소들을 모두 고려하면서 경험을 탐구하되, 그 경험 형성에 가장 두드러지게 작동한 요소를 중심으로 내러티브를 풀어내면 된다.

③ 경험이야기 분석의 틀로 작동될 수 있는 '3차원적 내러티브 탐구 공간: 시간성, 사회성, 장소'는 각 차원별로, 분절적으로 분석될 수 없다.

한국에서 내러티브 탐구 초창기에 생산된 논문 중에 내러티브를 시간성, 사회성, 장소의 3차원(경험의 속성과 혼합하여 '사회성' 대신 '상호작용' '장소' 대신 '상황'으로 기술된 오류도 다수 발견된다)에서 각각 분석하고 그 분석 요소들을 표로 제시한 논문을 여러 편 발견할 수 있다. 양적연구의 전통에서 완전히 분리되지 못한 습성에서 비롯된 것으로 이해되는 부분이나, 근본적으로 경험은 분절적으로 이해되는 것이 아니며 통합적, 통찰적으로 접근할 때 이해와 의미로 다가오는 존재이기 때문에 이러한 분석은 내러티브 탐구 수행의 큰 오류라고 말할 수 있다.

④ 내러티브를 분석할 때 연구자는 참여자와 분명한 거리감을 두고 연구자로서 엄격한 중립성을 지키면서 그 경험이야기를 바라보고 풀어야 한다.

내러티브 탐구는 관계적 탐구이며, 따라서 관계적 윤리가 매우 강조되는 탐구 방법이다. 또한 이는 연구자와 참여자 간의 협동작업으로 연구자와 참여자 간의 친밀한 관계성이 전제되어야 하며, 연구 전, 중, 후에 지속적으로 '돌봄의 윤리(ethics of caring; Noddings, 1984)'가 작동되어야만 가능한 연구 방법이다. 따라서 이로 인해 때로는 연구자가 자신을 참여자와 동일시하거나 그 경험에 몰입되어 연구자로서의 중립을 지키지 못하는 경우가 발생하기 쉽다. 내러티브를 분석할 때 연구자로서 중립을 지키고 거리를 유지해야 하는 것이 연구의 과정에서의 친밀함과 배려, 존중에 반하는 것으로 오해해서는 곤란하다. 그러므로 내러티브를 푸는 단계에서 연구자는 반드시 어느 한쪽으로 치우침 없이 중립을 지켜야 하며, 판단적 어휘를 사용하여 분석하는 일 또한 절대 없어야 한다. 연구자가 참여자의 내러티브에 감동하거나 참여자의 삶의 이야기를 통해 참여자에 대해 매우 긍정적인 인상을 지니고 있더라도 그것이 풀어내는 글에서 드러나는 것은 연구자가 비우지 못한 증거가 되며, 연구자로서 중립을 지키지 못한 것이 된다. 참여자 또한 자기 삶의 이야기를 할 때 자기 자신에 대한 자부심과 성취감을 나타내는 말들에 치우쳐서 내러티브를 구성한다면 연구자의 참여자에 대한 인상은 부정적일 수 있다. 그러나 긍정적이거나 부정적이거나 어떠한 형식으로든 그것이 드러나는 글로 풀어낸다면 참여자의 내러티브를 탐구한 것인지 의구심을 갖게 되며, 연구자의 글을 판단적 어휘로 받아들이기 때문에 연구자가 중립성을 잃은 것이 되므로 매우 주의하여야 할 것이다. '판단적 어휘'라고 함은 긍정적·부정적 판단 어휘를 모두 포함하며, 연구자가 풀어낸 글을 읽으며 어떤 판단을 할 것인지는 오롯이 개별 독자의 몫이다. 학문적 연구에서 연구자의 중립성은 양적연구와 질적연구 모두에서 반드시 지켜야 할 매우 중요한 요소이다.

⑤ 발췌된 실제 경험이야기 이외의 지면은 연구자의 말로 구성되어야 한다.

이야기제목과 관련하여 매우 강력하다고 생각되는 일부분을 참여자의 이야기 중에서 발췌하여 실었는데, 그에 대한 연구자의 기술에는 그 경험이야기의 분석이나 해석이 아니라 이해하기 쉽도록 똑같은 의미의 글로 다시 쓰는 경우들이 빈번히 발생하곤 한다. 이는 반복일 뿐 분석과 해석일 수는 없다. 이미 발췌문을 통해 독자에게 그 이야기의 표면적 뜻은 전달이 되었고, 연구자는 그러한 이야기를 살 수밖에 없었던 참여자의 상황을 3차원의 맥락에서, 또는 이론을 끌어와서, 또는 사회적·문화적·가족의·기관의 내러티브 등을 끌어와서 분석하거나 해석하여 연구자의 말로 풀어씀으로써 이야기의 내면의 의미를 전달해야 한다.

⑥ 연구참여자의 경험이야기를 어떻게 분석하고 해석할지는 연구자의 권한이자 책임이다. 그러므로 이 장을 기술할 때 연구자의 어조는 당당하고 자신감이 있어야 한다. '~일지도 모른다' '~인 것 같다'와 같은 표현의 빈번한 사용은 독자로 하여금 본 연구의 질을 의심하게 하므로 지양해야 한다. 자신감 있는 분석은 연구자의 PPK가 총동원된 심도 깊은 사고가 수반될 때 가능하다. 석연치 않은 분석이라도 자신감 있게 기술하고, 그 부분은 차후에 연구참여자에게 분석과 해석을 마친 '내러티브 풀어내기' 장을 보여 주면서 이야기 분석과 해석에 관한 동의 및 타협, 조정의 절차를 밟는 것으로 해결할 수 있다.

⑦ 내러티브를 풀어낼 때, 양적연구의 습성에서 비롯된 '공통점이나 차이점 찾기' '예측하고 확인하기' '객관성 확보' 등을 염두에 두고 글쓰기를 하는 일은 절대 없어야 한다. 그리고 '실제적 정당성' 추구에만 집중하여 탐구 대상이 되는 경험의 효과성을 드러내려고 의도하거나 제안점 찾기를 목적으로 하여 내러티브 분석과 해석을 기술하는 것 또한 주의해야 할 것이다. 이러한 글쓰기는 내러티브 연구물의 질을 떨어뜨린다.

다음으로 저자가 발표한 내러티브 논문들 중에서 '내러티브 풀어내기'의 일부분을 분석과 해석의 예시 자료로 제시하고자 한다.

'내러티브 풀어내기' 예시 자료

※ 예시 자료에서 연구자의 분석이나 해석의 글은 '색 글자'로 표시하였다.

「한국초등학교에서 비원어민 영어교사로 살아가기: 교사정체성 형성을 중심으로」(홍영숙, 2013)

- **연구참여자(가명):** 김은수, 이미현, 박지원 교사
- **연구 퍼즐: (pp. 429-430)**
1. 비원어민 영어교사가 지니고 있는 영어 관념에 대해 탐구한다.
2. 비원어민 영어교사의 영어 관념이 원어민 보조교사와 맺는 관계성에 어떤 영향을 미치는지에 대하여 탐구한다.
3. 원어민 교사에 대한 인식과 관계성이 비원어민 영어교사로서의 정체성 형성에 어떻게 작용하는지 탐구한다.
4. 비원어민 영어교사가 교사의 직을 가지고 생활하고 있는 곳인 학교의 모습과 상황(professional knowledge landscape: Clandinin & Connelly, 1996)이 그의 영어교사 정체성 형성에 어떻게 영향을 미치는지 탐구한다.

– '내러티브 풀어내기' 예시 (p. 441)

Kachru(1986)가 주장한 영어를 안다는 것은, 국제적인 비즈니스와 기술, 과학, 여행에 이르는 언어의 대문을 열게 해주는 알라딘의 램프를 소유하는 것과 같다. 간단히 말해, 영어는 언어적 파워를 제공해준다 (p. 1)는 말처럼, '영어가 능력이고 파워'가 되어 버린 사회, '언어에도 계급이 있는 것인가?'라는 부분에 대해 다시 생각하게 하는 에피소드를 이교사가 들려주었다.

이교사: 2012년 다문화학생 농촌캠프에 우리학교 다문화학생들을 데리고 참가했었어요. 거기에는 다른 학교의 귀국반 학생들도 함께 했었지요. 참가 학생들은 영어, 중국어, 일본어 등 다양한 언어사용자들로 구성이 되어 있었는데, 너무도 이상한 것은 이동하는 버스에 올라탄 순간 들리는 것은 온통 영어뿐이었어요. 다양한 언어사용자가 고루 섞여 있었는데도 떠드는 아이들은 영어를 하는 애들뿐이었죠. '왜 영어하는 애들만 영어로 떠들까? 왜 중국어, 일본어는 들리지 않는 걸까?' 속으로 이런 질문을 하면서, 영어를 하면 돈 많은 사람, 많이 배운 사람이라는 이미지 때문이라고, 영어를 쓰면 '있어 보인다'고 생각하기 때문이라는걸 깨달았지요(2013. 9. 10. 대화에서).

영어에 대한 사회적 관념, 즉 '있어 보이게' 하는 그 무엇이라는 관념은 학교 구성원 모두에게 하나의 현상으로 자리잡고 있다. 이러한 영어관념 때문에 영어전담교사는 일반교사보다 심리적으로 더 우월한 위치에 놓여져 '능력 있는 교사'로 규정되어지기도 하고, 한편으론 영어유창성 부분에서 주변의 기대치와 영어전담교사 본인이 느끼는 능력 사이의 괴리감으로 괴로워하고 늘 긴장 속에 살아가기도 한다. 동료교사, 학생, 원어민보조교사 등 영어관념을 바탕으로 한 관계성 속에서 영어전담교사는 수많은 교사정체성을 오가고 있다.

➡ 이교사가 '다문화 학생 인솔 버스에서 들린 언어는 오직 영어 뿐'이었던 경험이야

기에서 한국 사회에 만연한 영어 관념과 영어의 위치를 분석하고, 그러한 영어 관념 때문에 학교 내의 다양한 인간 관계, 동료교사와, 학생들과, 원어민보조교사와 맺는 관계에서 이교사는 상대에 따른 다양한 교사이야기를 살아내는 것으로 해석하였다.

「한국계-미국인(Korean-American) 대학교 원어민 강사가 살아내는 교사경험이야기 탐구」(홍영숙, 2015b)

- **연구참여자(가명):** Alice(1인 연구참여자)
- **연구 퍼즐:** (pp. 143-144)

이에 본 연구는 영어원어민으로 한국에 들어와 대학교에서 Korean-American 원어민교사로 살아가고 있는 교사의 경험이야기를 탐구해 나아갈 것이다. 대학에서 영어를 가르치는 <u>한국계 원어민영어교사로서의 경험에 대한 내러티브의 해석과 분석을 통해 그의 교사정체성이 어떻게 형성되어가는 지를 연구함</u>으로써 연구참여자에게는 교사됨에 대한 본래적 의미를 발견하고 자기 이해의 폭을 확장할 수 있는 계기가 되며, 독자에겐 한국교육사회에서 한국계 원어민영어교사로 살아가는 교사의 삶의 현상, 특히 의미적 차원의 이야기화된 현상(storied phenomenon=experience: Connelly & Clandinin, 2006)에 대한 이해를 확장하는 기회가 될 것을 기대한다.

- **'내러티브 풀어내기' 예시** (pp. 159-161)

4.5 피부색이 아닌 문화적 특성으로 영어 원어민의 정체성을 수립하다

Alice는 한국인들에 의해 그녀에게 주어진 '한국인'이란 정체성(assigned identity; Buzzelli & Johnston, 2002)과 스스로 주장하는 '미국인'이라는 정체성(claimed identity) 사이에서 갈등했다. 처음에 학생들은 Alice의 외모 때문에 그녀가 한국말이나 한국음식 등에 익숙한 '진짜 한국인'일 것을 기대했으나, 그녀가 지니고 있는 미국 문화적 특성은 그녀를 미국인으로 받아들이게 만들었다. 이러한 것은 Alice와 학생 간의 밀접한 관계성이 바탕이 될 때 일어나는 일이었다. Alice는 이렇게 말한다.

난 미국 사람이에요. 좀 더 구체적으로는 독일계-미국인으로 생각해요. 그리고 난 영어원어민이에요, 한국 계통이 아닌. 내가 지닌 문화적 배경은 정말 한국적인 게 아니에요. 난 진짜 독일계-미국인이에요. 내 외모, 얼굴 모습 때문에 정말 힘들었어요. 사람들이 내가 다소 한국 사람이기를 기대하는 것 같았어요. 그래서 첫 해가 정말 힘들었어요. (중략) 학생들은 '내가 김치도 좋아하지 않고 한 번도 한국 음식을 만들어 본 적이 없다'는 말을 듣고는 아주 놀라곤 했어요. …… 처음에는 한국인이면서 영어를 가르치는 선생님으로 보다가 학기가 지나면서 "저 선생님은 달라!"라고 느끼기 시작하죠. 학생들은 나에 대해 조금 다른 인식을 가지고 있는 것 같아요. 개인적 관계성으로 발전하게 되면, 학생들은 나를 미국인으로 바라보고 받아들여요(Alice와의 인터뷰 대화, 2015. 5. 20).

국가적 정체성에 관련한 동료 영어 강사들의 Alice에 대한 인식은 학생들의 그것과 또 달랐다. Alice의 이야기이다.

실제로 미국인들은 나의 피부색과 관련하여 아무 문제도 없어요. 일단 나의 영어 액센트를 듣고 나면, 별로 문제될 게 없지요. 그들은 날 '한국계-미국인'으로 생각하지 않아요. 절대 그런 방식으로 생각하지 않아요. 미국 국적을 지닌 다른 미국 선생님들과 같은 그냥 한 명의 영어원어민으로 볼 뿐이죠. 우리는 같은 문화적 배경을 공유하거나 문화적으로 공통적인 어떤 것들에 대해 얘기를 나누곤 해요. 예를 들어, 유명한 CM song이나 광고 노래, TV 프로그램, 특정 음식 브랜드, 특정 수퍼마켓 이름 같은 것들이요. 영어와 관련된 것이 아니라, 문화와 관련된 것들이지요. 그런 것 때문에 내가 미국인 쪽으로 수용되는 거예요. 비록 내가 한국인처럼, 또는 중국인처럼 생겼어도 그들은 늘 나를 미국인으로 부르지요. 한국인 동료 영어교수들의 경우를 보면, 민수는 처음에 내 한국말이 서툴렀기 때문에 그냥 나를 외국인 교수인 줄 알았대요. 이제는 동료로 더 가까워지고 우정도 쌓여서, 내가 물었죠. "날 미국인으로 봐, 한국인으로 봐?" 그는 나를 그냥 Alice로 본대요. 개인적 관계성이 수립되고 좀 더 가까워지면 '한국인,' '미국인' 같은 걸로 보는 게 아니라 그 사람 자체로 바라보게 된다고요(Alice와의 인터뷰 대화, 2015. 5. 27).

Alice는 스스로에 대한 미국인으로서의 국가적 정체성을 정의할 때 '문화적 요소'를 가장 최전방에 위치시켰다. 같은 문화적 배경을 공유할 수 있다는 것은 그 사회에 속할 수 있는 자격증을 갖는 것과 같았다. 실제로 미국 출신 원어민 교사들이 Alice에게 미국인 정체성을 부여하는 데 있어서 피부색 따위는 아무 상관이 없었다. 한국인 영어 강사의 경우에, Alice와 개인적 관계성을 수립한 이후에는 Alice가 미국인으로 보이던 한국인으로 보이던 아무 문제가 되지 않았다. 그들은 Alice를 그저 한 사람의 인간으로, 그리고 소중한 친구로 받아들일 뿐이었다. 우리는 관계성의 세계에 살고 있다. 우리가 정립하는 정체성의 의미들은 우리가 구축하는 관계성의 본질로부터 드러날 수 있는 것이다.

➡ Alice는 7살 때 독일계-미국인 아버지와 한국계-미국인 어머니에게 입양되어 미국에서 성장한 한국계-미국인 원어민 강사이다. 한국에 와서 동양인 외모 때문에 한국인 영어 강사로 오인되는 상황과 '온전한 미국인'이라는 자신이 지니고 있는 국가정체성 사이에서 혼란과 갈등이 있기는 하였으나, Alice는 문화적 배경에 따라 개인의 국가정체성이 결정되는 것이라는 확신으로 '나는 미국인'이라는 확고한 정체성을 지니고 있다고 분석하였다. 국가정체성 상관없이 인간은 관계성 여부에 따라 대상에 대한 긍정적 수용이 일어나 Alice가 한국의 학생, 동료 교사와 맺은 관계성이 그의 교사정체성이야기 형성에 정적으로 작용하였음으로 해석하였다.

「필리핀 결혼이주여성 두 명의 언어정체성 형성에 관한 내러티브 탐구」(홍영숙, 2019b)

- **연구참여자(가명)**: Angela, Nicole
- **연구 퍼즐**: (p. 302)

첫째, 한국어와 관련하여 어떠한 정체성 이야기[9]를 살아내는가?

둘째, 영어와 관련하여 어떠한 정체성 이야기를 살아내는가?

셋째, 따갈로그와 관련하여 어떠한 정체성 이야기를 살아내는가?

– '내러티브 풀어내기' 예시 ⓐ (pp. 313–314)

4.1 Angela가 살아내는 언어정체성 이야기

4.1.2 영어로 살아내는 이야기

Angela는 필리핀에서 나름 영어를 좋아하여 영어 공부를 열심히 하였고 대학까지 다니다 중퇴하였기 때문에 영어유창성이 뛰어나다. 한국어 능력부족과 아울러 필리핀 결혼이주여성이라는 '꼬리표'가 달린 소수자이기에 겪어야 하는 무시와 부당함 속에서도 Angela가 지니고 있는 영어능력은 '영어가 성공적 삶을 이루기 위한 절대적 도구이며 무기이고 재산으로 자리매김(홍영숙, 2013, p. 428)'된 한국 맥락에서 Angela의 자기정체성(I-identity/claimed identity[10]) 및 대상정체성(me-identity/assigned identity[11]) 형성에 정적으로 작용하고 있다.

> … 내가 생각하기에 우리 아이들이 (내가 영어를 잘하기 때문에) 나를 자랑스러워하는 것 같아요. 내가 학교에 가면 아이들 친구들이 나한테 와서 "미국 사람이에요?" "영어 잘 하잖아요." "와, 영어 잘하시네요!" 이렇게 얘기해요. 그러면 우리 아들이 "응, 우리 엄마 영어 잘해!"라면서 큰 목소리로 자랑스럽게 말해요(Angela와의 인터뷰 대화, 2016. 10. 5).

---

9) 본고에서는 인간의 실제적 지식과 상황, 정체성이 서로 연결되어 자신이 누구인지를 내러티브적으로 이해할 수 있음을 설명하기 위해 Connelly와 Clandinin(1999)이 고안해 낸 '살아내는 이야기(stories to live by)'라는 내러티브 용어를 정체성의 개념으로 활용하였다.

10) claimed identity: 스스로 공표하고 주장하는 정체성(Buzzelli & Johnston, 2002; 홍영숙, 2015에서 재인용)

11) assigned identity: 다른 사람에 의하여 부여된 정체성(Buzzelli & Johnston, 2002; 홍영숙, 2015에서 재인용)

밖에서 자랑의 대상이 되는 Angela의 영어능력이 집에 들어오면 오로지 한국어만을 사용하라는 남편의 강요 때문에 아이들에게도 그 빛을 잃어버리곤 한다. 아이들이 어렸을 때도 영어를 동시에 습득하게 하고 싶었던 Angela의 시도는 한국에서 한국말을 우선 배워야 한다는 남편의 주장에 막혀버렸고 그래서 지금 집에서 간간이 쓰는 영어에도 아이들은 자연스럽게 대응하지 않는다.

한국 사회에서의 영어 가치 덕분에 시누이는 Angela로부터 받는 자녀의 영어 무료과외를 기뻐했고, 영어 학원에서는 그녀의 영어 능력을 높이 샀지만 한편으론 필리핀 출신이기 때문에 더 적은 임금을 지불할 수 있어서 좋았다. Angela의 영어 능력이 그녀의 자기가치 인식과 경제적 수입 증대에는 도움을 주었지만, 외부에서 만나는 일반적 한국인들은 그녀의 영어 능력보다는 외모에서 나오는 출생국의 정체성으로 그녀를 먼저 판단하고 대하기 때문에 거기서 발생하는 불편함은 늘 Angela를 괴롭힌다.

> 내가 영어를 말할 수 있어도 마켓 등에서 만나는 대부분의, 아니 모든 사람들은 가장 먼저 '필리핀은 가난한 나라이고, 저 여자는 더 나은 삶을 위해서 여기에 온거다'라고 생각해요. 그 사람들은 나를 단지 가난한 나라에서 온 여자로 밖에 보지 않아요(Angela와의 인터뷰 대화, 2016. 10. 19).

한국 사회의 영어 관념에 대한 인식을 가지고 있는 환경 속에서 Angela의 영어 능력은 가치를 인정받지만, 그에 대한 인식이 부재한 환경에서 그녀는 단지 가난한 나라에서 부유한 한국으로 돈을 벌러 온, 무시받아 마땅한 하찮은 존재가 되어 버린다. 언어가 부여하는 정체성보다 출신국이 부여하는 국가정체성이 더 강력하게 작동하는 것이다.

➡ Angela가 지니고 있는 영어능력이 한국 사회의 영어 관념 측면과 그녀 모국의 국제적 경제 위치 측면에서 매우 다른 가치로 드러나게 됨을 한국 사회의 현상을 통해 연구자는 분석하였다.

- '내러티브 풀어내기' 예시 ⓑ (pp. 316-317)

4.2 Nicole이 살아내는 언어정체성 이야기

4.2.1 한국어로 살아내는 이야기

한국 남자와 결혼한 이모의 소개로 남편을 만나게 된 Nicole은 남편과 서로 사랑하면서 좋은 부부관계를 유지하고 있다. 한국에 들어와 간단한 한국어 표현을 외워 사용하면서 장도 보고 그것만으로도 재미있었는데, 시부모의 학대 수준에 버금가는 구박이 한국어 능력 부족 때문에 더 할 수 있음을 깨닫고는 한국어 학습의 필요성을 절감하게 되었다.

> (2006년 11월에 한국에 입국) 2007년 추석에 시계모가 "떡 어디있니?, 쑥떡!" 이렇게 소리를 지르기 시작했어요. 한국어 못할 때라서, "왜요, 어머니?"라고 대답했더니, 자기 동생과 통화하고 나서는 다시 나한테 고함을 지르기 시작했어요. 난 무슨 말인지 몰라서 내가 할 수 있는 "왜요?"라는 말로 다시 물었더니 갑자기 내 얼굴을 때렸어요. 나는 울었고 정말 화가 났고 돌아가고 싶었어요. 하지만 아무 것도 할 수 없었어요. (중략) 친척들 모인 자리에서 시계모는 내가 이해하지 못한다고 이야기를 지어내서 말하더라구요. "눈을 이렇게 뜨고 자기에게 대들었다"며. 남편이 저녁에 왔지만 그 상황을 그가 이해하게 설명할 수도 없었고 그도 이해하지 못하니 나를 방어해 주지 못했어요. 그래서 한국어를 배워야겠다고 더욱 결심하게 되었어요. (중략) 말이 서툴러 '왜요'라고 한 말이지만 어르신들이 들을 때 버릇없게, 무례하게 들릴 수 있겠다는걸 나중에 알았어요. 그래서 '왜요합니까?'로 해야 하나?'라고 생각하기도 했었어요. 하하하 … (Nicole과의 인터뷰 대화, 2016. 11. 23).

Nicole은 자신이 한국말을 못하기 때문에 더 하찮게 보고 막 대한다는 것을 깨달았으며 사랑하는 남편도 한국어로 의사소통이 안 되니 실제적인 내 편이 되어주지 못한다는 것을 발견하였다. 그녀에게 한국어는 자신을 지켜주는 보호막이자 안전판이라고 생각되었다. 그 이후 바로 다문화센터에 한국어 강좌를 등록하여 시작한 한국어 공부는 지금도 계속되고 있다. Nicole의 한국어 능력이 신장되어 논리 있게 말로 대꾸 할 수 있는 정도가 되자, 맘에 안들면 Nicole에게 물건을 마구 던지며 화를 내고 욕을 하던 시아버지도 더 심하게 대하지 않고 조용해지는 것을 볼 수 있었다.

....

➡ 필리핀 결혼이주여성인 Nicole에 대한 시가족의 천대와 구박은 그녀의 출신국에 대한 무시를 바탕으로 한국어 능력의 부족과 합쳐져 더욱 극심하게 표출되었고, Nicole은 이를 통해 '한국어는 자신을 지켜주는 보호막이자 안전판'으로 이해하여 한국어 학습에 더욱 매진하게 된 것으로 연구자는 해석하였다.

「캐나다의 한국계 이민 가정 자녀의 언어 중개language brokering) 경험 탐구: 부모와의 관계성을 중심으로」 (홍영숙, 2019d)

- **연구참여자(가명):** 이가영, 정나영, 박민철
- **연구 퍼즐:** (p. 705)

자녀의 위치에서 부모를 위해 언어 중개자의 역할 경험을 형성할 때에, 그 경험 수행의 바탕을 이루는 심리적, 윤리적, 감성적 차원의 내러티브를 분석하고 해석함으로써 참여자의 언어 중개 경험의 의미를 도출할 것이다. 언어 중개 경험을 통하여 자녀는 부모와 어떠한 관계성을 형성해 가는지에 중점을 두고 본 연구를 수행하고자 한다.

-'내러티브 풀어내기' 예시 (pp. 715-716)

2. 정나영의 언어 중개 경험이야기

2) 캐나다, 언어 중개의 시작과 지속

캐나다에 도착하여 나영이는 초등 6학년으로 입학하였다. 학교에는 한국아이들 뿐 만 아니라 동양아이들도 별로 없었다. 영어는 '통짜로 아무 것도 안 들렸고' 6학년 쯤 되는 나이이다 보니 영어를 전혀 못하는 나영이에게 아무도 다

가오지 않았다. 7학년이 되어 중학교에 들어가니 반에 한국 아이들이 있어서 같이 놀 수 있었다. 이민 온지 1년 정도 지나니 듣는 건 거의 되었고 말하는 것은 약 60% 정도 되었다.

> 제가 학교에서 영어로 알아듣고 기억으로 남은 건 8학년부터에요. 6, 7학년 때는 기억이 안나요 영어가. 그러니까 그림만 기억나고... 시각, 청각, 촉각 이런 것만 기억나고 언어적인 건 하나도 기억이 없어요. 뭘 배웠는지도 모르겠어요(정나영과의 인터뷰 대화, 2017. 11. 26).

우리는 생각도 언어로 하고 언어에 대한 이해가 있을 때 의미화되어 기억으로 저장이 된다. 이민 와서 1~2년은 나영에게는 영어 암흑기로 영어로 저장된 기억을 하나도 찾을 수 없을 만큼 혹독했다. 학교에서 활발하고 적극적이었던 나영이가 캐나다 학교에선 '되게 조용한 아이, 그냥 가만히 있는 아이'로 살아가게 된 것은 오로지 영어 때문이었으며, '조용한 아이 캐릭터'는 대학 과정을 마치는 지금까지도 계속되고 있다.

언어습득의 속도가 상대적으로 더욱 느린 성인 학습자, 즉 나영이 부모님에게도 영어는 캐나다 삶에서 가장 힘든 부분이었다. 나영이 7학년 말에 아버지가 시골에 편의점(convenience store)을 내면서 나영이네는 이사를 가게 되었고 편의점 구인광고 문안 작성이 나영이의 첫 번째 언어 중개 경험이었다.

> "구인광고를 내려고 하는데 뭐라고 써야 하냐?"고 물어보셔서 제가 할 수 있는 거라 크게 어렵지 않게 했었어요. 그 이후 telus[12]에 전화하는 거나, 다른 비즈니스 하실 때 owner가 캐나다사람이면 계속 영어로 해야 하니까 웬만하면 email이나 문자로 많이 하시고 그럴 때 저한테 항상 물어보시고, 써오셔서 "맞냐? 물어보시고, 아니면 "이걸 어떻게 써야 되냐?" 항상 그런 식으로... 비즈니스 시작하려고 할 때는 빈도가 많죠. 사업계획서 쓰는거도 제

---

12) 캐나다의 전화/인터넷 공급 업체 중 하나이다.

> 가 해드리고. 근데 시작하고 그 일을 계속할 때는 언어중개 요청이 별로 많
> 지는 않아요(정나영과의 인터뷰 대화, 2017. 11. 26).

언어 중개는 주로 아버지에게 해 드리는데, 조용하고 내성적인 어머니는 그런 일이 있으면 항상 아버지에게 넘기시고 아버지가 합쳐서 나영에게 요청하시곤 한다. 한국에서는 어머니가 가셨던 학교 부모면담에도 캐나다에선 항상 아버지가 가셨는데, 부족한 영어능력이 내성적인 성격을 강화하는 역할을 하여 더욱 뒤로 물러나는 어머니의 삶을 구성한 것으로 보여진다.

언어능력이 부족한 부모님을 언어능력이 되는 자녀가 돕는 것은 당연한 것으로 여겨질 수 있다. 그러나 장시간에 걸쳐 반복적으로 일어나는 이 역할 과정에는 사회적, 가족적, 개인적 맥락에 따라 분노, 타협, 실망, 자부심, 보람, 효능감, 책임감, 도덕심 등 다양한 형태의 정서적 요소가 복합적으로 얽혀 있어서 가족 간에 갈등으로 표출되기도 한다.

> 전에 다운타운에 있는 어떤 정부기관에 (부모님과) 함께 가서 통역했던 적이
> 있었는데 그 때는 뿌듯하면서도 한편으로는 '엄마 아빠 입장에서는 자존심
> 이 상하지 않을까'하는 생각이 들었어요. 한국에선 어딜 가도 제가 엄마랑
> 같이 가야 했는데 여기서는 부모님이 언어적인 면에서 (저에게) 의지를 해야
> 하니까... (중략) 이런 말은 자주 들어요, "내가 치사하고 더러워서 너희한테
> 안 물어본다!" (정나영과의 인터뷰 대화, 2017. 12. 2)

예전에는 자녀가 의존해야 했던 부모님이 이제는 자녀에게 의존하는 상황이 되었다. 부모-자식 간의 hierarchy가 뚜렷한 한국의 가정 맥락에서 의존의 주체와 객체가 뒤바뀌는 상황이 반복될 때, 부모는 자녀의 퉁명한 말 한마디에도 상처를 받게 된다. 나영이는 자신이 부모님을 위해 언어중개를 하는 것이 당연한 거라고 생각하긴 하지만, "자식이면 당연히 부모 도와줘야 되는거 아니냐"고 대놓고 말씀하시는 어머니를 마주하면 섭섭함을 부인할 순 없다. 캐나다로 이민 와서 부모님께 언어적 도움을 드리게 되면서부터 어느 순간 부모님에 대한 존

경의 인식이 확실히 낮아졌음을 느꼈고 부모님과의 관계성 또한 긍정적인 부분보다 부정적인 부분이 크다는 것을 깨달았다. 나영이는 초등학교 5학년 시점으로 다시 돌아간다면 캐나다로의 이민은 절대 오지 않을 것이라고 생각해 본다.

....

➡ '부모 아래 자녀'라는 서열이 분명하게 존재하는 한국의 사회적, 문화적 가정 맥락에서 캐나다라는 환경 맥락으로의 전환을 언어(영어)라는 요소에 의하여 부모-자식 간의 위계 변화 등 그로 인한 관계성 형성의 복잡함으로 풀었는데, 이는 사회문화적 환경에 따라 달라질 수 있는 살아내는 이야기 형성에 대한 접근적 해석이었다.

「캐나다의 한국계 이민가정 청년의 언어정체성 형성에 관한 내러티브 탐구」 (홍영숙, 2021)

(※ 본 연구는 「캐나다의 한국계 이민 가정 자녀의 언어 중개(language brokering) 경험 탐구」 (2019)의 후속 연구이다.)

- **연구참여자(가명):** 이가영(1인 연구참여자)

- **연구 퍼즐:** (p. 46)

"캐나다에서 살고 있는 한국계 1.5세대 연구참여자는 어떤 사회문화적 맥락에서 어떠한 언어정체성 이야기를 살아내는가?"

-'내러티브 풀어내기' 예시 ⓐ (pp. 60-61)

---

2. 캐나다에서 초 · 중 · 고교 시절 이야기

다. 고등학교 시절 이야기

가영이가 진학한 고등학교에서는 이제 한국인 학생을 많이 볼 수 있었다. 중학교 시절 성당에서 한국 친구들을 사귀면서 같은 민족 문화 배경을 지닌 친구의 편안함을 경험했던 가영이는 고등학교에 들어와서도 자연스럽게 한국 친구들과 어울리게 되었다. 그러나 중학교 때 열심히 공부하여 성적이 우수했던 가영이는 고등학교 들어가자마자 고 1(10학년) 때 바로 IB[13] 반에 편성되었고 거

---

13) IB(International Baccalaureate): 고등학생들이 고등학교에서 대학 수준의 과목 수업(courses)을 들

기에서는 공부에 더욱 열중하면서 주로 white 친구들과 어울리며 살았다.

> 고등학교 들어가면서 바로 IB로 들어가게 되었어요. 거기서는 초·중등 때
> 처럼 popular group이 아니라 조용한 white 친구들을 사귀게 되었지요.
> 그 아이들과 항상 붙어 다녔어요. 공부에 집중하면서… 그런데 얼마 지나
> 지도 않은 거 같아요. 진짜 10학년 땐 everyday 항상 느꼈던 거 같아요.
> '내가 얘네랑은 정말 맞지 않는구나!' (2018. 4. 6. 인터뷰 대화 발췌)

　인간은 태어난 곳에서 자라면서 자신을 둘러싸고 있는 인적, 물적, 사회적, 문화적 등등의 모든 환경 맥락 속에서 자신도 모르게 흡수되어 쌓여진 배경지식을 지니게 된다. 이러한 배경지식은 그 사람의 언어와 행동, 사고 등으로 발현되어지는데, 이미 영어유창성을 갖춘 가영이가 중 3 이후 끊임없이 white 친구들에게 "불편하고, 미묘한 gap이 있고, 나랑 맞지 않는다"고 느꼈던 것은 바로 캐나다 친구들이 지니고 있는 그들만의 배경지식에서 비롯된 것이다. 사춘기로 접어들면서 가영이의 확장된 자의식은 캐나다 친구들과의 사이에서 사회문화적 차이(sociocultural difference: Norton, 2006)를 '불편함과 다름'으로 인식하게 하였고, 그 이후 고등학교 시절에는 거의 한국인 친구들과만 어울리면서 지내게 되었다.

··

➡ 본 논문은 "탈구조주의(post-structuralism) 시대를 거치며 '정체성은 사회적, 문화적 맥락에서 상호주관적으로 구성되는 다중적이고 유동적인 형성체(Evans, 2018)'라는 관점"(p. 47)을 취하여 가영이의 언어정체성 형성에 사회문화 맥락적 요소가 어떻게 작동하는지 측면에서 해석하였다. 이러한 해석이 이루어지기 때문에 '이론적 배경'에 '사회문화적 정체성'을 소절로 구성하여 제시하였다.

─'내러티브 풀어내기' 예시 ⓑ (pp. 62-65)

을 수 있도록 하는 프로그램으로, 대부분 성적이 우수한 학생들에게 들을 기회가 주어진다. 고등학교에서 IB 과목에 대한 IB Diploma를 획득하면 대학에 가서 그 과목의 학점으로 인정받을 수 있다.

3. 캐나다에서 대학교 시절 이야기

"언어적 유창성을 가지게 되어도 원어민 속에 끼게 되면 뭔가 모르지만 온전한 내가 되지 않는다"는 말을 직전 연구의 한 참여자에게 들은 것이 생각나서 연구자가 가영이의 경우는 어떠한지 물어보았을 때, 가영이는 다음과 같은 이야기를 들려 주었다.

> white 애들과 얘기할 때의 나와 한국애들과 얘기할 때의 내가 달라요. white 애들과 있으면 조금 laid back(뒤로 물러나 있는) 됐다고 해야 하나? 좀 그래요. 모든 종류의 대화가 거의 가능한데 진짜 여기서 태어나 삶으로써 얻게 되는 것이 바탕이 되어 나오는 대화, 그래서 내가 잘 이해 안되는 것이 있으면 그냥 알려거나 하지 않고 그냥 가만히 있어요. Discussion에 끼지 못해도. 또 그들이 좋아하는 TV 프로그램, 나도 볼려고 노력은 하는데 재미있지 않을 때가 많고... 웃음 포인트 이런 것이 다른 경우, 하여간 뭔가 다름이 있어요. 복잡해요. 한국 애들과 있으면 laid back 하고 있지는 않고, 일단 친해지면 나서는거 좋아하고 주도하는 편이에요. 그래서 좀 달라요, 노는 방식이. 가족 얘기도 deep하게 하게 되고. 한국 친구들과는 제가 더 많이 말하게 되는 것 같아요(2018. 4. 17. 인터뷰 대화 발췌).

가영이가 캐나다 태생의 친구들과 어울릴 때, 사회문화적 차이에서 오는 '다름'은 '모름'으로 연결되어 영어에 의한 언어적 발화를 차단함으로써 '말이 없는 조용한 아이'의 정체성으로 살게 하였고, 한국 친구들과 어울릴 때는 한국어에 의해 모든 것이 이해되는 맥락이 형성되면서 한국에서처럼 '적극적이고 활달한 아이'의 정체성으로 살게 하였다. 어느 한 쪽이 가영이의 진짜 정체성이라고 말할 수 없다. 단지 언어가 중심이 되는 사회문화적 환경 맥락에 따라 인간이 얼마나 서로 다른 이야기를 살아낼 수 있는지를 알 수 있으며, 가영이는 그 환경 맥락에 따라 매우 상반되는 성격 이야기를 다중적이고 유동적으로 살아내고 있다는 것이다.

　나이가 들면서 '말이 없는 조용한 아이'로 살아진 가영이의 언어정체성 이야기는 간호학 전공에 들어가면서 새롭게 재구성 되어진다.

> 아직도 언어가 여기서 자란 white 만큼 구사한다고 생각하진 않아요. 어떻게 말해야 할지에 대한 두려움을 느낄 때도 가끔 있고... 그런데 white 친구들과 어울리는데 언어로 문제되는 건 없고, 있다면 Netflex 에서 즐겨보는 프로그램에 대한 이해, 유머 포인트 이런 거, 재미를 느끼고 안 느끼는 차이, 이런 거 정도에요. 지금은 조금 달라진 게, 영어를 엄청 원활하게 못해도, 여기도 nurse들이 필리핀 애들도 많고 그런 애들이 되게 많아요(참고: 가영이 클래스는 약 70%가 white, 나머지가 Asian). 사람마다 다르겠지만 nursing 지식을 많이 갖고 있고 그러면 그런게 power가 되는 거 같아요. 영어를 유창하게 그렇게 잘하는 것 보다, 나중에 long-run으로 보면은, 이제 많은 지식을 알고 있고 그걸로 팀에서 contribute(기여) 한다던지 분위기 maker가 된다던지 그런 식으로 조금 더 power를 갖고 있는 그런게 좀 다른 거 같아요. 실습 단계로 들어가서는 group work, presentation이 매일 매일 하는 일인데 제가 열심히 공부해 가서 발표를 많이 하다보니 저에 대한 신뢰 같은 게 있는 것 같고 저랑 더 가까이 하려는 친구들이 있어요. (중략) 근데 전체 큰 그림을 보자면은 언어가 전체는 아닌 것 같아요(2018. 5. 3. 인터뷰 대화 발췌).

　캐나다 맥락에서 '조용한 아이'로 살아졌던 가영이는 간호학 전공에 들어와서는 학문적 지식이 언어 유창성을 압도하는 요소로 작동하면서 그 환경에서 언어로 인한 위협이나 위축을 더 이상 느끼지 않았다. 그러면서 white 급우들에게도 불편함을 느끼지 않게 되었고 그 중 몇몇 아이들과는 친하게도 되었다.

　수업에 들어가면 Asian은 Asian 끼리 앉아요. 영어를 못하는 애는 거의 없는데 말 잘하는 중국 2세 이런 애들은 그 애들끼리, 끼리끼리. 그 아이들도 느끼나 봐요. Connect가 좀 다르다는 것을. 실제로 저도 Asian, Indian 애들에게 같은 말을 해도 좀 더 통한다는 느낌이 들어요. 저는 수업에 들어가면 지난 학기 clinical(임상실습) 같이 했던 white 애들하고 같이 앉아요. 제일 친한 애가 중국 친구 있는데 걔는 lecture class엔 잘 안 오거든요. 그래서 걔랑은 못 앉고. 다음 학기엔 같은 class 신청해서 white 친구랑 중국 친구랑 다 같이 앉을거에요. (중략) 그런데 학교에서는 socially 특별하게 친해지는 애들은 없는 것 같아요. 학교라는 데가 9월~4월까지이고 또 class 다르면 마주치기도 힘들고. 학기 중 group project 할 때 되게 친해요. 좀 안하다 보면 소원해지고. 그냥 전공을 깔고 친하다가 안친하다가 그런거죠. 대화도 항상 nursing 얘기를 하는 거지 자기 사적인 얘기를 먼저 하지 않아요. 전공과 아이들과는 white건 중국, 인도 애건 항상 nursing 얘기부터 해요. 그 바탕에서 친한 건 거의 비슷하지만 심정적으로 Asian 애들이 편한 건 있어요. White도 불편한 건 아닌데... 아주 친한 애들은 고등학교 (한국) 친구들이고 nursing 얘기는 안하죠. 뭐 사회생활 얘기, 가족 얘기, 고민거리, 이런 거 (한국어로) 얘기하죠(2018. 5. 3. 인터뷰 대화 발췌).

가영이는 career 맥락과 사적 생활 맥락을 구분함으로써 '친하다'를 명명할 수 있는 기준이 다름을 보여주고 있다. White 사이에서도 언어로 인한 위축감은 전혀 느끼지 않게 되었지만, career 맥락에서 조차 조금이라도 문화적 공유점을 지닌 Asian 동료들에게 좀 더 편안함을 느끼게 되는 것은 어쩔 수 없는 현상이고, 이런 관점에서 사적이고 깊은 이야기는 한국 친구들하고만 나누게 된다는 것은 모국어로 살 때 '진짜 나'로 살아진다는 것을 극명하게 드러내는 이야기이다.

Nursing 전공 쪽 career 관련된 걸 하고 있을 때 제일 행복한 것 같고 자리를 좀 잡은 느낌이 들어요. 이제서야 조금. 1학년 땐 내가 nursing인지도 모르겠고 그냥 course만 들으니까. 그런데 실습하고 내가 배운

걸 apply(적용) 할 수 있을 때 희열감을 느껴요. 실습 나가서 patient(환자)가 "네가 와 줘서 고맙다"고 할 때 되게 뿌듯하고. 그리고 이런 express가 있었다고 clinical instructor한테 보고 할 때 되게 좋고. 그런 거 때문에 (nurse) 하는 거 같아요, 사실은. (중략)
전 이민 온 게 잘한 것 같아요. 제 인생만 보면 한국에서 살았다면 또 다른 경험이니까 어떻게 되었을지 모르겠지만, 나중에 nursing 마치면 job 잡아서 계속 일하고 결혼도 하고 애들도 미래를 잘 꾸릴 수 있을 것 같고... 제 인생만 보면 잘 한 거 같아요. (2018. 5. 26. 인터뷰 대화 발췌)

Nursing 전공으로 재입학하여 교육과정의 탁월한 수행으로 동료들의 신망을 얻고 실습 수행을 통해 간호사 직업에 대한 희열과 보람을 발견하며 자신의 두 번째 전공 선택에 만족한다. Nurse라는 career 정체성을 지니고 사는 삶이 현실적으로 다가옴을 느끼며 가영이는 비로소 자신을 캐나다의 사회적 구성원의 일원으로 위치시킨다. 수입이나 사회적 가치 측면에서 인정받는 직업을 지니게 된다는 것은 이민자에게 있어 가장 고통이 되었던 언어 문제의 극복 뿐 만 아니라 자신이 살고 있는 사회에서 nobody(하찮은 사람)가 아닌 somebody(괜찮은 사람)가 되었다는 것을 의미한다. 제2 언어학습자로 캐나다에서의 삶을 시작한 가영이는 자신이 '상상한 커뮤니티(imagined community: Kanno & Norton, 2003)'로의 여정에서 지금 여기에 있고 앞으로 그 여정을 계속 이어가려 하고 있다.

➡ 언어 유창성의 정도를 떠나 모국어사용 여부로 인해 관계성의 깊이가 달라지는 현상으로 분석하였고, 자기 전공 분야로부터의 인정과 커리어 자부심은 언어유창성을 뛰어넘어 캐나다 사회구성원으로의 완벽한 편입이라는 의미 구성으로 제시하였다.

8) 경험의 의미 구성하기

질적연구는 연구참여자 경험의 의미 이해를 통해 개별 인간으로서의 연구참 여자를 이해함을 목적으로 하며, 이로써 질적연구를 정의한다. 내러티브 탐구 역시 경험의 이야기를 탐구함으로써 경험의 의미를 형성하게 되고, 이로써 연 구참여자 이해에 이르게 되는 과정을 밟는다.

앞서 풀어낸 내러티브 분석을 바탕으로 그 경험이야기가 참여자에게 어떤 의 미인지 경험의 의미를 형성해야 하는데, 이는 철저하게 연구자의 몫이다. 즉, 이 러한 경험의 이야기가 참여자에게 어떤 의미인지를 참여자에게 질문하고 듣고 나서 작성하는 것이 아니라, 이야기 탐구를 통하여 연구자 스스로가 구성하는 것이다. 전체 내러티브를 커다란 시각과 관점에서 통합적으로 바라보는 시도가 먼저 필요하며, 그후에 참여자의 삶을 구성하는 데 중요한 역할을 한 특정 이야 기들에 주목하면서 그것들이 삶의 맥락에서 어떤 의미였는지를 연구자의 말로 구성하는 것이다. 경험의 의미 장(chapter)에서는 내러티브 풀어내기 글쓰기 과 정에서 분석과 해석으로 탐구된 경험이야기가 참여자에게 어떤 의미였는지를 연구자가 이해하여 그 의미를 형성하는 것이지, 경험 이야기의 요약 내지는 상 황에 대한 비유적 표현으로 기술되어서는 곤란하며, 내러티브 풀어내기에 쓰인 어휘를 반복적으로 사용하여 되풀이하는 것에 대해서도 경계를 하여야 한다.

경험의 의미를 구성할 때에는 함축적이고 의미의 풍성함을 상상력을 통해 전 달할 수 있는 은유적이고 비유적 표현의 사용을 권장한다. 은유 또는 비유의 사 용은 기술에 있어서는 간결하지만 압축적이기 때문에 의미의 이해가 좀 더 심 도 깊고 통찰력 있게 확장되기에 용이한 장점을 지니고 있다. 그러나 의미 제목 을 구성할 때 항상 은유나 비유(metaphor)를 사용해야 한다는 것은 아니다. 때 로는 의미 제목이 서술문의 형태를 띨 수도 있고, 다른 형태일 수도 있다. 이 부 분은 연구자가 판단하여 결정할 사안이다. 경험의 의미 장(chapter)를 기술할 때, 통찰력 있는 경험의 의미 전달을 위하여 회화나 문학 작품의 일부분, 사진 자료 등 다양한 자료를 활용하여 은유적이고 비유적인 표현을 시도하기도 한다는 것을 덧붙여 말한다.

　다수의 내러티브 논문에서 경험의 의미가 연구 퍼즐에 대한 답의 형식으로 각각의 연구 퍼즐 항에 준하는 결과로서 퍼즐 하나에 의미 하나로 제시되는 경우를 발견할 수 있다. 이는 명확성, 객관성, 예측성이 강조되는 양적연구 전통의 적용에서 비롯되는 질적연구의 오류라고 말할 수 있다. 내러티브 탐구는 문제(question)에 대한 답(answer)을 제시하는 연구가 아니기 때문에 '경험의 의미'를 연구의 결과(result)라고 칭하는 것에도 어폐가 있다. 더구나 한 개의 퍼즐이 하나의 의미로만 드러난다고 규정할 수는 없다. 한 개의 퍼즐이 하나의 의미로 드러날 수도, 여러 개의 의미로 드러날 수도 있는 것이며, 이것은 연구가 끝날 때까지는 아무도 모르는 것이다.

　또한 연구자가 구성한 경험의 의미 하나가 모든 연구참여자에게 적용되어야만 하는 것은 절대 아니다. 참여자별로 서로 다른 경험의 내러티브가 함축적이고 확장적인 메타포(metaphor)의 사용으로 인하여 모두에게 해당되는 하나의 경험의 의미로 제시될 수도 있지만, 도저히 그렇게 구성할 수 없는 경우도 있다. 이럴 경우에는 의미 제목 아래 서술에서 그 경험의 의미에 해당되는 연구참여자만 언급하면 된다. 그러나 개별 연구참여자별로 의미 구성을 따로 하는 것은 좋은 생각이 아니다. 경험 탐구의 마무리에 해당되는 '경험의 의미'에서 각 참여자별로 다수의 의미 항이 제시된다면 본 주제의 경험 탐구에 대한 독자의 이해를 돕는 것이 아니라 오히려 이해를 분산시키는 역할을 하게 될 것이다. 이에 경험의 의미 제목을 구성할 때 메타포(metaphor)의 사용을 권장하는 것이다. 메타포는 서로 다른 경험의 이야기들을 하나의 의미 제목으로 묶는 것을 가능하게 한다. 그리고 이러한 의미 제목의 창출은 탐구의 과정을 거쳐서 여기까지 온 연구자의 깊이 있고 통찰적인 사고에 의해서만 가능한 것이다.

　이와 같은 주의점을 피력하는 이유는 연구자가 모두에 적용되는 의미 구성에 몰입하다 보면 개별 참여자의 내러티브의 고유성보다는 참여자들의 내러티브의 공통점 찾기에 주목할 우려가 있기 때문이다. 내러티브 탐구는 공통점이나 차이점을 찾는 연구가 아니라, 개별 참여자 경험의 고유성과 독특함을 전제로 하여 경험을 있는 그대로 드러내어 탐구함으로써 그 경험의 의미를 이해하고자 하는 연구이다.

　다음에는 박사학위논문 중에서 '경험의 의미 제목 구성'에 대한 예시 자료를 제시한다.

'경험의 의미 제목 구성' 예시 자료

「고등학생의 학업중단위기 경험에 대한 내러티브 탐구」 (권신영, 2019)

「진로교과목을 수강한 대학생의 진로구성 경험에 관한 내러티브 탐구」 (강미영, 2019)

「자살유가족으로 살아낸 경험에 대한 내러티브 탐구」(윤영미, 2020)

「성인 발달장애 자녀를 둔 일하는 여성의 삶에 대한 내러티브 탐구」(김경림, 2022)

「코로나 우울을 겪고 있는 특수형태근로종사자 여성의 삶에 대한 표현예술치료 기반 내러티브 탐구」(김경아, 2022)

「생산적 활동을 유지하는 초고령 노인의 삶에 대한 내러티브 탐구」(유정인, 2022)

「감정노동자의 직업경험에 대한 내러티브 탐구: 콜센터 전화 상담원을 중심으로」(최미, 2021)

9) 결론 작성하기: 요약, 논의, 의의, 제언 등

내러티브 탐구를 마무리하는 장(chapter)으로 제목은 처음을 '서론'으로 하였으면 '결론'으로, 처음을 '내러티브를 시작하며'로 하였으면 '내러티브를 마치며'로 하는 일관성을 갖추면 될 것이다.

이 장은 주로 요약, 의의, 논의, 제언 등의 요소로 구성되는데, 이 중에서 매우 비중 있게 다루어야 할 부분은 '논의'이다. 내러티브 연구방법론은 개발될 초기 당시 학문적 연구방법론 측면에서 '유동적 연구 방법(fluid inquiry; Schwab, 1960)'이라는 지탄을 받았고, 내러티브 논문은 학술지 투고 평가에서 1인칭 'I'의 사용에 대한 지적과 더불어 '너무 개인적이고 일화적이며 기묘하고 자기도취적(Clandinin & Connelly, 2000)'이라는 부정적인 평가로 인하여 게재 불가 판정을 받는 경우가 다반사였다. 이는 양적연구방법론의 관습에 따른 '학문적 타당성'에 관련한 비판으로 관점 및 비판 요소 부분에서 많은 변화가 이루어졌지만, 아직도 이 부분에 대한 질문과 요구는 끊임없이 이어지고 있다. 이와 같은 이유 때문에 내러티브 탐구자로서 연구의 정당성과 목적을 묻는 질문에 답할 수 있어야 함은 매우 중요하다.

앞서 여러 차례 언급하였듯이(이 책 제1부의 '연구 윤리: 관계적 존재론, 관계적 윤리'와 제2부의 '내러티브 탐구자가 되기 위한 시금석' 중 '개인적 · 실제적 · 사회적 정당성 확보하기' 참조), 내러티브 탐구에 정당성을 부여하기 위한 최소한의 방법으로 Clandinin(2013)은 내러티브 연구에서 다음의 세 가지 연구 정당성을 갖출 것을 제안하였다.

- 개인적 정당성(personal justification)

'이 연구가 연구자에게 왜 중요한가?'에 답할 수 있어야 한다.

- 실제적 정당성(practical justification)

'이 연구가 전공 학문 분야의 실제에 있어서 어떤 변화를 가져올 수 있는가?'에 답할 수 있어야 한다.

- 사회적 정당성(social justification)

'이 연구가 이론적 이해를 확장하거나 사회적으로 좀 더 정의로운 상황을 만드는 데 어떤 기여를 할 수 있는가?'에 답할 수 있어야 한다(홍영숙, 2015a 재인용).

연구를 시작하기에 앞서 연구자는 앞의 세 가지 정당성에 대한 질문에 답을
할 수 있어야 할 것이다. 내러티브 탐구에 있어서 개인적 관심 또는 중요성과
다른 사람들의 삶 속에서 표현되는 커다란 범주의 사회적 관심 간의 관계성을
창출해 낼 수 있어야 한다. 연구 주제에 왜 관심을 가지게 되었는지, 왜 내러티
브 방법론을 선택하였는지를 개인적 차원뿐만 아니라 사회적 차원의 말로 답할
수 있을 때 연구의 정당성이 부여된다.

경험의 의미 형성으로 내러티브 탐구의 본질적 목적을 달성한 연구자는 탐구
된 내용을 가지고 '논의' 부분에서 연구의 정당성 관점에서 논의할 수 있다. 세
가지 정당성 측면에서 모두 논의되어도 되지만, 개인적 정당성은 '연구자의 내
러티브'에서 강력하게 드러나는 부분이기도 하기 때문에 학문적 정당성을 갖추
는 측면에서는 실제적 정당성과 사회적 정당성 측면에서의 논의가 좀 더 바람
직하다. 어느 한 정당성 측면에서 논의할 내용이 많다면 그 하나에 집중하는 것
도 좋다. 논의 타이틀에 반드시 '개인적·실제적·사회적 정당성'이란 타이틀이
들어갈 필요도 없다. 논의 주제를 제목화해서 제시하면 된다.

논의에 관한 글쓰기는 내러티브 기술이나 분석, 해석의 논조와는 구별되어야
하며, 탐구의 내용을 관련 학문 분야의 이론이나 사회적, 문화적, 기관의, 가족
의 내러티브, 또는 사회적 현상 등과 연결하여 매우 중립적이고 공식적인 학술
적 글쓰기로 논의를 작성할 필요가 있다.

저자가 내러티브 논문 지도를 하면서 자주 마주하게 되는 현상이 있다. 이는
결론을 쓰는 단계에 도달한 연구자들이 이 부분에서 하루빨리 논문 쓰기를 마
치고 싶은 욕구에 마지막 장을 서둘러 허술하게 마무리하는 경우가 많다는 것
이다. 이에 대한 저자의 제언은 '허술한 마지막 장은 잘 쓴 앞의 장들도 허술하
게 만들어 버린다'는 사실의 전달로, 마지막까지 의지와 집중을 놓치지 말고 끝
까지 정진하기를 바란다는 것이다.

10) '내러티브를 마치며' 작성하기(선택사항)

(※ 여기에서의 '내러티브를 마치며'는 '결론' 제목을 대신하는 의미로 쓰인 것이 아님을 밝힌다.)

내러티브 탐구의 여정을 거쳐 논문의 글쓰기를 마치는 시점에 이르게 되면 연구자는 비로소 '내러티브 탐구가 무엇인지', 탐구의 맥락에서 '나는 누구이고, 누가 되어 가고 있는지'를 알게 된다. 그러면서 '내러티브를 마치며'를 쓰고 싶어 한다.

이 부분은 내러티브 논문의 필수 구성 항목은 아니며, 연구자의 결정에 따라 선택적으로 쓸 수 있는 지면이다. 대체로는 내러티브 탐구자로 살아온 그동안의 여정에 대한 연구자의 소회를 적게 되는데, 경우에 따라서 소회와 더불어 탐구 과정 이후의 연구참여자의 다시 사는 이야기(reliving stories)를 함께 적기도 한다.

그동안 저자가 접해 온 내러티브 논문 중에서 내러티브 탐구가 얼마나 관계적 탐구인지를 탐구의 과정 속에서 느끼고, 그것을 구현해 왔음이 여실히 드러나는 내러티브 연구자 3명의 내러티브 논문 마지막 절을 예시 자료로 소개한다.

'내러티브를 마치며' 예시 자료

「프로티언 커리어 태도를 지닌 1인 기업가의 일 경험에 관한 내러티브 탐구」(김이준, 2019)

내러티브를 마치며- 길의 해체와 재구축

프로티언 커리어 태도를 지닌 1인 기업가의 일 경험에 대한 내러티브 탐구를 수행해 온 지난 2년간의 시간은 연구참여자들의 삶의 이야기를 통해 일 경험의 과정과 의미를 이해해 보겠다는 바람으로 시작되었지만 어느새 연구자인 나 자신의 일과 삶을 되돌아보는 계기가 되었다.

연구의 방향을 설정하고 관련 문헌을 읽어 나가는 연구 초기 과정에서부터 글쓰기를 하고 현장텍스트를 반복해서 읽는 과정 그리고 연구텍스트를 작성하는 단계까지 내러티브 탐구를 수행하는 과정은 연구자인 나 자신을 향해 끊임없이 질문을 던지는 시간이었으며 존재와 마주하는 시간이기도 하였다.

연구의 끝에 다다를 때까지 '내 가슴에 답하고 싶은 말은 무엇일까?' '과연 나의 일은 나에게 어떤 의미가 있는가' '나의 삶은 어디에서 어디로 가는 걸까?'라는 의문들은 어디에도 소속되지 않고 자신만의 길을 만들어 가는 과정 속에서 느껴 왔던 고독함과 스스로를 '미생'이라 일컫는 나의 삶에도 어떤 의미가 있다고 말하고 싶었다는 것을 연구의 마무리에 가서야 깨닫게 되었다.

'누구에게나 자신만의 바둑이 있고 바둑판 위에 의미 없는 돌이란 없다'는 「미생」의 주인공 장그래의 독백은 1인 기업가로 평소 품어 왔던 나의 질문과 혼란을 마주하고, 이 길을 담담히 응시하는 데 위로와 용기를 주기도 하였다.

1인 기업가로 각기 다른 분야에서 일하는 연구참여자들의 살아낸 이야기와 만들어 가는 이야기를 따라가며 4명의 연구참여자들과 함께한 탐구의 여정은 현재의 존재(being)보다 되어 가는 존재(becoming)로서 한 개인의 삶의 무늬를 함께 그려 나가는 창조의 시간이었고, 불확실함과 싸우는 인고의 시간이기도 하였다.

각자의 삶의 의미는 각자의 삶 속에서조차 모호하고 모순되며 혼돈스러운 일들이지만 살아낸 삶의 깊은 이야기를 내어 주고 그 길에 동참할 수 있게 허락해 준 연구참여자들의 책임감과 헌신이 없었다면 애초에 가능하지 않은 일들이었다. 함께 나눈 대화는 나를 일깨우는 목소리가 되어 주었고 한 걸음씩 나아갈 방향타가 되어 주었다.

연구참여자들이 들려 준 후회와 과오와 자책과 미련의 이야기에서는 내 안의 깊은 우울의 흔적을 만나는 용기가 필요하였고 각오와 다짐 그리고 아직은 미완으로 남겨 둔 꿈에 대한 이야기에서는 아직 도달하지 않은 저 너머를 그려 나가는 희망을 만날 수 있었다. 내러티브 탐구자로서 연구자와 연구참여자라는 관계를 넘어 새로운 차원의 만남과 성장으로 이어지는 이야기를 통해 앞으로 만나게 될 새로운 삶에 가슴 뛰는 희망을 걸 수 있기도 하였다.

한때 내 앞의 길이 완전히 사라지고 인생의 길을 잃었을 때에도 어디엔가 숨겨진 온전함이 존재하고 있었다는 역설을 이만큼 시간이 흘러 발견할 수 있었던 것은 내러티브 탐구가 아니었다면 찾지 못했을 대답이었다. 혹독하긴 하였지만 방황과 먼 우회의 길을 걸어온 탓에 나 자신을 더 분명히 볼 수 있는 기회를 얻었고 존재의 밑바닥까지 내려가 내 마음의 목소리에 귀 기울일 수 있는 기회를 얻을 수 있었다. 탐구의 과정은 지나온 시간을 돌아보고 삶의 의미를 한줄한줄 손으로 가다듬어 봄으로써 새로운 옷감을 짜는 일이었으며 무너진 길 위에 새로운 길을 놓는 시간이었다.

나의 부족함으로 연구참여자들의 진실한 삶의 이야기를 생생히 드러내지 못한다는 아쉬움과 연구참여자들의 개별적인 경험을 잘 표현할 수 있을까라는 염려는 연구를 수행하는 내내 나를 괴롭히기도 하였지만 "앞으로 20년 후에 또 다시 이 연구를 하게 된다면 그때에도 연구참여자로 참여하고 싶다"라고 한 연구참여자의 말은 연구의 과정이 나와 연구참여자들의 삶에 새로운 의미를 주었고, 다시 이야기하고 다시 살아가는 장소로 이동해 나갈 것이며 또 다른 경험으로 이어지게 될 것을 의미하였다.

돌이켜보면 모든 것이 서툴고 어설펐으며 나의 선입견이 연구에 방해가 되지 않을까 매번 조심스러웠다. 그럼에도 불구하고 나와 함께 내러티브 탐구의 한가운데로 걸어 들어와 그들의 삶의 이야기를 들려 준 김태유, 정유진, 박영종, 한수경은 연구자인 나를 비추는 거울이자 스승이었고 같은 길을 걸어가는 동료들이었다. 프로티언 커리어 태도를 지닌 1인 기업가의 일 경험을 풀어내는 과정은 힘겨웠지만 이제는 또 다른 길을 향해 떠날 힘을 얻고 새로운 곳을 향해 나아가고자 한다. 여행의 목적지가 어디인지는 알 수 없지만 목적지가 어디든 여행 자체가 나의 삶이고 나의 꿈이며 나의 일이기를 소망하고 어느 길로 접어들더라도 그 길과 하나가 되기 위해 노력할 것이다. 마음속에 또다시 출항을 알리는 북소리가 울려 퍼진다.

"그렇다. 나는 어느 날 문득 긴 여행을 떠나고 싶어졌던 것이다. 그것은 여행을 떠날 이유로는 이상적인 것이었다고 생각된다. 간단하면서도 충분한 설득력이 있다. 그리고 어떤 일도 일반화하지는 않았다. 어느 날 아침 눈을 뜨고 귀를 기울여 들어보니 어디선가 멀리서 북소리가 들려왔다. 아득히 먼 곳에서, 아득히 먼 시간 속에서 그 북소리는 울려왔다. 아주 가냘프게, 그리고 그 소리를 듣고 있는 동안, 나는 왠지 긴 여행을 떠나야만 할 것 같은 생각이 들었다.

출처: 무라카미 하루키(2004). 먼 북소리.

「성인 발달장애 자녀를 둔 일하는 여성의 삶에 대한 내러티브 탐구」 (김경림, 2022)

내러티브 탐구를 마치며

연구의 시작은 단순했다. 나는 장애 자녀를 키우면서, 그것도 생사가 오가는 중증질환을 경험한 자녀를 키우면서 많은 어려움을 겪어 왔다. 그 과정은 아이를 품 안에 안은 채 눈앞에 어떤 돌덩이가 떨어질지 모르는 벼랑길을 달리는 것과 같았다. 아무것도 계획할 수 없는 삶에서 '내 인생'은 없었는데, 막연히 아이가 대학에 가기만 하면 막연한 삶이 일단락되리라 기대했다. 하지만 아이가 대학에 가도 여전히 사회에서 독립적인 경제 구성원으로 사는 일이 쉽지만은 않다는 것, 언젠가 결국 나의 남은 삶을 자녀 돌봄에 다시 헌신해야 될지도 모른다는 것을 깨닫고는 막막하기만 했다. 이 연구는 나의 불안과 막막함을 성인 발달장애 자녀와 함께 살면서도 일을 해 나가고 있는 '선배' 여성을 만나면서 호소하고 위로받고 싶은 마음에서 비롯되었다는 것을 내러티브를 다 쓰고 나서야 알아차렸다.

참여자들은 '아이 이야기만이 아니라, 한 사람의 여성으로서 어떻게 살아오셨는지, 일하는 여성으로 삶은 어땠는지 듣고 싶어요'라는 나의 말에 할 이야기가 많다며 두 번 물어보지도 않고 수락했지만, 대화가 진행되는 중에는 '내가 겪은 이 개인적이고 사소한 이야기가 의미가 있나?'를 수시로 되물었다. 만약 '내러티브 탐구'라는 방법론이 아니었다면, 나는 그 이야기들을 다 듣지 않고 질

문에 맞게 편집했을지도 모른다. 그러나 '내러티브 탐구'는 나로 하여금 참여자
의 모든 이야기를 귀기울여 듣도록 이끌었다. 그 '사소하고 개인적인' 이야기들
은 개인적이되, 개인적이지만은 않았고, 사소해 보였지만 삶에 미치는 영향은
적지 않았으며, 때로 오래 지니고 있던 중요한 삶의 경험이야기이기도 했다.

자녀들이 학교에서 당한 폭력, 참여자들이 배우자 관계나 가족관계에서 당
한 무시와 폭력들을 경험하면서 거기에 무너지지 않고 끝내 자신의 삶을 펼치
기 위해 분투해 온 참여자들의 삶의 과정을 내러티브로 풀어내면서 나는 나의
삶도 돌아보게 되었다. 삶의 주도권을 상실한 채 가족들에게 시달리만 온 보잘
것 없는 인생이라고 생각했는데, 나의 삶 역시 참여자들의 삶처럼 개별적이고
고유한 생명력을 피워 낸 귀한 여정이었다. 내러티브 탐구를 통해서 참여자들
의 삶을 이해하고 존중하는 과정이 곧 나의 삶을 긍정하고 받아들이는 과정이
되었다. 특히 경험의 의미를 3차원의 공간에서 청중과 공명하는 의미로 구성할
때 떠오른 장애 자녀 어머니의 '통합 실천 정체성'은 한동안 눈물을 흘려야 할
만큼 감동적이었다. 참여자들과 나, 그리고 더 많은 장애 자녀를의 어머니들은
돌봄에 시달리거나, 스트레스에 괴로워하거나, 국가와 학교에 지원을 더 해 달
라고 요청하는 약자가 아니었다. 누구보다 가장 맨 앞에 서서 물러서지 않고 장
애를 비장애의 삶에 통합하고 있는 실천가였으며, 앞으로도 그렇게 살아야 하
는 사명을 가진 사회의 빛과 소금 같은 존재였다.

이렇게 나의 삶을 긍정했을 때, 연구 초기에 가졌던 막연한 불안과 두려움은
사라지게 되었다. 그 불안과 두려움은 자녀를 완전히 독립시키지 못하고 '나만
의 삶'을 살지 못하게 될 것에 대한 두려움이었는데, '나만의 삶' 같은 것은 존재
하지 않는다는 깨달음에 이르게 된 것이다. 또한 장애아 발달재활 서비스라는
내가 하고 있는 일이 얼마나 의미 있고 중요한 일인지도 다시 인식하게 되었다.
사실 그동안 나는 일을 주로 '생계'를 위한 것으로 여겼다. 해야 하지만 웬만하
면 덜 하고 안 하고 쉽게 하면 좋은 게 일이라 생각했었는데, 통합의 실천자로
서 내가 하는 일들은 장애를 진단받은 당사자 가족뿐 아니라 지역사회에서도
중요한 의미를 지닌 것이었다. 내러티브 탐구는 나의 개인적인 삶뿐만 아니라
사회적인 삶의 태도도 바꾼 것이다.

마지막으로 끝까지 쓸까 말까 망설이던 개인적이고도 사회적이며 정치적인 이야기를 하면서 내러티브를 마칠까 한다. 이 연구를 진행하는 동안 나는 이혼 과정 중이었고, 내러티브 풀어내기를 쓰기 시작한 즈음 혼인을 종결하는 절차를 마무리지었다. 참여자들과의 대화를 시작하면서 나는 정말 깜짝 놀랐는데, 복지현은 나처럼 이혼 과정 중이었고, 이수정은 이미 이혼을 했기 때문이었다. 그리고 이혼의 주된 이유 역시 자녀의 장애를 수용하지 못하고 양육에 함께 참여하지 않은 배우자와의 갈등으로 모두 같았던 데에서 더욱 놀랐다. 우리의 이혼은 각 개인의 실패가 아니라 2022년 현재 50~60대가 가진 가정을 둘러싼 사회적 내러티브의 하나였다. 나의 망설임 역시 낙인과 편견을 우려한 사회적 내러티브에 속해 있었으나, 참여자들의 이야기를 실으면서 나의 이야기를 쓰기로 결정했다. 그것이 참여자들과의 관계적 윤리를 지키는 일이라는 생각이 들었기 때문이다. 연구자와 함께 내러티브를 말하고 그 과정을 함께 다시 살아낸 연구참여자들, 그리고 이 사회의 모든 장애 자녀 어머니들에게 무한한 존경과 사랑을 보낸다. 나에게도.

「생산적 활동을 유지하는 초고령 노인의 삶에 대한 내러티브 탐구」(유정인, 2022)

내러티브를 마치며

사람이 온다는 건 실은 어마어마한 일이다.
그는 그의 과거와 현재와
그리고 미래가 함께 오기 때문이다.
한 사람의 일생이 오기 때문이다.

-정현종 시, 〈방문객〉 중에서-

한 사람이 일생을, 살아온 이야기를 들으며 아직도 아물지 않은 상처 앞에 옷깃이 여며지는 순간이 여러 번 있었다. 거친 운명의 파도에도 굴하지 않은 개개인의 삶은 한 편의 위인전이다. 80 평생을 살아낸 희노애락(喜怒哀樂)의 이야기가 굽이굽이 펼쳐지는 대하드라마이자 한 편의 소설이다. 때로는 그들만의 성(城)에 초대받은 관객으로 독자로 그 이야기에 들어 있는 깊은 의미를 담아낼 수 있을까 하는 염려하는 마음이 들었다. 한편 상담 중 신뢰관계에서 만남을 통해 재창조하는 경험과도 같이 내러티브 탐구의 관계성 안에서 이루어지게 되는 고유한 만남의 경험과 새로운 연구에 대한 궁금증이 생겼다.

연구 과정을 지나면서 연구자인 내가 내부자 관점을 취하는 것이 가능한 일인가를 고민하게 되었다. 이런 고민 속에 처음 작성한 중간연구텍스트는 마치 자서전 대필 같이 써졌다. 전사한 내용을 여러 번 읽으며 연구자의 언어로 다시 풀어 갔다. 내러티브 풀어내기를 참여자에게 보여 주는 과정에 연구참여자 중의 한 명이 중간연구텍스트를 보고 '부정적인 표현을 무조건 빼 달라'며 항의하는 일이 일어났다. 그 말을 들었을 때 처음에는 당혹감이 들었다. '어린 시절 행복했던 사람들은 평생 어린 시절에 의해 치유 받지만, 어린 시절 불행했던 사람은 평생 어린 시절을 치유하며 살아간다'라는 Adler의 말이 떠올랐다. 다시 연구의 기본으로 돌아가서 간주관성이 무엇을 의미하는지 고민하는 시간을 가졌다. 나는 성에 초대받은 손님이 아니고 대하소설의 독자가 아니라는 자각을 하게 되었다.

내러티브 탐구는 연구자와 참여자의 공동작업을 강조하고 있다. 이는 '존재의 가능성'을 적극적으로 드러내는 과정에서 연구자와 참여자는 서로의 삶에 침투하여 상호 변화시킴을 뜻하고, 그것은 연구자와 참여자가 얼마나 성실하게 수행하느냐의 중요성을 말하고 있다. 연구참여자가 제공한 삶의 이야기, 내러티브가 연구를 이루고 있으므로 연구의 끝까지 함께하는 공동작업이고, 연구참여자의 내러티브를 풀어내어 분석하고 해석하며 연구의 의미를 구성하는 것은 오롯이 연구자 몫이었다. 연구를 통해 연구자는 자신이 누구인지, 무엇이 되어 가는지에 대해 면밀하게 관찰하고 그 과정에서 서로 적절한 영향을 미치는 것을 경험하였다. 그가 이상적 자아상과 연구자에게 보이는 현실적 자기 모습의 불일치를 받아들이지 못하는 지점에서 불만을 드러냈으므로 내러티브 탐구자로서 어떻게 연구를 진행하여야 하는가에 대하여 진지하게 고민을 하게 되었다. 연구자 자신을 다시 돌아보았다.

연구참여자가 미처 자신을 방어하지 못한 채 쏟아 냈던 인터뷰 대화 내용 일부를 그대로 인용한 것을 직시하는 것이 늘 방어하며 살아온 그에게는 너무나 힘겨운 일이었을 것이다. 연구자가 겸허히 옷깃을 여미고 경청한다고 생각하였으나 그가 인터뷰 대화를 마치며 "이거 녹음되는 거지요? 내가 너무 쓸데없는 말을 많이 했네요"라고 한 말이 무엇을 의미하는가를 간과한 것을 알아차리게 되었다. 그가 꼼꼼하게 수정하여 보낸 중간연구텍스트에는 자신을 온전히 긍정적인 존재로만 드러내고자 하는 의도가 있었기에 내러티브 분석과 해석은 연구자의 몫임을 설명하였다. 전화 통화나 대면으로 대화하면서 몇 번의 이견으로 갈등이 있었으나 민감한 단어를 정정하며 협의를 이어 갔다. 논문이 끝나갈 때 그는 연구자에게 "晚學! 꿈소망 성취 기원합니다"라고 응원의 말을 전해 주었다. 다른 한 참여자는 은둔형 외톨이로 지내다 연구자와 5년 전 집단상담에서 만남으로 변화의 계기가 되었다며 세상 속에서 사람들과 연결되어 활기를 되찾은 삶을 이야기할 때, 연구자는 감동을 받아 눈물을 보이며 자기 개방을 하였다.

참여자 한 사람 한 사람의 일생을 다시 이야기하는 것(retelling)은 실은 어마어마한 일이었다. 몇 시간 인터뷰 대화로 한 인간의 삶을 분석하고 해석한다는 부담감으로 참여자 이야기를 풀어내며 연구자의 목소리가 사라지는 정체성 혼란도 있었다. 때로는 지나치게 객관적이거나 지나치게 감정이입이 되어 연구자로서 비판적 시각을 잃을까 마음을 졸이기도 했다. 그러나 그들과 나, 우리는 모두 각자의 삶의 궤적에서 상실과 고통이라는 인생 학교를 함께 다녔고 성장하며 자신의 삶을 완성해 가고 있는 '우리'라는 존재임을 다시 알게 된 귀한 시간이었다. 연구자로 과학적이고 객관적인 자세는 중요하나 연구자는 온전히 객관적일 수 없으며 관계적이고 간주관적인 존재임을 경험하였다. 연구가 진행되면서 연구자는 서서히 참여자의 삶의 일부가 되기도 하고 그들은 연구자의 삶에 일부가 되었다.

면담을 마치며 연구참여자들은 본 연구에 참여한 경험 소감을 들려 주었다.

"반평생 질병으로 고통에서 벗어나느라 가족을 자녀들을 돌보지 못했어요. 돌아보니 내가 건강을 해친 것은 누구 탓도 아닌 내 잘못이라는 생각이 들었고, 남편도 나로 인해 많이 힘들었다는 것도 이번에 새삼 느끼게 된 점입니다." ([가연]의 추가 전화 면담, 2022. 8. 21.)

"5년 전 집단상담에서 자서전을 쓰고 개인상담을 하던 고난의 그 당시를 생각하면서 진구렁텅에 빠져서 허우적거릴 때 따뜻하게 손잡아 주던 때를 생각하면서 다시 (중간 텍스트) 글을 읽어 보았습니다. 이번에 면담을 함께할 수 있었던 계기를 생각하면서 다시 나의 길을 가려는 힘을 얻었습니다. 내 마음도 보름달같이 환하게 밝아지기를 빌어 봅니다." ([학산]의 추가 면담, 2022. 9. 13., 추석을 지내고)

"나의 이야기를 집중적으로 이야기한 것은 처음이에요. 그리고 이렇게 글로 보니 내가 잘 살았구나 하는 생각이 들고 스스로 조금은 감동이 되네요. 한편으로 오른손이 하는 일을 왼손이 모르게 하라는 말씀이 생각나서, 내 이야기를 너무 좋게 말했나 싶기도 하고요… 앞으로도 건강이 허락하는 한 봉사는 지속하고 싶어요." ([김미]의 추가 면담, 2022. 9. 3.)

"내 이야기를 있는 그대로 말했어요. 그래도 이렇게 말하니 내가 어떻게 살았는지를 돌아보고 앞으로도 그냥 지금 이대로 살면 되겠다는 생각이 들어요." ([자봉]의 추가면담, 2022. 9. 3.)

연구참여자들에게는 버킷 리스트는 없다고 한다. 하고 싶은 것보다 할 수 있는 것을 하며 하루하루 살아갈 뿐이다. 그들은 나에게 또 다른 문을 열어 주었다. 'Carpe diem.' 중요한 것은 충만하고 창의적으로 지금 여기에 사는 것이다. 자기로서 삶을 찾기까지 때로는 고난과 시련을, 상처 난 속살을, 살아온 과정을 보여 준 연구 동반자, 가연, 학산, 김미, 자봉. 그들은 "과학적으로 판단하기에는 너무나도 인간적이고, 숫자로 말하기에는 너무나도 아름답고, 진단을 내리기에는 너무나 애잔하고, 논문에만 실리기에는 영구불멸의 존재(Vaillent, 2002)"가 되어 따뜻한 등불로 연구를 밝혀 준다.

10
인터뷰 대화 수행하기

우리는 다른 사람들의 살아진 경험에 관심을 가지고 그 경험이 그들에게 어떤 의미인지를 이해하기 위하여 내러티브 탐구를 한다. 탐구를 위하여 형성하는 현장텍스트의 가장 큰 부분을 차지하는 것이 인터뷰 대화이다. 인터뷰 대화는 비형식적이고 격식 없이 편안한 상태에서 진행되는 것이 바람직한데, 이는 대화형식의 비형식성이 연구참여자들의 경험을 반추하고 이를 연구자와 좀 더 공유할 수 있도록 북돋을 수 있기 때문이다(Mitton, 2008). 대화는 이야기를 끌어낼 수 있도록 끝이 정해져 있지 않은 개방형(open-ended) 형태의 요청이나 질문으로 이끌어 가도록 하며, 탐구 주제와 관련하여 참여자의 경험이야기에 심층적으로 접근되어야 할 것이다. 결국 인터뷰 대화의 목표는 연구참여자로 하여금 주제와 관련한 그의 살아진 경험을 재구성(reconstruction)[1]하도록 하는 것이다.

시간이란 존재는 경험에 '찰나적'이라는 속성을 부여한다. '살아진 경험'이란 그 경험이 일어나는 때에 우리가 경험한 것을 의미하지만, 우리는 오직 그 경험이 일어난 이후에야 그것의 재구성을 통하여 우리가 경험한 것에 닿을 수 있다(van Manen, 1990, p. 39). 지금의 경험은 순식간에 과거가 되어 버린다. 그래서 참여자의 '과거(the was)'의 경험을 '현재(the is)'의 경험이었던 그때로 최대한 가까이 이끌어 가도록 노력하는 것이 연구자의 역할이다(Seidman, 2013).

---

1) 재구성(reconstruction): 여기서 '재구성'이란 '참여자가 과거의 경험을 이야기하는 것'을 뜻한다. 경험이야기는 기억으로부터 소환되어 구성되는데, 기억은 믿을 수 없는 것이기 때문에 참여자는 그 기억을 바탕으로 하여 그 과거 경험을 이야기로 재구성하는 것이 된다. 종종 내러티브 논문에서 참여자의 구술 이야기를 '연구자가 재구성하였다'라고 기술한 것을 발견하게 되는데, 이는 '내러티브 재구성'에 대한 잘못된 이해이다.

내러티브 탐구에서 가장 주요한 현장텍스트(연구자료)는 인터뷰 대화이다. 연구자는 참여자가 살아낸 과거의 경험이야기를 최대한 현재의 경험처럼 생생하게 재구성하여 다시 말할 수(retelling) 있도록 이끌어 가야 한다. 효과적인 인터뷰 대화를 이끌어 가기 위하여 연구자는, 첫째, 어떤 형태의 말로 대화를 이끌어 갈지에 대한 '인터뷰 대화의 형식'과 둘째, 어떤 내용으로 대화를 구성할지에 대한 '인터뷰 대화의 내용', 셋째, 어떤 전략을 사용하여 대화를 이어갈지에 대한 '인터뷰 대화의 전략', 넷째 어떤 방식으로 만나서 대화를 나눌지에 대한 '인터뷰 대화의 방식', 마지막으로 '인터뷰 대화를 나눌 때 고려해야 할 실제적 사안' 등에 대하여 알아두어야 할 것이다. 다음에는 앞의 다섯 항목에 대하여 세부적으로 안내하고자 한다.

1. 인터뷰 대화의 형식

- 인터뷰 대화의 시작 시점에서는 광범위한 주제의 개방형(open-ended) 질문이나 말로 시작한다.

인터뷰 대화를 시작하면서 바로 탐구의 주제 경험과 관련된 구체적 이야기부터 끌어내지 않도록 한다. 처음에는 큰 범주의 주변 이야기부터 시작하여 점차 주제 경험과 관련된 세부적인 이야기로 진행하는 것이 바람직하다.

- 연구참여자로 하여금 연구자의 질문에 답을 한다기보다는 자기 이야기를 들려준다는 생각이 들게끔 유도한다.

내러티브 탐구에서는 참여자 경험이야기의 구술 자료 형성을 위하여 형식적이고 권력관계성이 존재하는 인터뷰의 형식을 지양하고 관계동등성과 편안함을 제공하는 대화의 형식을 취한다. 따라서 질문과 답을 주고받는 인터뷰가 아니라 경험이야기를 서로 나누는 대화를 하고 있다는 느낌과 분위기로 연구자가 이끌어 가야 한다.

- 단답형의 질문이 아닌 이야기를 끌어내는 요청으로 대화를 이끌어 가는 것이 중요하다.

내러티브 탐구는 경험이야기 탐구이다. 앞서 제1부 제2장에서 내러티브 (stories)에 대한 개념을 '시간성 속에서 축적되어지고 다른 것들에 영향을 미치기도 하는 경험들이 시간의 흐름에 따라 변화되어 가는 것을 묘사하는 것이며 이야기 형태(story form)'라고 Polkinghorne(1988)을 빌어 제시한 바 있다. 이처럼 인터뷰 대화는 특정한 단답형의 답이 요구되는 질문의 형식이 아니라 플롯라인이 있는 이야기를 요청하는 형식이 되어야 할 것이다.

- 인터뷰 대화 장면에 들어가기에 앞서 질문지를 작성하여 사용하거나 작성된 질문지를 논문에 부록으로 첨부하지 않는다.

내러티브 탐구의 인터뷰 대화는 일반적인 인터뷰처럼 무엇에 대해 묻고 그에 대하여 답을 하는 형식이 아니라, 시간성, 사회성, 장소의 맥락이 드러나는 플롯라인이 있는 삶의 경험이야기를 듣고 말하는 형식으로 구성되기 때문에 어떤 특정한 답을 요구하는 질문들로 구성될 수 없다(인터뷰 대화를 끌어가기 위해 연구자가 어떤 이야기를 듣고 싶은지 사전에 연구자만 볼 수 있는 메모 노트 작성을 권장한다).

- 인터뷰 대화에 앞서 사전에 연구참여자에게 질문을 미리 제시하지 않도록 한다.

어떤 형태로든 연구참여자에게 다음번 인터뷰 대화에서 할 이야기를 미리 준비시키면 참여자의 의도와 상관없이 그의 경험이야기는 오염될 수 있으니 '있는 그대로'의 이야기를 듣기 위해서는 사전에 미리 알려 주지 않는 것이 좋다. 연구 퍼즐 또한 이런 이유 때문에 연구참여자에게 보여 주지 않는다.

2. 인터뷰 대화의 내용

• 탐구 주제 경험과 관련된 초창기의 인생 이야기로부터 시작한다.

탐구 주제 경험이 발생하는 시점의 이야기로부터 시작하지 않는다는 말이다. 이는 경험의 시간성 맥락을 고려하여 탐구 경험이 형성되기 이전의 어떤 경험의 영향으로 이 경험이 형성되었는지를 이해하기 위함이다. 따라서 탐구 주제 경험 형성과 밀접한 관련이 있는 이전 경험이야기에서부터, 때론 어린 시절의 이야기에서부터 인터뷰 대화를 시작하곤 한다.

• 경험이야기의 세부적인 부분에 주목한다.

참여자가 재구성하는 경험의 내러티브를 들을 때, 연구자는 그 살아진 경험이 형성되는 맥락, 즉 상황을 이해하면서 경험의 세부적인 측면(경험의 3차원인 시간성, 사회성, 장소와 사회적 · 문화적 · 언어적 · 가족의 · 기관의 내러티브 등)과 관련지어 바라보아야 한다. 그에 따라 연구자는 거기에서 비롯되는 세부적인 질문을 참여자에게 할 수 있을 것이다.

• 경험의 의미를 참여자에게 직설적으로 물어서 최종연구텍스트로 옮기지 않는다.

내러티브 탐구는 참여자 경험의 의미를 형성하는 것으로 마무리된다고 볼 수 있다. 논문 글쓰기에서 의미 형성은 매우 중요한 부분이라는 것과 참여자의 경험을 '있는 그대로 드러내야 한다'는 어구의 잘못된 이해 때문에 간혹 연구자가 참여자에게 직접 "경험의 의미가 무엇입니까?"라고 물어서 듣게 된 답변을 그대로 경험의 의미로 기록하는 경우가 있다. 탐구 경험의 의미는 참여자가 형성하는 의미에 국한되지 않으며, 참여자가 미처 깨닫지 못하는, 그를 넘어서는 통찰력에 의해 형성되는 의미들이 분명히 존재한다. '경험의 의미를 형성'하는 것은 참여자의 삶을 구성하는 요소들이 현재의 상황으로 그를 이끌어 오기 위하여 어떻게 상호작용했는지를 바라볼 수 있을 때 가능하다(Seidman, 2013, p. 22). 연구자가 이와 같은 시선으로 통찰력 있게 참여자의 내러티브를 분석하고 해석하는 활동을 거침으로써 의미를 형성하게 되는 것이고, 참여자 자신이 생각하는 경험의 의미 또한 '의미가 무엇인지'를 직접 묻는 것이 아니라 그의 구술이야기를 통해 연구자가 파악하는 것이다. 그러므로 인터뷰 대화의 내용은 경험의 3차원 맥락이 잘 드러나는 이야기들로 채워져야 한다.

• 연구자는 탐구 주제에 집중하면서 인터뷰 대화를 이끌어 가야 한다.

연구자에게는 이야기를 상세하게 맥락적으로 잘하는 참여자를 만나는 것이 커다란 행운이다. 그러나 격의 없고 편안한 상태의 인터뷰 대화를 진행하다 보면 참여자에 따라 탐구 주제와 관계없는 이야기를 오랫동안 하는 경우를 마주할 때도 있다. 참여자를 존중하는 입장에서 이야기를 끊지 못하고 끌려 가는 경우도 있는데, 이보다 참여자가 무시당했다는 느낌 없이 요령껏 주제로 돌아오게 하는 것이 연구자의 능력이다. 우리는 연구동의서라는 형식을 통해 공식적으로 참여자와 더불어 하는 연구의 과정과 시간 계획을 이미 설정해 놓았기 때문에 연구자는 그 계획 안에서 주제 경험 탐구가 효율적으로 수행될 수 있도록 노력해야 한다.

3. 인터뷰 대화 전략

• 처음부터 곧바로 '연구 퍼즐'과 관련된 질문을 하지 않는다.

경험의 시간성 맥락에서 탐구의 주제 경험이 일어난 시점이 아니라 삶 속에서 주제 경험을 살도록 이끌어 온 그 이전 시점의 이야기부터 시작하도록 한다.

• 적극적으로 더 많이 듣고, 말은 적게 하라.

연구자는 자신이 참여자의 이야기를 이해하고 있는지 수시로 확인하고, 그 이야기가 상세하게 맥락적으로 잘 구술되고 있는지를 판단하는 데 집중해야 한다. 그리고 참여자가 이야기할 때 그의 내부 목소리(inner voice)를 듣도록 노력해야 한다. 이는 연구자가 중립적 입장에서 참여자의 이야기를 경청하고 눈빛이나 고갯짓 등으로 공감을 표하는 수준이 적당하다는 것이고, 연구자가 참여자의 이야기에 몰입되어 동조하거나 판단 혹은 정리하는 말을 얹는 행위 등을 경계하라는 뜻이다. 이런 방식으로 듣기에 집중할 때 들은 이야기에 대하여 세부적으로 물어볼 질문들이 떠오르게 된다.

연구자가 '잘 듣고 있다'는 고무적 신호로 한마디 말이 끝날 때마다 습관적으로 "아~" 또는 "네~" "그렇군요"(영어식으로는 "uh huh" "OK" "yes") 등을 붙이는 경우가 있는데, 이렇게 빈번한 연구자의 언어적 반응은 참여자에게 압박감을 주기도 하고 때로는 참여자가 말하는 내용을 왜곡시키는 데 영향을 주기도 하므로 주의하는 것이 좋다.

• 개방형(open-ended) 질문을 사용하라.

참여자에게 yes-no 또는 단답으로 답할 수 있는 질문, 연구자의 기대가 암시되는 말이나 어조의 질문, 부가의문문 형식의 질문은 피하는 것이 좋다. 개방형 질문은 참여자에게 자신이 원하는 방향으로 갈 수 있다는 허용성을 전달해 주며, 그로 인해 연구자에게는 탐구할 영역을 발견할 수 있게 도와준다. 그래서 주로 "……에 관한 이야기를 들려 주세요." "……했을 때의 상황에 대해 이야기해 주세요." "(앞선 이야기가 있고 나서) 그것이 참여자에겐 어땠나요(What was that like for you?)?"라는 형식의 개방형 질문(요청)으로 인터뷰 대화를 이끌어 가는 것이 좋다.

참여자가 경험한 그대로 연구자가 경험하는 것은 불가능하다. 아마도 우리가 그 경험에 가장 근접하게 다가갈 수 있는 방법은 비유성을 내포하는 '어떠했는지'와 같은 질문을 통해서 일 것이다(Schutz, 1967). "그것이 참여자에겐 어땠나요?"라는 질문을 던지는 것은 참여자가 연구자의 개입 없이 무엇이 중요한지에 대하여 스스로의 느낌에 따라 자기의 경험을 재구성할 수 있는 기회를 주는 것이다(Yow, 1994).

• 조사하지 말고 탐구하라.

참여자가 이야기한 내용이나 말에 대하여 궁금한 것이 있을 때, 연구자가 너무 많이 세세하게 조사하듯이 질문하면 참여자는 방어적으로 변하게 되고, 근원적 의미 창출의 주체가 참여자로부터 연구자에게로 넘어갈 수 있다. 후속 질문을 할 때에도 연구자는 참여자가 사용한 단어에 집착하기보다는 경험의 3차원성을 고려하여 시간성, 사회성, 장소의 차원에서 접근하는 질문을 할 수 있어야 한다. 경험이야기를 들으면서 생각난 질문 또한 바로바로 이야기를 끊으면서 할 것이 아니라 키워드만 메모해 두었다가 참여자의 이야기가 일단락되었을 때 하는 것이 좋다.

• 1회 인터뷰 대화 시간은 1시간 30분 정도로 하되, 2시간을 넘기지 않는 것이 좋다.

인터뷰 대화에서는 이야기 형태(story form)의 경험이야기를 나누게 되는데, 이를 효율적으로 수행하기 위해서는 1시간 30분 정도는 확보하는 것이 좋으나 2시간을 넘기는 것은 연구자와 참여자 모두에게 부담이 된다. 상황에 따라 약간의 조절은 가능하겠지만, 연구 참여 동의서를 작성할 때부터 인터뷰 대화 시간 및 횟수에 대한 정확한 안내를 하고 그것을 지키는 것은 참여자 존중 및 연구에 대한 신뢰 측면에 매우 긍정적으로 작용한다.

• 인터뷰 대화 횟수는 학위 연구의 경우에는 4~5회 이상, 학술지 연구의 경우에는 2~3회 이상 실시하라.

탐구할 내러티브 자료가 충분히 확보되어야 좋은 연구를 할 수 있다. 내러티브 탐구는 심층적인 인터뷰 대화가 이루어져야만 가능하기 때문에 충분한 대화

시간을 가져야만 한다. 이를 위해 인터뷰 대화에 앞서 연구자는 깊이 사고하여 어떤 이야기를 들을 것인지를 결정하는 세심한 준비가 필요하다.

• 인터뷰 대화 간격은 3일 이상, 1주일 정도가 적당하다.

1회 인터뷰 대화가 끝나면 연구자는 대화 자료를 다시 듣고 후속 질문을 준비하거나 전사를 하는 시간이 필요할 수 있으며, 참여자는 앞선 대화 내용을 반추하거나 숙고하는 시간을 갖기도 한다. 이런 면에서 너무 짧은 간격으로 인터뷰 대화를 하는 것은 연구에 도움이 되지 않는다. 한편, 1주일을 넘어서는 긴 간격으로 만나게 되면 연구자와 참여자 사이의 연구 관계성이 멀어질 수 있어서 또한 도움이 되지 않는다. 참고로 저자는 학위논문을 위한 인터뷰 대화를 3명의 연구 참여자 각각에 대하여 1회 90분~2시간씩, 일주일 간격으로, 8회 실시하였다.

• 연구참여자에게 '기억하기'가 아니라, '재구성하기'를 요청하라.

글 쓰는 사람에게 가장 강력한 도구로 인식되는 '기억'은 가장 믿을 수 없는 도구이기도 하다(Zinsser, 1987). 기억이란 의도하였든 의도하지 않았든 시간과 장소, 환경에 따라 왜곡되기도 하고 변형되기도 하여서 때론 내게 일어나지 않은 일이 실제 일어났던 일로 기억되기도 한다. 또는 두 사람이 같은 상황 속에서 겪은 같은 일이 서로 다르게 기억되는 경우도 우리는 많이 접하게 된다. Tagg(1985)에 의하면, 연구자가 참여자에게 무언가를 기억하고 있는지 묻자마자 바로 그 기억에 대한 방해가 솟아오른다고 한다. 그러므로 참여자에게 '무엇을 기억하고 있는지'를 묻지 말고 '경험이 어떠했는지'를, 즉 경험의 재구성을 요청하도록 하자. 경험의 재구성은 부분적으로는 기억에 바탕하고, 부분적으로는 과거의 사건에 대하여 현재 참여자가 중요하다고 느끼는 것에 의하여 구성된다. 따라서 모든 회상은 재구성이다(Thelen, 1989).

• 후속 인터뷰 대화

선행된 인터뷰 대화 내용을 반복해 들으면서 궁금한 점이 생겼거나 보충적으로 더 알고 싶은 것이 있을 때는 참여자와 의논하여 후속 인터뷰 대화를 진행한다. 후속 인터뷰 대화의 가능성에 대해서는 연구 참여 동의서를 받을 때 미리 명시하고 안내하는 것이 좋다. 또한 참여자 입장에서 지난 인터뷰 대화에서 했던 이야기에 덧붙이고 싶은 것이 있는지 연구자가 먼저 질문하여 후속 인터뷰로 진행할 수도 있다.

4. 인터뷰 대화 방식

• 면대면 인터뷰 대화

가장 일반적이고 추천하는 대화 방식이다.

• 영상 · 전화 인터뷰 대화

연구자와 참여자의 상황에 따라 사용할 수 있는 방식이다. 불가피하게 수행할 방식이라면 전화보다는 감정이나 정서의 감지가 가능한 영상 인터뷰 대화를 권한다.

• 이메일 인터뷰 대화

응답의 즉시성이 보장되지 않기 때문에 가능하면 사용을 권하지 않는다.

연구자는 필요한 연구 자료의 속성[예: 언어적/비언어적 자료(verbal/nonverbal data), 맥락적 자료(contextual data) 등], 연구 주제의 민감도, 참여자와의 접근 가능성, 인터뷰에 드는 경비, 연구자의 안전 등등 여러 가지를 고려하여 인터뷰 대화 방식을 결정하여야 한다.

5. 인터뷰 대화 시 고려해야 할 실제적 사안

- 면대면 인터뷰 대화 장소의 선택
  - 탐구의 대상이 되는 경험이 발생하는 장소가 가장 좋으나, 여의치 않을 경우에는 참여자와 의논하여 적합한 장소를 선택한다.
  - 반드시 고려해야 할 것은 녹음에 방해가 되는 소음이 많은 곳(예: 카페)은 피해야 한다.
  - 경우에 따라 참여자의 집에서 인터뷰를 진행할 수도 있으나, 가족에 의한 방해(예: 어린아이가 있을 경우)가 예상되는 곳은 피하는 것이 좋다.

- 인터뷰 대화 중의 메모 기록(note taking)에 대하여
  - 찬반이 엇갈리는 부분이나 본 저자의 경험상 인터뷰 대화 중에 연구자가 무언가를 기록하는 것이 참여자의 집중도를 깨뜨리는 경우를 발견할 수 있어서 권하고 싶지 않다.

- 인터뷰 대화의 진행 속도
  - 최대한 참여자의 상황 및 상태, 요구에 맞춘다.
  - 경우에 따라 참여자가 이야기 구술(재구성) 중에 멈추어서 생각하는 시간을 길게 갖거나 연구자의 질문에 답하는 데 오랜 시간이 걸리기도 한다. 연구자는 참을 줄 알아야 하며, 다음 질문으로 너무 빨리 넘어가지도, 너무 오래 침묵으로 기다리지도 않으면서 이 둘 사이에서 균형을 잡아야 할 것이다.

- 인터뷰 언어
  - 참여자가 평상시 사용하는 언어로 진행한다.
  - 연구자와 참여자의 언어가 다를 경우, 두 언어에 모두 능통한 보조연구자를 고용한다.

11
내러티브 탐구 시 주의사항

내러티브 탐구를 시작하고부터 마지막 끝날 때까지 내러티브 탐구자로서 항상 마음에 품고 유념해야 할 네 가지 사항을 다음과 같이 안내하고자 한다.

1. 연구윤리와 익명성

• 모든 내러티브 탐구자는 인간을 대상으로 하는 연구를 수행하기 때문에 연구 시작에 앞서 소속 기관의 기관생명윤리위원회[1]로부터 연구윤리 지침에 입각한 연구 승인을 받아야만 한다.

• 내러티브 탐구자는 IRB의 연구윤리 기준뿐 아니라 '돌봄의 윤리(ethics of caring)'와 '관계적 윤리(relational ethics)'로 특징되는 내러티브 탐구의 윤리의식에 깨어 있어야 한다.

• 연구윤리에 따른 '연구 참여 동의서'를 작성한다.
   연구참여자를 존중하고 배려하는 입장에서 연구 주제(논문 제목)와 목적, 익명 처리, 인터뷰 대화 횟수 및 기간, 후속 인터뷰 대화 여부, 자의적 연구 참여

---

1) 기관생명윤리위원회(Instituional Review Board: IRB): 한국에서는 2014년부터 각 교육기관 및 연구기관에 '인간을 대상으로 하거나 인체 유래물(인체로부터 수집하거나 채취한 조직, 세포, 혈액, 체액 등의 인체 구성물)을 사용하는 연구'에 대한 심의를 주관하는 IRB의 설치를 의무화하였다.

중단 보장, 자료 보관 기간과 파기, 내러티브 분석 및 해석에 대한 연구참여자의 동의 받기, 연구결과물의 출판 등에 대한 내용이 포함된 연구 참여 동의서를 2부 작성하여 날인 후, 연구자와 참여자가 각기 1부씩 보관한다.

• 연구참여자를 보호하는 측면에서 연구참여자가 실명 사용을 원하지 않는 한 반드시 가명 처리하여 사용한다.

• 연구자–참여자 간에 치료적인 관계성이 되지 않도록 한다.
  내러티브 특성상 참여자는 자기 삶의 이야기 구술을 통하여 심리적 치유를 경험하는 일이 자주 발생하곤 한다. 내러티브 탐구는 심리치료를 목적으로 하는 탐구가 아니기 때문에 연구자는 치료사/상담자가 아니며, 참여자 또한 환자/내담자가 아니다. 탐구 안에서 관계적 정체성이 바로 서지 않으면 이는 곧바로 본질적 연구 목적의 어그러짐으로 이어진다. 연구의 과정에서 참여자가 심리적 치유를 경험하는 것은 연구 참여에 대한 부수적인 혜택으로 볼 수 있다.

2. 소유 의식과 관계적 책임감

• 내러티브 탐구는 관계적 윤리가 강조되는 관계적 탐구로서의 특성을 지니기 때문에 연구자와 참여자 간의 권력관계성을 최대한 지양하고 동등한 관계성을 중시한다. 그러나 인터뷰 대화를 통해 얻기를 원하는 바가 연구자, 참여자 모두에게 동일한 것일 수는 없는 것이기에 연구결과물, 즉 논문에 대한 소유권에 대해서도 '동등함'을 말할 수는 없다. 탐구의 대상이 되는 이야기의 소유권은 참여자에게 있는 것이고 연구자는 그 이야기를 탐구하는 것이기 때문에 수단과 목적 사이, 찾는 것과 주어진 것 사이, 과정과 결과 사이의 균형과 관계성 속에 스며 있는 공평과 정의를 가지고 '동등함'으로 표현하는 것이다.

• 내러티브 탐구자는 자신의 어린 시절의 이야기나 학창 시절의 경험이야기를 드러낼 때 그러한 이야기들의 소유권이 자기에게 있다는 생각에 그치지 말고, 그러한 이야기를 통해 익명화될 수 없는 사람들(예: 연구자의 부모, 형제, 자매, 자녀, 동창, 지인)에 대한 관계적 책임감에 대하여 좀 더 신중히 생각해야 하며, 참여자의 이야기를 다룰 때에도 관계적 책임감 맥락에서 참여자와 상의하면서 신중하게 다루어야 한다.

3. 사실과 픽션 사이

• 과거에 겪었던 사실이나 사건들은 기억으로부터 재구성된다

내러티브 연구자와 참여자 모두 구술된 내러티브가 '사실(진실)'인지 '지어낸 이야기(거짓)'인지에 대하여 고민하는 경우들이 있다. 그러나 앞서도 언급하였듯이 기억은 믿을 수 없는 것이고, 과거의 경험이야기는 이야기를 구술하는 사람의 의도와 무관하게 구술 시점의 상황이나 정서적 상태, 시간, 목적과 청중에 따라 재구성된다. 그래서 "기억은 상상이라는 행위에 의해서 찾아낼 수 있는 것이다"(Zinsser, 1987, p. 25). 같은 의미로 Lyle(2000)은 '기억의 상대성'에 대하여 "기억의 진실을 말하자면 기억은 객관적인 것도, 고정되어 있는 것도, 변하지 않는 것도 아니다. 기억은 상대적인 것이고, 해석적인 것이며, 관계적인 것이다(p. 53)"라고 주장하였다. 이러한 맥락이라면 참여자의 이야기를 참과 거짓이라는 기준으로 가리는 것은 무의미하며, 참여자의 내러티브를 모두 사실(fact)로 수용하는 자세가 필요하다.

• 때로는 자신이 돋보이는 이야기만 치중하여 구술하거나 의도적으로 이야기를 포장하여 말하는 참여자를 마주할 때도 있으나, 이는 연구자가 감지할 수 있는 부분이고, 이러한 경우에는 그런 이야기는 '내러티브 풀어내기'에 올릴

이야기로 선택하지 않으면 된다.

다음은 저자의 박사학위논문에서 '사실과 픽션 사이'에서 스스로 고민했던 한 연구참여자의 이야기가 수록된 부분이다.

「**A narrative inquiry into three Korean teachers' experiences of teaching returnee children**」 (Hong, 2009, p. 214)

Ji-sung mentioned that he felt good about understanding himself by telling his stories, and sharing his thoughts and his beliefs. He said, however, that he usually tried not to speak too much with his colleagues since he found that too much talk could easily drive him to tell more than he wanted to the other person. He also sometimes found himself talking more to justify what he said. Sometimes he talked about the same event differently. *"Even though it was not a lie, it could be 'distortion of emotion', 'distortion of memory', or 'exaggeration of memory.' It's not a truth."* (Individual conversation, April 11, 2008). He was worrying about the truth of memory. He worried if he was speaking untruths in the research conversations because he was speaking more than he usually did.

Ji-sung was right. Telling a story is not the same every time. Stories are different over time and different depending on the audience. The childhood story he told me would, perhaps, be different than one he told to a friend when he was a college student. Stories are different depending on contexts, purpose and time. Ji-sung's story of his school told in the research conversations may be different from one he told his wife at home in terms of focus or the level of details.

Zinsser (1987) wrote, "I was also struck by the fact that memory, one of the most powerful of writers' tools, is one of the most unreliable: the boy's [my] remembered truth was often different from his [my] parents' remembered truth. My mother, after reading my chapter, cried because my memory of my boyhood was less golden than her memory of my boyhood." (p.12). For Zinsser, "memory can only be quarried by an act of imagination" (p.25). The 'truth of memory' that Ji-sung mentioned could be a 'relative notion of truth.' Truth of memory "is not objective, fixed, and unchanging; it is relative, interpretative, and relational" (Lyle, 2000, p. 53). Ji-sung's stories are relative to contexts, to time, to purpose and to audience. As I thought about Ji-sung's wonder, I was reminded of Ricoeur (1984) who wrote "It is in telling our own stories that we give ourselves an identity. We recognize ourselves in the stories that we tell about ourselves. It makes very little difference whether these stories are true or false, fiction as well as verifiable history provides us with an identity".

. . . .

지성은 자신의 이야기를 말하고 자기 생각과 신념을 공유함으로써 자신을 이해하게 되는 것에 대하여 느낌이 아주 좋다고 표현하였다. 하지만 그는 동료들과는 주로 너무 많은 말을 하지 않으려고 애를 쓰는데, 이는 너무 많은 말을 하게 되었을 때 자신이 다른 사람에게 이야기하려고 했던 것보다 더 많이 말하게 되는 것을 발견했기 때문이다. 그는 또한 때때로 자신이 했던 말을 정당화하기 위해 훨씬 더 많은 말을 하게 된다는 것도 깨달았다. 가끔은 같은 사건을 다르게 이야기하기도 했다. "그것이 거짓말은 아니어도, '감정의 왜곡'이나 '기억의 왜곡', 또는 '기억의 과장'일 수는 있잖아요. 그러면 그건 진실이 아니죠."(개인 인터뷰 대화, 2008년 4월 11일). 지성은 '기억의 진실'에 대하여 걱정하고 있었다. 그는 평소 그가 했던 것보다 더 많은 이야기를 (연구의 인터뷰 대화에서) 하고 있었기 때문에 대화중에 진실 되지 않은 이야기를 하게 될까봐 걱정이 되었던 것이다.

지성이 옳았다. 스토리를 말한다는 것이 매번 똑같은 것은 아니다. 스토리는 시간이 흐름에 따라 달라지고 청중에 따라서도 달라진다. 그가 내게 말했던 어린 시절의 이야기는 아마도 그가 대학생 때 친구에게 들려준 그 이야기와 다를 수도 있다. 스토리는 환경(맥락)과 목적, 시간에 따라 달라진다. 지성에 내게 들려준 그의 (근무)학교 이야기는 집에서 그의 아내에게 들려주었던 이야기와 초점이나 구체성 면에서 다를 수 있다.

Zinsser(1987)는 다음과 같이 말했다. "작가에게 있어 가장 강력한 도구인 기억이 가장 믿을 수 없는 것이라는 사실에 나 또한 놀랐다. 한 소년이[내가] 기억하고 있던 진실이 그의(나의) 부모가 기억하고 있던 진실과 다르다는 것을 발견하는 일은 흔하다. 나의 어머니는, 내 글을 읽은 후에, 내가 지니고 있는 나의 소년시절 기억이 어머니가 기억하던 나의 소년시절보다 덜 찬란하다는 걸 깨닫고 펑펑 울었다."(p. 12) Zinsser는 "기억이란 상상의 행위에 의해 만들어질 수 있다"(p. 25)고 말한다. 지성이 언급했던 '기억의 진실'은 '진실에 대한 상대적 개념'일 수 있다. 기억의 진실은 "객관적이거나 고정적인, 불변의 것이 아니다. 그것은 상대적이며 해석적이고 관계적이다."(Lyle, 2000, p. 53) 지성의 이야기들은 맥락과, 시간과, 목적과, 청중이라는 면에서 상대적이다. 내가 지성이 지니고 있는 의문점에 대해 생각할 때, 아래와 같이 말한 Ricoeur(1984)를 떠올렸다. "우리 자신의 스토리를 이야기하면서 우리는 스스로에게 정체성을 부여한다. 우리는 우리 자신에 대하여 말하는 그 이야기들 속에서 우리 자신을 깨닫는다. 그 스토리들이 참이냐 거짓이냐는 그다지 큰 차이를 만들어내지 않는다. 확인 가능한 역사적 사실 만큼이나 픽션도 우리에게 정체성을 부여하는 것이다."

4. 연구 정당성

• '내러티브'를 탐구 대상으로 한 질적연구들이 수행되기 시작하던 초창기에 교육과정 학자인 Schwab(1960)은 내러티브 연구물에 대하여 '유동적 탐구(fluid inquiry)'라고 칭하면서 비판하였으며, 학술지 게재 불가의 이유로 '특이하고 자기도취적(idiosyncratic and narcissistic)'이라는 것과 1인칭 '나(I)'의 사용이 거론되었다. 사회과학연구에 있어서 오랜 양적연구 전통의 지배에서 비롯된 현상이었지만, 이로 인해 내러티브 탐구의 연구 정당성 확보에 대한 지적은 미

미하지만 아직까지 이어지고 있다. 한국의 경우에는 서구와 북미에 비하면 아직도 심각한 상황이지만, 저자가 귀국한 이후로 처음 신청했던 2012년 한국연구재단 과제의 비선정 심사평[2] 내용과 비교하면 현재의 한국 질적연구 상황은 상당히 좋아졌고, 좋아지는 중이다.

• 내러티브 탐구 논문 역시 철저한 학문적 글쓰기로 써야 한다. 가끔 내러티브 논문에 대하여 '소설 같다' 또는 '에세이 같다'라는 말을 듣게 되는 경우가 있다. 물론 내러티브 탐구에 대한 이해가 없는 바탕에서 나온 말일 수도 있지만, 이런 반응을 방지하기 위해서 연구자는 논문의 글쓰기에 주의를 기울여야 한다. 이야기 형태가 그대로 실리게 되는 부분을 제외하고는 모두 학문적 글쓰기로 써야 한다. 내러티브를 다룬다는 것이 감상적 · 감성적 글쓰기의 허용을 뜻하는 것이 아니다. 내러티브 분석 및 해석의 글도 매우 중립적인 어조의 학문적인 글쓰기가 되어야 한다.

• 내러티브 탐구에 있어서 연구자 자신의 개인적 관심 및 중요성과 다른 사람들의 삶 속에서 표현되는 커다란 범주의 사회적 관심 간의 관계성을 창출해 낼 수 있어야 하며, 그 연구 주제에 왜 관심을 가지게 되었는지, 왜 내러티브 방법론을 선택하였는지를 개인적 차원뿐만 아니라 사회적 차원의 말로 답할 수 있을 때 연구의 정당성이 부여된다. 다시 말해 나의 경험과 관심이 사회적 관심과 연결되어 있음을 보여 주어야 한다.

---

2) 비선정 이유
  1. 3명의 연구참여자로 연구 결과를 어떻게 일반화시킬 수 있겠는가?
  2. 연구 자료를 어떻게 객관화할 것이며, 어떻게 검증할 것인가?

12
내러티브 탐구의 시간성

우리가 세상을 내러티브하게 이해한다면 내러티브하게 세상을 탐구한다는 것이 무엇인지 이해할 수 있을 것이다. 모든 인간에게 주어진 삶은 내러티브 조각들로 채워져 있고, 시간과 공간에 따라 이야기화된 순간으로 되살아나며, 내러티브가 지니고 있는 일관성과 불규칙성이라는 측면에서 내러티브 조각들을 되돌아보고 이해하게 된다. …… 우리는 개별 인간의 삶 속에서 경험의 지속성과 통합성을 생각하려고 노력하면서 우리의 탐구 문제를 보게 되었다. …… 이것이 우리를 내러티브로 이끌었다. …… 그리고 나서 우리는 사회과학 전체와 인간 경험에 대한 사회과학계의 관심에 대하여 깊이 생각하기 시작했다. 사회과학자들에게, 결국 우리에게 가장 중요한 핵심어는 경험이다. …… 내러티브는 경험을 표현하고 이해하는 최상의 방법이다. 경험이야말로 우리가 탐구하는 대상이고, 내러티브적 사고는 경험의 주요 형식이며, 경험에 대하여 생각하고 기술하는 주요 방법이기 때문에 우리는 경험을 내러티브하게 탐구한다.

– Clandinin과 Connelly(2000)의 『Narrative Inquiry』 중에서 –

'내러티브 탐구의 시작과 확산'으로 제1부(이해)의 첫 장을 시작하였다. 이제 '내러티브 탐구의 시간성'으로 제2부(실제)의 마지막 장을 마무리하려고 한다. 현재를 이해하려면 그 바탕을 이루었던 과거에 대한 이해가 선행되어야 하기에 먼저 내러티브 탐구가 현재의 위치에 서기까지 과거 사회과학 학문 분야에서 드러났던 연구 전통의 변화적인 흐름을 역사적으로 간략히 살펴볼 것이다. 다음으로 사회과학연구에서 내러티브 탐구가 위치한 현주소에 대하여, 그리고 앞으로 내러티브 탐구가 나아가야 할 방향에 대하여 기술하고자 한다.

1. 내러티브 탐구-과거

내러티브 탐구가 사회과학연구에 있어 '내러티브 전환(narrative turn)' 현상을 겪으면서 연구방법론으로 자리를 잡기 직전, 1970년대와 1980년대의 '언어와 의미(language and meaning)'에 대한 사회적 관심은 '해석적 전환(interpretive turn)'이란 용어로 먼저 표현되었고, 이로 인해 '내러티브'가 조명을 받게 되었다. 처음에 내러티브는 문학과 언어에 편중된 개념으로 받아들여져서 문학 커뮤니티와 역사학자들에게만 관심을 받았는데, 이를 두고 Bruner(2002)는 1960년대를 "인문과학 분야에서 내러티브 연구가 대단하지 않았던 시기"로 규정하였다. 역사적으로 경험이야기와 그 의미에 관한 연구들은 심리학이나 사회과학 쪽에서 주도권을 쥐고 있는 실증주의자들에 의해 외면당해 왔다. 그러나 20세기 중반, 실증주의에 대한 광범위한 환멸과 연구 전통의 일부가 되어 버린 '해석'의 놀라운 발전은 지식과 통찰의 방식으로서의 '내러티브'에 극적인 발전을 안겨 주었다(Lyons, 2007).

1984년, Bruner가 미국 심리학회 연례회의에서 완전히 새로운 관점으로 언급한 '내러티브'에 대한 주장은 오래된 실증주의에 대한 놀랄 만한 도전이었다. 그는 사고 또는 인지 작동의 방식으로 '전통적인 논리적 · 과학적 방식'과 '내러티브 방식' 두 가지를 대비하여 제시하였다. '논리적 · 과학적 방식'은 어떻게 진리를 알 수 있는지에 대한 편협한 인식론적 질문을 중심으로 보편적인 진리의 조건을 찾는 것이고, '내러티브 방식'은 경험의 의미에 대한 좀 더 폭넓고 포괄적인 질문을 중심으로 특정한 조건을 찾는 것이라고 주장하였다(Bruner, 1986). 하나가 '맥락과 무관한 보편성을 추구하는 것'이라면, 다른 하나는 '맥락과 밀접한 특별함을 추구하는 것'이라는 대비를 통하여 지금까지 견고하게 유지되어 왔던 실증주의 패러다임에 반한 내러티브 탐구의 가치를 천명한 것이었다. 이와 더불어 MacIntyre(1984)는 "모든 인간의 행동은 밖으로 표현된 내러티브"라고 언급하면서 "우리는 내러티브로 우리 자신의 삶을 이해할 수 있고, 그래서 내러티브는 다른 사람의 삶을 이해하는 데에도 적합하다"(pp. 211-212)라고 주장하였다. 이렇듯 학계의 실증주의에 대한 각성과 대학자들의 내러티브에 대한 논의 촉발, 본질적 이해 확산은 '내러티브로의 전환' 현상을 이끌어 냈으며, 내러티브 탐구는 인간 경험의 의미를 이해하기 위한 질적연구 방법으로 굳건하게 연구 전통을 확립하게 되었다.

2. 내러티브 탐구-현재

이제 내러티브 탐구는 과학적 노력의 결실이며, 여기에서 내러티브는 경험이 야기이고 앎의 방식이자 삶의 방식이며 탐구의 방법이다. 오늘날 내러티브 탐구는 인간 경험의 내러티브 분석과 해석을 통하여 다양한 학문 분야의 주제 탐구를 아우르는 연구 방법이 되었다. 모두를 언급할 수는 없지만, 초창기에는 교육학, 의학, 법학을 중심으로 내러티브 탐구가 활발히 이루어졌고, 현재는 생물학, 역사학, 문학비평, 사회학, 인류학, 정신의학, 상담, 경영, 아동 연구, 홀로코스트 연구, 트라우마 연구, 페미니즘 연구, 젠더 연구, 비평적 인종 연구 등에서 내러티브 탐구가 활발하게 수행되고 있다(Lyons, 2007, p. 615). 이러한 입지에 올 수 있었던 바탕에는 다음과 같은 '내러티브 개념'의 발전에 대한 합일된 수용이 있었기 때문이다.

> "모든 곳에 스며든 내러티브의 존재와 그 힘은 인간의 역사만큼이나 오래되었다." (Lyons, 2007)

"내러티브는 마치 역사 사이에 걸쳐 있는, 문화 사이에 걸쳐 있는, 전 세계에 걸쳐 있는 삶 자체처럼 그렇게 존재한다." (Barthes, 1988)

"내러티브의 가치와 본질은 인류가 세상을 표현하고 조직하는 수단이라는 점이다." (Mitchell, 1981)

20세기 초를 시발점으로 유럽에서부터 싹트기 시작한 질적연구는 서구의 사회과학연구에 있어 대표적인 연구 방법으로 자리매김한 지 이미 오래되었으며 (Hatch, 2002), 현재 서구와 북미 인문과학연구의 80% 이상이 질적연구물로 생산되고 있다(Drobot, 2012). 1990년대 후반에 들어서야 처음 질적연구를 접할 수 있었던 한국 학계의 맥락에서는 내러티브 탐구 수행에 있어서 특정 학문 분야의 약진을 언급할 수는 없으나, 본 저자가 박사 학위를 마치고 귀국(2009년)했던 당시의 상황을 반추했을 때는 (앞에서도 언급하였지만) 내러티브 탐구물을 질적연구의 기준으로 평가할 수 있는 평가자 인구 자체가 매우 부족한 상황이었다. 질적연구에 대하여 논할 수 있는 학문의 장으로는 오직 '한국교육인류학회' 밖에 없다고 들어서 그 학회에 열심히 참여했던 기억이 있다. 그 후 2012년 '한국내러티브교육학회'와 2014년 '한국질적탐구학회'가 창립되어 내러티브 탐구자로서의 정체성으로 살기가 좀 더 수월해졌다.

그동안 저자가 '내러티브 탐구방법론'을 매개로 진행했던 특강, 워크숍, 논문 지도, 논문심사 등을 통하여 느끼게 된 한국의 내러티브 탐구 현황은 전 세계적인 질적연구 트렌드를 받아들이는 가운데 여러 가지 질적연구방법 중에서 특히 내러티브 탐구에 관심을 가지는 연구자 인구의 증가 속도가 매우 빠르다는 것이었다. 물론 다수의 질적연구 방법에서 내러티브를 연구 자료로 사용하기 때문이기도 할 것이다. 그러나 '내러티브에 관한 분석(analysis of narratives)'과 '내러티브 분석(narrative analysis)'이 다름[1]을 이해해야 하듯이, 내러티브 탐구방법

---

1) 제2부 '내러티브 탐구의 시간성' 중 '내러티브 탐구-미래' '내러티브 개념에 대하여' 참조

론에 대한 본질적 이해없이는 좋은 내러티브 논문을 쓸 수 없는데, 이것을 제대로 알 수 있는 창구가 매우 부족하다는 것이 안타까운 점이었다. 따라서 관심의 양에 비하여 생산되는 내러티브 논문의 질 향상 속도는 그것을 따라잡지 못하였다. 본 저술의 집필 의도는 여기서 비롯되었다.

아직도 한국은 세계적으로 지배적인 질적연구 트렌드를 따라가지는 못하고 있지만 몇 년 전과 비교해 보아도 한국의 질적연구 환경은 놀랄 만큼 개선되었다. 교육학, 상담학, 간호학 분야에서 수행되는 내러티브 탐구의 수가 두드러지는데, 아울러 내러티브 탐구의 본질적 이해를 가지고 질 높은 내러티브 탐구를 수행하는 훌륭한 연구자들이 각 학문 분야에 확산, 포진되기를 희망한다.

3. 내러티브 탐구-미래

전 세계적으로 사회과학연구 맥락에서 보면 이미 질적연구가 주류를 차지하고 있기는 하지만 아직도 양적연구 전통에 머물러 질적연구 수행에 영향을 미치는 분야는 엄연히 존재하며, 한국의 맥락에서는 그 정도가 더 심할 수밖에 없다. 이 절에서는 앞으로 나아갈 내러티브 탐구의 발전적 미래를 위하여 고려해 볼 사안에 대하여 제시해 보고자 한다.

1) '내러티브' 개념에 대하여

2013년 D. Jean Clandinin이 『내러티브 탐구 수행하기(Engaging in narrative inquiry)』를 출판한 이후, 학계에서는 내러티브 연구(narrative research)와 내러티브 탐구(narrative inquiry)에서 쓰이는 '내러티브(narrative)' 용어 사용에 대하여 더욱 조심스럽게 접근하였다. 연구자들이 자신의 작업을 묘사하고 정의하기 위해 내러티브 용어를 사용하는 수많은 방식을 가려 낼 수 있음에 대한 대화가 시작되었다. Clandinin은 내러티브 연구와 내러티브 탐구가 통합될 수 있는 유사성을 제시한 것이 아니라, 내러티브 탐구자들은 우리가 취하는 존재론적 · 인식론적 약속이 탐구의 여정에서 잘 드러나도록 좀 더 신중해야 한다는 것으로 차별성을 제시하였다.

내러티브 연구로 불리는 연구에서 내러티브와 스토리는 연구자에 의해 수집된 데이터이다. 사람들은 그들의 이야기를 연구자에게 말한다. 스토리와 내러티브는 연구데이터이다. 일반적으로 스토리는 말해지기를 기다리고 있으며, 사람들은 요청을 받으면 줄거리와 인물, 결말이 있는, 즉 시작과 중간, 끝을 갖추는 서구 전통에 따라 그들의 스토리를 말할 것이다. 때때로 이런 스토리와 내러티브는 다른 문화적 형식을 따르기도 하지만, 내러티브나 스토리 자체가 분석의 대상이라는 기본적 전제는 동일하다.

그러나 이러한 것이 Clandinin이 그녀의 2013년 저술에서 취한 내러티브 탐구의 관점은 아니다. 그녀의 관점이 매우 다르다는 것은 명확하다. "내러티브 탐구는 그 자체가 연구 속에서 드러나는 현상이면서 동시에 연구를 위한 방법론이다." 이것이 그녀의 내러티브 탐구에 대한 관점이다. 내러티브 탐구는 인간의 경험을 이해하는 방법이다. 그것은 '현상으로서의 경험'이라는 관점을 고수한다. 우리는 이야기화된 환경 속에서 이야기화된 삶을 살았다. 경험은 그 자체가 근본적으로 내러티브이다. 내러티브 탐구는 우리가 누구이며, 우리가 살아내는 이야기가 원래 본질적으로 내러티브라는 것을 이해하는 데에서부터 출발한다. 이러한 내러티브 탐구 관점 안에서 우리는 우리의 존재론적 · 인식론적 전제를 면밀히 살피고 명확하게 드러낼 필요가 있다. 내러티브 탐구 관점 안에 위치하여 Clandinin은 중요한 방법론적 · 윤리적 고려를 심화-확장하기 위하여 학계가 내러티브 연구와 내러티브 탐구에서 주목해야 할 것들에 대한 논의를 계속할 수 있도록 다른 내러티브 연구자들이 인식론적 · 존재론적 약속에 대한 질문으로 되돌아올 것을 제안하였다(Clandinin, 2022).

다수의 질적연구 방법에서 연구 자료로 내러티브를 다룬다. 내러티브, 즉 경험이야기를 데이터로 사용하는 것이 내러티브 탐구를 의미하는 것은 아니다. 내러티브 탐구의 가장 큰 구별점으로 언급될 수 있는 것은 '개별 인간의 삶'을 다룬다는 것이다. 우리가 인간 존재를 이해하는 방식으로써 내러티브를 차용한다는 것이다. 그래서 '내러티브에 관한 분석(analysis of narratives)'과 '내러티브 분석(narrative analysis)'의 차이를 알아야 한다. 전자는 내러티브를 다른 종류의 인터뷰 데이터와 동급의 데이터로 취급하면서 사물을 바라보는 일반적인 질적분석의 방식으로서 내러티브를 주제와 범주로 해체적으로 분석하는 것 (Polkinghorne의 대화, Clandinin & Murphy, 2007에서)을 뜻하며, 좀 더 일반적인 질적연구의 형태라고 말할 수 있다. 후자는 내러티브를 개별 인간의 독특하고 고유한 경험이야기로 바라보면서 상황 맥락에 따라 통합적, 통찰적으로 분석함으로써 개인의 삶을 이해하는 것을 뜻하며, 이는 내러티브 탐구의 탐구 방식과 일치한다. 결국 내러티브 탐구와 내러티브를 사용하는 다른 질적연구를 구분하는 기준은 '내러티브'를 바라보는 관점의 차이에 있으며, 이는 내러티브 탐구의 본질과 직접 연결이 되므로 내러티브 탐구자의 우선적 이해가 요구된다.

2) 내러티브 탐구의 정치적 환경 맥락에 대하여

사회과학연구의 주류가 양적연구에서 질적연구로 변환된 지 수십 년이 지났지만 정치적 · 정책적 맥락에서의 질적연구는 아직도 낮은 위치를 벗어나지 못하고 있다. 질적 연구자 또는 내러티브 탐구자는 학계에서 자리를 잡거나, 승진을 하거나, 학술지에 게재를 하거나, 연구비 지원사업에 선정되거나 하는 등 많은 일에서 어려움을 겪곤 한다. 특히 심리학계의 양적연구의 벽이 매우 높아서 심리학 교수인 Amia Lieblich(Clandinin & Murphy, 2007에서)는 지도하는 대학원생이 질적연구를 하겠다고 할 때 적극적 응원보다는 위험을 먼저 안내해야 하는 비통함을 토로한 바 있다. 한국연구재단에서 선정한 지원 과제 목록에서도 질적연구 과제를 거의 발견할 수 없는 것은 한국 역시 그 점에서는 더욱 취약한 상황임을 알 수 있다.

이러한 상황에 대한 타협으로 등장한 것이 '혼합방법론(mixed methods)'의 사용이다. 2011년 즈음하여 몇 년간 한국에서도 혼합방법론에 대한 논의가 활발하였으나 그 이후로는 거론되는 바를 접하기가 어려워졌다. 이는 철학적(존재론적, 인식론적) 전제가 완전히 다른 두 가지 연구 전통, 즉 인간을 객관적 연구 대상으로 바라보는 양적연구 시스템과 구성주의적이고 포스트모던적인 질적연구 시스템을 어떻게 철학적으로 결합시킬 수 있느냐는 심각한 딜레마에 직면했기 때문이다. 하나의 연구에서 상반된 두 가지 접근법 간에 커다란 조화를 이루어 낸다는 것은 불가능하다. 인간 이해를 목적으로 하는 사회과학연구에서 좀 더 효율적인 목적 달성을 위해서는 연구 주제가 무엇이냐에 따라 양적 또는 질적 연구 방법의 사용이 결정되어야 할 것이다.

내러티브 탐구가 놓인 정치적·정책적 환경의 어려움에도 불구하고 내러티브 탐구 영역은 폭넓게 그리고 엄청나게 성장하였다. 전 세계 어느 곳에서나 내러티브 탐구를 볼 수 있고, 모든 학문 분야에서도 내러티브 탐구를 발견할 수 있다. 우리는 그 흐름을 부지런히 건너가고 있으며, 이것이 바로 내러티브 탐구의 가능성이다(Mishler의 대화, Clandinin & Murphy, 2007에서).

3) 내러티브 탐구자가 되기 위해 해야 할 일에 대하여

좋은 내러티브 탐구자가 된다는 것은 성숙해야 하고, 경험이 많아야 하며, 사람들과 자기 자신에 대하여 민감하게 느낄 줄 알아야 한다는 것을 의미한다. 이를 위하여 다음과 같은 것들을 하기를 권고한다.

• 독서를 많이 하자
학문서(내러티브 탐구 관련 서적, 전공 서적, 내러티브 논문 등)뿐만 아니라 다양한 형태의 읽기를 늘리기를 권한다. 소설이나 시집을 읽는 것은 다른 사람들의 경험에 노출되는 방법이 되고, 자신의 내적 세계를 좀 더 알 수 있으며, 자신이 다른 사람들을 어떻게 바라보는지를 알게 해준다. 또한 다량의 독서는 경험을 분석 및 해석하고 의미를 구성할 때 연구자의 통찰력 증진에 도움이 된다. 독서의 방식은 개인독서뿐만 아니라, 독서그룹이나 독서세미나 등의 활용도 큰 도움이 된다.

• 연구공동체를 만들거나 다양한 커뮤니티의 일원이 되자

스터디그룹은 연구와 관련하여 지원받을 수 있는 환경이 되며, 다른 사람으로부터 배울 수 있는 장소가 된다. 그 안에서 '친구'를 찾도록 하자. 또한 내러티브 탐구와 관련한 사람들이 모이는 학술대회에 참석하도록 노력하고, 내러티브 탐구자들과 연결되고 자신의 연구 내용을 함께 나눌 수 있는 인터넷을 포함(내러티브 웹사이트, 서버 등)하여 모든 종류의 방법에 대하여 열어 놓고 깨어 있도록 하자.

4) 향후 내러티브 연구윤리에 대하여

내러티브 탐구는 '관계적 윤리'의 특성을 지니고 있으며 그 근간에 '돌봄의 윤리(Noddings, 1984)'가 자리하고 있음은 여러 차례에 걸쳐 언급한 바 있다. 일반적으로 질적연구는 '타자에 대한 존중'이 바탕을 이루기 때문에 '매우 윤리적'이라고 일컬어진다. 그중에서 내러티브 탐구는 '윤리'라는 측면에 가장 민감한 질적연구 방법이다. 지금까지 '윤리적 연구'의 의미로 가장 많이 언급되었던 바를 넘어서 향후에 좀 더 깊이 있게 확장되어야 할 윤리적 측면의 고려를 생각해 보고자 한다.

• '윤리적 연구'의 의미가 무엇인지를 묻는 질문에 즉각적으로 가장 많이 하는 대답은 "연구참여자에게 해가 되지 않는 연구"이다. 맞는 말이다. 그러나 이

는 부정적 형태의 응답으로, 긍정적 형태의 윤리적 고려로 구체화해서 생각해 볼 필요가 있다. 우리는 타자를 수용하고, 판단과 불신을 멈추고, 공감하면서 듣는 태도를 배워야 하며, 참여자의 사생활에 주의해야 하고, 그들에게 접근하는 방식에 조심하는 것을 배워야 할 것이다. 궁극적으로 참여자에게 도움이 되는 것이 무엇인지에 대하여 진지하게 고민하고, 상호 서로가 잘되기를 바라는 마음의 관계성이 되도록 노력해야 할 것이다.

• 연구 참여에 대한 보상은 중요한 윤리적 요소가 되어 있다. 현재 연구참여자에 대한 보상 기술이 IRB 승인 심의 항목으로 들어가 있기 때문이다. 보상이 어떤 형식으로 이루어져야 하는지에 대하여는 다양한 의견이 제시되고 있지만, 2006년 저자의 박사학위 과정 '내러티브 탐구(Narrative Inquiry)' 수업 시간에 이루어진 논의에서 Clandinin 교수는 "상황에 맞추어 보상이 이루어져야 하지만 가장 이상적인 것은 관계성을 바탕으로 한 마음의 보상이고, 현금으로 보상하는 것은 권하고 싶지 않다"는 의견을 제시하였다. 당시에는 이를 이해하지 못했지만, 저자가 한국연구재단 과제를 수행하면서 인터뷰에 대한 현금 보상이 연구자-참여자 간의 권력관계성 형성에 작동된다는 것을 깨닫고 그 말을 이해하게 되었다. 한편, Polkinghorne(Clandinin & Murphy, 2007에서)은 다음과 같이 말했다. "연구자와 참여자의 관계성이 강조되는 모든 종류의 연구에서 이제 윤리 문제는 매우 중요한 사안이 되었다. 참여자를 바라보는 시각을 두 가지로 묘사할 수 있는데, 하나는 스토리는 참여자의 것이고, 그들이 소유하고 있다. 그리고 연구를 위해 그들의 시간을 투자한다. 우리의 연구를 위해 자발적으로 연구에 참여하는 그들에게 감사와 존중을 표해 예우하는 것은 당연하다"고 보는 것이다. 다른 하나는 "참여자도 우리에게 이야기를 들려 주면서 좋은 기분을 느끼는 등 연구 참여를 통해 얻는 것이 많다. 그러므로 우리가 인터뷰를 하는 것만으로 그들에 대한 보상은 충분하다"는 입장이다. 그러나 후자는 옳지 않은 생각으로 보인다. 연구자는 참여자의 이야기 탐구를 통해 승진이나 기타 등등 모든 영광을

갖게 되지만, 참여자는 연구로부터 부가적으로 주어지는 혜택을 받을 뿐이다. 그러므로 우리는 항상 대가를 지불해야 한다. 참여자 보상에 대한 견해는 조금씩 다를 수 있다. Don Polkinghorne의 경우에는 연구자와 참여자의 위치와 정체성을 명확히 구분하는 것으로부터 보상에 대한 의견을 제시하였다면, D. Jean Clandinin의 경우에는 탐구를 이끌어 가는 공동협력체의 개념으로 연구자와 참여자를 바라보고 그들의 친밀하고 동등한 관계성을 바탕으로 '보상'을 언급하였다. 참여자 보상에 관하여는 확고한 정책을 수립해 적용하려고 할 것이 아니라, 연구자가 처해 있는 연구 환경과 참여자와의 관계성 등을 함께 고려하여 연구에 도움이 되는 방향으로 연구자가 결정해야 할 사안으로 생각된다.

• 근래 테크놀로지의 급격한 발달로 인해 증가하는 '시각 데이터(visual data)'는 참여자의 익명성과 사생활 보호 차원에서 특별한 윤리적 염려를 일으키고 있다. 사진이나 그림, 동영상 등 시각 자료로 내러티브를 재구성하여 탐구하는 방식의 시각적 내러티브 탐구(visual narrative inquiry)는 이미 소개된 바가 있다. 시각 데이터가 현장텍스트로 사용될 경우에는 참여자의 실제 모습이 드러날 수 있기 때문에 연구자 차원에서 더욱 세심한 배려와 장치를 가지고 조심하여야 할 것이다.

제3부

내러티브 탐구 Q & A

이제 제3부에서는 저자가 주관했던 특강이나 워크숍 등에서 빈번하게 등장했던 질문들과 논문심사나 논문지도를 하면서 발견했던 탐구 시 주의점, 내러티브 탐구자들이 가지고 있는 의문점 등을 모아서 즉시적으로 확인할 수 있는 30개 문항의 Q & A로 구성하였다. 문항에 따라 보충적인 상세한 답변은 본문 제2부(실제)에서 찾아볼 수 있다.

13
내러티브 탐구에 대한 30개 문항의 질문과 답

QUESTIONS

1	연구 주제 선정에 관하여
2	내러티브 논문의 제목 구성에 대하여
3	연구참여자 선정 기준에 대하여
4	연구참여자 선정 방법에 대하여
5	상담 전공 연구자의 경우, 본인의 내담자를 연구참여자로 선정할 수 있는가?
6	이전 연구의 참여자를 다른 연구 주제의 참여자로 재선정해도 되는가?
7	내러티브 탐구에 이상적인 연구참여자 수는 몇 명인가?
8	연구자 자신이 1인 연구참여자가 되는 내러티브 탐구를 할 수 있는가?
9	연구참여자의 가명은 누가, 어떻게 지어야 하는가?
10	청소년의 연구 참여 동의에 대하여: 미성년자를 참여자로 할 경우, 부모 동의는 어느 수준까지 받아야 할까?
11	연구자의 내러티브(narrative beginnings)를 작성할 때 연구자 자신의 모든 이야기를 숨김없이 다 드러내야 하는가?
12	Clandinin과 Connelly(2000)가 제시한 '5단계의 연구 절차'를 준수해야 하는가?
13	연구 퍼즐을 연구참여자에게 알려 주어야 하는가?

14	인터뷰 대화를 위한 질문지 작성에 대하여
15	IRB 승인 심사에서 인터뷰 질문지를 요구하면 어떻게 해야 하는가?
16	인터뷰 대화는 반드시 대면으로 이루어져야 하는가?
17	논문 작성을 위해 연구참여자와의 인터뷰 대화는 어느 정도로 이루어져야 바람직한가? (1회당 소요 시간? 몇 회? 회당 간격?)
18	인터뷰 대화 녹음 자료는 모두 전사해야 하는가?
19	인터뷰 대화 전사 자료에서 발췌문으로 뽑아 '내러티브 풀어내기'에 제시하는 방식에 대하여
20	인용하거나 사용하지 않은 인터뷰 녹취 원자료를 다른 논문에서 사용해도 되는가?
21	연구텍스트는 연구참여자와 어느 부분까지 공유해야 하는가?
22	중간연구텍스트인 '내러티브 풀어내기'에서 소제목을 구성할 때 비유적 · 은유적 표현(metaphor)을 사용하는 것이 좋은가?
23	중간연구텍스트인 '내러티브 풀어내기'를 작성한 후에 참여자와 공유하였을 때, 참여자가 연구자의 내러티브 분석 및 해석에 동의하지 않고 수정이나 삭제를 요구하면 어떻게 해야 하는가?
24	논문 작성 시 구성 항목의 순서대로 작성해야 하는가?
25	연구참여자의 인터뷰 대화에 대한 보상에 관하여
26	'경험의 의미'는 누가 형성하는가?
27	'경험의 의미' 장(chapter)의 글쓰기를 할 때, 의미 제목 구성에 대하여
28	'논의' 부분의 글쓰기에 대하여
29	다른 질적연구 방법과 차별되는 내러티브 탐구만의 '윤리적 엄격성'은 무엇인가?
30	다양한 내러티브 탐구 양식에 대하여

ANSWERS

Q 1. 연구 주제 선정에 관하여

내러티브 탐구는 항상 강력하게 자전적이다. 탐구의 관심은 연구자 자신의 경험의 내러티브로부터 나오는 것이며, 내러티브 탐구의 플롯라인을 형성한다. 그렇기 때문에 연구자를 탐구의 일부분이라고 일컫는 것이고, '연구자의 내러티브'로 탐구를 시작하는 이유도 그 때문이다. 저자의 모든 내러티브 연구물 또한 '영어 능력 부족에 따른 학창 시절 고통의 경험'과 '초등학교 영어교사의 경험' '캐나다에서의 삶에서 비롯된 경험' '대학 맥락의 교수 삶에서의 경험' 등 모든 것이 나의 직접 경험과 내가 위치한 맥락에서 살아낸 경험에서 탐구의 주제가 도출되었다.

연구 주제의 경험을 연구자가 직접 지니고 있는 것이 탐구를 할 때 가장 이상적이나, 직접 경험이 불가능한 경우도 많다. 이럴 경우에는 최소한 연구자가 탐구하려는 주제와 관련이 있는 장(space)에서 살거나, 주제 경험을 가지고 있는 사람(반드시 연구참여자가 될 필요는 없다)과 관계성이 있는 상황에서의 탐구가 되는 것이 좋다.

연구 주제가 사회적 소수자(예: 다문화 족, 동성애자, 북한이탈주민, 미혼모), 어린이, 노인, 환자 등 취약 계층에 속해 있는 사람들의 경험에 대한 탐구가 이루어진다면 사회적 측면에서 연구 정당성을 확보하기가 좀 더 수월할 것이다.

Q 2. 내러티브 논문의 제목 구성에 대하여

논문 제목을 만들 때 주의할 점은 제목에 연구의 결과가 포함되지 않도록 유의해야 한다는 것이다. 내러티브 탐구를 하는 목적은 개별 인간의 경험은 모두 다르고 고유하다는 전제 아래서 탐구 주제 경험이 어떻게 살아졌는지를 탐구하여 개별 연구참여자의 경험의 의미를 이해하는 데 있다. 예를 들어, 논문 제목이 '결혼 위기 극복 경험'의 구절로 구성되어 있다면 여기서 문제가 되는 것은 '극복'이라는 표현이다. 탐구가 이루어지지 않은 상태에서 '결혼 위기 경험'이 참여자에 따라 '극복'으로 드러날지 '절망' '희망' 또는 또 다른 형태로 해석될 지는 아무도 모르는 것이다. '극복'으로 규정하고 시작 한다면 그 연구의 방향은 이미 결정되어 있는 편향된 방향으로 진행될 것이 고 그 상태에서 진정한 탐구는 일어나지 않는다. 그러므로 '극복' '적응' '치 유' '회복' 등과 같이 탐구 결과로 드러날 수 있는 어휘를 논문 제목에 포함시 키는 것은 매우 주의해야 할 일이다.

Q 3. 연구참여자 선정 기준에 대하여

연구참여자를 선정할 때의 기준은 어떤 연구 주제인지에 따라 기준의 요 건이 조금 더 붙을 수는 있겠지만, 일반적으로 모든 내러티브 탐구에 적용되 는 명확한 선정 기준은 '연구 주제와 관련된 경험을 최근에, 그리고 풍부하 게 가지고 있는 사람'이 된다. 양적연구 전통에 익숙한 연구자의 경우, 무의 식적으로 참여자의 연령, 성별, 출신지, 경제적 지위, 기타 등등의 기준에서 다양성 확보를 시도하게 된다. 그러나 내러티브 탐구는 개별 인간에 대한 탐 구이고, 인간의 경험은 모두 다르다는 전제로 출발하기 때문에 주제 경험의 탐구에 영향을 미치지 않는 기준에 대해서 다양성을 추구할 필요는 전혀 없 다. 내러티브 탐구가 참여자들의 주제 경험이야기에서 공통점이나 차이점 을 찾는 연구 또한 아니기 때문이다.

Q 4. 연구참여자 선정 방법에 대하여

Q & A 3번의 선정 기준에 준하는 연구참여자를 찾기 위하여 공개 모집, 또는 지인 소개 등의 방법을 사용할 수 있고, 때로는 이미 연구자와 친밀한 관계성을 수립하고 있는 지인을 참여자로 선정할 수도 있다. 지인을 참여자 로 선정할 경우 역시 선정 기준에 부합하는지를 먼저 살펴보아야 하는데, 경 우에 따라서 아는 사람이라는 이유로 참여자가 자신의 이야기를 진술하게 모두 드러내는 것을 힘들어할 수도 있기 때문이다. 내러티브 탐구는 연구자

와 참여자 사이의 친밀한 관계성이 전제되어야 하는 연구 방법이기 때문에 연구자는 연구를 시작하기에 앞서 참여자와의 관계 형성에 별도의 시간을 투자하여야 한다. 그런 점에서 이미 알고 있는 지인을 참여자로 선정하는 것은 시간을 절약하는 방법이 되기도 하는데, 이것이 연구윤리에 저촉되는 것은 아니다.

Q 5. 상담 전공 연구자의 경우, 본인의 내담자를 연구참여자로 선정할 수 있는가?

내담자를 연구참여자로 선정할 수 있다. 단, 연구윤리 상 상담이 모두 종료된 이후에 연구 참여 동의를 받아 선정할 수 있다. 연구자가 주의해야 할 것은 '상담 : 내러티브 탐구'는 '치료 : 경험 이해'라는 근본적인 목적의 차이가 있기 때문에 상담자의 정체성을 완전히 버리고 연구 수행에 들어가야 하며, 참여자에게 또한 이러한 목적의 차이를 주지시켜서 연구 참여를 치료의 과정으로 오해하거나 기대하지 않도록 이끌어야 한다. 이전 상담 과정에서 발생한 녹음 자료가 오롯이 연구 자료(현장텍스트)로 대치될 수는 없지만, 일부 자료를 연구 자료로 사용하는 것은 참여자의 동의를 얻어 사용할 수 있다.

Q 6. 이전 연구의 참여자를 다른 연구 주제의 참여자로 재선정해도 되는가?

재선정할 수 있다. 새로운 연구 주제로 연구를 시작할 때, 이전 연구의 참여자에게 다시 참여 동의를 받아 연구할 수도 있고, 이미 완료된 연구의 자료를 가지고 탐구의 초점을 달리하여 다른 제목의 논문으로 작성할 수도 있다. 이럴 경우에 당연히 참여자는 같은 참여자가 되고, 보충 인터뷰 대화가 이루어지기도 할 것이다. 본 저자의 경우, 「한국초등학교에서 비원어민 영어교사로 살아가기: 교사정체성 형성을 중심으로」(2013, 한국연구재단 과제)의 연구를 바탕으로 「영어관념의 유동성과 교사정체성의 다중성」(2014)

이라는 논문을 작성하였고, 「필리핀 결혼이주여성 두 명의 언어정체성 형성에 관한 내러티브 탐구」(2019, 한국연구재단 과제)를 가지고 「필리핀 결혼이주여성의 가족생활 경험이야기 탐구: 관계정체성 형성을 중심으로」(2022)라는 후속 연구물을 구성하였으며, 「캐나다의 한국계 이민가정 자녀의 언어중개(language brokering) 경험 탐구: 부모와의 관계성을 중심으로」(2019)의 후속 연구로 「캐나다의 한국계 이민가정 청년의 언어정체성 형성에 관한 내러티브 탐구」(2021) 논문을 생산하였다. 선 완료된 연구의 자료가 바탕이 되었고, 후속 연구의 참여자 수는 선 연구로부터 가감이 되었다.

Q 7. 내러티브 탐구에 이상적인 연구참여자 수는 몇 명인가?

내러티브 탐구는 '시간성, 사회성, 장소'라는 경험 형성의 3차원을 고려하면서 개별 인간 경험의 내러티브를 심도 깊게 탐구하는 연구방법론이기 때문에 좋은 연구가 되기 위해서는 현장텍스트 형성에 많은 시간을 투자할 수밖에 없다. 그러므로 연구참여자의 수가 많은 것이 탐구의 질에 정적으로 작용하지 않는다. 따라서 저자의 경험상 연구참여자 수는 3명을 넘지 않는 것이 좋다. 질적연구의 한 갈래인 현상학 연구는 '현상으로 드러난 다수의 공통된 경험의 본질 찾기'가 목적인 만큼 참여자 수는 10명 정도는 되어야 하지만, 내러티브 탐구의 경우에 참여자 4명의 내러티브 풀어내기를 읽는 것만으로도 참여자별 이야기의 구분이 힘들었던 기억을 가지고 있다. 따라서 3명을 넘지 않는 소수의 참여자 이야기를 깊이 있게 탐구하는 것이 좀 더 질 높은 내러티브 탐구의 생산으로 이어지리라 생각한다.

Q 8. 연구자 자신이 1인 연구참여자가 되는 내러티브 탐구를 할 수 있는가?

연구자 자신이 1인 연구참여자가 되는 '자전적 내러티브 탐구'를 할 수 있다. 그러나 학위논문처럼 어느 정도의 논문 분량을 확보할 수 있어야 하는 연구로 자전적 내러티브 탐구를 선택하는 것은 별로 권하지 않는다. 그러나 연구자가 자신의 경험을 내러티브적으로 깊이 있게 잘 드러내고 탐구하여 학위논문으로 구성할 수 있고, 하고 싶다면 충분히 가능하다. 학술지 논문으로의 탐구는 많이 시도가 되고 있는 편이다.

Q 9. 연구참여자의 가명은 누가, 어떻게 지어야 하는가?

연구참여자의 가명은 연구자, 참여자 모두 지을 수 있다. 그러나 가명은 반드시 의미 중립적이어야 한다. 간혹 연구자가 연구 과정을 거치면서 참여자에게서 느낀 정서적 특징을 상징하는 어휘로 가명을 정하는 경우가 있는데, 이렇게 의미를 품고 있는 가명은 참여자에 대한 선입견을 형성하기 때문에 최종연구텍스트에 올라가기에는 곤란하다. 참여자가 자신의 가명을 정할 때에도 연구자는 가명이 의미 중립적인지를 살피고 개입하여야 한다.

Q 10. 청소년의 연구 참여 동의에 대하여: 미성년자를 참여자로 할 경우, 부모 동의는 어느 수준까지 받아야 할까?

미성년자가 연구참여자가 될 경우, 미성년자를 포함하여 부모 동의까지 서면으로 받는 것이 연구윤리이다. 그러나 우리는 '내러티브 풀어내기(중간 연구텍스트)'를 작성한 후에 이를 참여자와 공유하고, 연구자의 분석과 해석에 동의하는지, 그래서 논문에 그대로 실어도 될지를 참여자로부터 승인받는 절차를 밟아야 하는데, 부모의 승인까지 받아야 하는가가 쟁점이 된다. 이에 대하여 내러티브 커뮤니티[1] 동료들과 논의했던 적이 있는데, 논의의 결론은 '글의 의미 파악이 힘든 어린 연구참여자의 경우에는 부모에게도 중간연구텍스트를 보여 주고 승인받는 절차를 밟아야 하지만, 글의 이해가 가능한 청소년 연구참여자의 경우에는 참여자 선에서만 중간연구텍스트 공유

---

[1] 여기서 언급한 '내러티브 커뮤니티'는 Clandinin 교수가 앨버타대학교 CRTED의 센터장을 하면서 구성한 'Research Issues'라는 관계적 반응 집단으로, 내러티브에 관심이 있는 누구나 참여하여 자신의 내러티브를 공유하는 장(場)이다. 매주 화요일 12:30~14:00에 모이는데, 이 모임은 CRTED에서 아직도 계속 이어지고 있다.

와 승인 절차를 밟고 부모에게는 지금까지의 연구 과정을 설명하고 구두로 출판 동의를 받는다'는 것이었다. 청소년 자녀의 내러티브는 부모에게도 비밀이 보장되어야 하는 측면이 있고, 내러티브 해석에 대한 부모의 개입은 내러티브 탐구의 본질을 훼손하는 역할을 할 수도 있기 때문이다.

Q 11. 연구자의 내러티브(narrative beginnings)를 작성할 때 연구자 자신의 모든 이야기를 숨김없이 다 드러내야 하는가?

'연구자의 내러티브'는 생애사적 글쓰기가 아니기 때문에 일생에서 일어난 모든 이야기를 쓸 필요는 없으며, 연구 주제와 관련이 되는 연구자의 이야기를 선택하여 시간성, 사회성, 장소의 맥락이 잘 드러나도록 기술하도록 한다. '모든 이야기를 숨김없이 다 드러내야 하는지'의 문제는 연구자의 결정에 달려 있으며, '연구자의 내러티브'를 기술할 때 연구자가 고려해야 할 점은 '관계적 책임감'이다. 연구자와 관련된 사람들이 연구자의 이야기를 통해 드러남으로써 상처를 받거나 해가 되지는 않는지 잘 살펴야 할 것이다.

Q 12. Clandinin과 Connelly(2000)가 제시한 '5단계의 연구 절차'를 준수해야 하는가?

Clandinin과 Connelly(2000)가 제시한 '5단계의 연구 절차'를 반드시 준수할 필요는 없다. 각 단계별 연구 활동 내용에 대한 명확한 이해가 이루어진 상태에서 그 절차대로 수행하는 것은 바람직하지만, 그렇지 못한 상태에서 5단계를 고수하면서 해당되지 않는 연구 활동을 어느 단계에 수행했다고 기술하는 실수가 벌어지곤 한다. 5단계별 경계는 명확하게 구분되지 않는다. 주요 연구 활동이 어느 단계에 해당되는지만 정확하게 이해하고 연구자 나름으로 3단계 또는 4단계, 5단계의 연구 절차를 구성하면 될 것이다.

Q 13. 연구 퍼즐을 연구참여자에게 알려 주어야 하는가?

　연구 퍼즐은 연구참여자에게 알려주지 말아야 한다. 연구 퍼즐은 연구를 이끌어 가는 이정표의 역할을 하는 것으로 무엇을 탐구할 것인지 보여 준다. 연구 퍼즐을 참여자가 보게 되면 그의 의지나 의도와 상관없이 무슨 이야기를 할지를 생각하게 되고, 그 순간 그의 내러티브는 오염되는 일이 발생하게 된다. 연구자가 인터뷰 대화를 하기에 앞서 사전에 '어떤 이야기를 듣고 싶다'고 미리 알려 주면 안 되는 이유도 이 때문이다.

Q 14. 인터뷰 대화를 위한 질문지 작성에 대하여

　내러티브 탐구에서의 인터뷰는 비형식적이고 편안한 상태의 대화 형식을 취하며, 대화의 내용은 이야기 형태(story-form)의 내러티브로 구성된다. 따라서 양적연구에서 준비하는, 즉 각 질문의 배경 설명과 원하는 답의 형태가 정해져 있는 단답형의 질문지를 작성하지는 않는다. 사전에 연구자가 연구 퍼즐을 살피고 그에 기준하여 어떤 이야기를 들을 것인지를 미리 계획하고 가야 함은 중요하다. 연구자만을 위한 대화 내용 메모를 준비해 가면 좋을 것이다. 덧붙이자면 질문지를 작성하여 논문의 부록에 붙일 이유는 없다.

Q 15. IRB 승인 심사에서 인터뷰 질문지를 요구하면 어떻게 해야 하는가?

　IRB에서 요구한다면 인터뷰 질문지를 제출해야 할 것인데, 내러티브 탐구에서 인터뷰 대화를 이끌어 갈 때 연구자가 참여자에게 이야기를 요청하는 형식으로 질문지를 구성하여 제출하면 될 것이다. 우리가 질문지 작성을 하지 않는다는 것은 양적연구 스타일의 질문 구성을 하지 않는다는 의미이므로 연구 퍼즐을 기준 삼아 '…에 대한 이야기를 들려 주시겠어요?'와 같은 형식으로 이야기를 끌어내기 위해 참여자에게 하는 요청을 인터뷰 질문지로 작성하면 될 것이다. 만약 그것에 대해 질문의 형태가 이상하다는 지적이 있다면 그때는 내러티브 탐구에서의 인터뷰 형식에 대해 설명하고 이해시켜야 한다.

Q 16. 인터뷰 대화는 반드시 대면으로 이루어져야 하는가?

인터뷰 대화가 반드시 대면으로 이루어져야 한다고 말할 수는 없다. 면대면 인터뷰 대화가 가장 일반적이고 추천하는 대화 방식임은 분명하다. 이는 대화에의 집중으로 참여자 내러티브에 대한 공감과 이해가 타 인터뷰 대화 방식에 비해 월등하기 때문이다. 이 외에 연구자와 참여자의 상황에 따라 불가피하게 사용할 수 있는 방식으로 영상이나 전화 인터뷰 대화가 있는데, 되도록이면 전화보다는 감정이나 정서의 감지가 가능한 영상 인터뷰 대화를 권한다. 이메일도 인터뷰 대화 방식이 되기는 하지만, 이는 응답의 즉시성이 보장되지 않기 때문에 가능하면 사용을 권하지는 않는다.

연구자는 필요한 연구 자료의 속성[예: 언어적/비언어적 자료(verbal/nonverbal data), 맥락적 자료(contextual data)], 연구 주제의 민감도, 참여자와의 접근 가능성, 인터뷰에 드는 경비, 연구자의 안전 등등 여러 가지를 고려하여 인터뷰 대화 방식을 결정하여야 한다.

Q 17. 논문 작성을 위해 연구참여자와의 인터뷰 대화는 어느 정도로 이루어져야 바람직한가? (1회당 소요 시간? 몇 회? 회당 간격?)

〈Q 7〉에서도 언급하였다시피, 내러티브 탐구는 개별 인간 경험의 내러티브를 심도 깊게 탐구하는 연구방법론이기 때문에 개별 내러티브 자료를 형성하는 데 많은 시간이 투자될 수밖에 없다. 따라서 탐구의 주 자료가 되는 인터뷰 대화는 각 연구참여자별로 1회당 1시간 30분에서 2시간 이내로 진행하는 것이 적당하며, 총 대화 횟수는 학위 연구의 경우에는 4~5회 이상, 학술지 연구의 경우에는 2~3회 이상 가지는 것이 바람직하다. 인터뷰 대화 간격은 너무 짧지도 너무 길지도 않게, 3일에서 1주일 이내의 간격이 적당하다고 본다.

Q 18. 인터뷰 대화 녹음 자료는 모두 전사해야 하는가?

모두 전사하지 않아도 된다. 대화 형식의 인터뷰 내용은 듣고 싶은 말만으로 구성되지는 않는다. 이야기를 하고 듣다 보면 연구 주제와 전혀 상관없는 이야기들이 끼어 들어올 때도 있다. 연구자는 전사의 과정에서 연구 자료로 필요한 부분만 선택적으로 전사할 수 있다. 그러나 전사를 하다 보면 후속 연구나 다른 주제의 연구 자료로 사용될 가능성을 고려하여 전사에서 많은 부분을 제외하지는 못하는 연구자 자신을 발견하게 될 것이다.

Q 19. 인터뷰 대화 전사 자료에서 발췌문으로 뽑아 '내러티브 풀어내기'에 제시하는 방식에 대하여

녹취 원자료를 전사한 내러티브 구술 내용에서 발췌하여 논문에 제시할 때, 이야기의 덩어리가 너무 길고 발췌하고 싶은 부분이 흩어져 있다면 이야기의 중간은 "… (중략) …"을 사용하고 앞부분과 뒷부분은 "…"을 사용하여 생략할 수 있다. 그리고 발췌문 뒤에는 '(○○와의 인터뷰 대화, ○○○○년 ○월 ○일)'과 같이 참여자의 이름과 인터뷰 대화 날짜를 명시하여야 한다.

Q 20. 인용하거나 사용하지 않은 인터뷰의 녹취 원자료를 다른 논문에서 사용해도 되는가?

Q6과 연결되는 질문으로, 당연히 사용하지 않은 인터뷰의 녹취 원자료를 다른 논문에 사용해도 된다.

Q 21. 연구텍스트는 연구참여자와 어느 부분까지 공유해야 하는가?

'전체 연구텍스트 중에서 중간연구텍스트 부분은 풀어내기가 완료되면 반드시 해당 연구참여자와 공유해야 한다'는 것이 연구윤리이다. 내러티브 탐구가 연구자와 참여자 간의 협력적 공동연구라는 말은 가장 중요한 연구 대상이 되는 경험이야기의 제공자가 참여자이기 때문에 연구 기여에 대한 비중의 표현을 그렇게 한 것이지, 모든 연구텍스트 기술을 참여자와 의논하고 그의 승인을 받아야 한다는 것은 아니다. 연구텍스트의 글쓰기는 오롯이 연구자의 몫이고 권한이자 책임이다. 모든 연구텍스트를 경우에 따라 참여자와 공유할 수도 있지만, 반드시 공유해야만 하는 부분은 중간연구텍스트(내러티브 풀어내기)뿐이다.

중간연구텍스트의 공유를 통한 참여자 승인은 매우 중요하다. 참여자와의 신뢰와 친밀감에 대한 확신으로 이 과정을 생략하고 박사학위 논문심사를 진행하여 논문 승인을 통과했던 연구자가 나중에 알게 된 참여자들의 중간연구텍스트 승인 거부로 논문심사가 무효화되는 경우를 목격한 적이 있다.

Q 22. 중간연구텍스트인 '내러티브 풀어내기'에서 소제목을 구성할 때 비유적 · 은유적 표현(metaphor)을 사용하는 것이 좋은가?

'내러티브 풀어내기'의 소제목뿐만 아니라 경험의 의미 제목을 구성할 때에도 은유적 표현의 사용을 권하고 있다. 이는 은유적 표현이 지니는 함축성에 의해 독자에게 좀 더 확장된 통찰력과 상상력을 부여함으로써 더욱 심도 깊은 이해에 이를 수 있도록 돕기 때문이다. 그러나 어떤 형태의 제목일 때 내러티브 의미의 전달이 더 효율적일 것인지에 대한 판단은 연구자에게 달려 있는 것이고, 반드시 은유적 표현을 사용해야 한다는 것은 아니다.

Q 23. 중간연구텍스트인 '내러티브 풀어내기'를 작성한 후에 참여자와 공유하였을 때, 참여자가 연구자의 내러티브 분석 및 해석에 동의하지 않고 수정이나 삭제를 요구하면 어떻게 해야 하는가?

연구자가 풀어낸 내러티브 분석 및 해석의 일부분에 대하여 참여자가 수정 또는 삭제를 요구할 경우, 연구자가 참여자의 요청에 동의한다면 수정이나 삭제를 하는 것이 당연한 것이고 그것이 연구윤리로 되어 있다. 그러나 연구자가 참여자의 의견에 동의가 되지 않는다면 먼저 내러티브 원자료에 대한 연구자의 이해 관점으로 참여자를 설득 또는 그와 타협해 보고, 그래도 안 될 경우에는 참여자의 뜻에 따를 것인지, 연구자의 뜻을 고수할 것인지 (참여자의 연구 참여 무산)를 결정해야 할 것이다.

Q 24. 논문 작성 시 구성 항목의 순서대로 작성해야 하는가?

한국 맥락에서 내러티브 논문의 구조는 앞서 제2부 '내러티브 탐구 방법을 사용하여 논문 작성하기' 중 '내러티브 논문의 구조'에 제시한 것처럼 관습적으로 일반화되어 사용되는 구조가 있으나, 외국에서 생산되는 내러티브 논문을 보면 구성 항목의 제목과 구조 면에서 매우 자율적으로 열려 있는 것을 볼 수 있다. 그러나 공통적으로 반드시 지켜야 하는 부분은 '연구자의 내러티브'가 제일 앞에 위치해야 한다는 것이다. 기타 본고에서 언급하고 싶은 것은 나머지 구성 항목의 순서는 논문 제시의 논리성에 맞게 순서를 정하되, 장과 절등의 제목 구성에는 연구자의 창의적 자율성이 적용되기를 권장한다.

Q 25. 연구참여자의 인터뷰 대화에 대한 보상에 관하여

연구 참여에 대한 보상 문제는 IRB 심의 항목에도 명시되어 있는 부분으로, 보상이 이루어져야 하는 것을 윤리적인 것으로 규정하고 있다. 보상이 어떤 형식으로 이루어져야 하는지에 대한 논의를 살펴보았을 때, D. Jean Clandinin(2007년, 수업시간에)은 "상황에 맞추어 보상이 이루어져야 하지만 가장 이상적인 것은 관계성을 바탕으로 한 마음의 보상이고 현금으로 보상하는 것은 권하고 싶지 않다"는 입장이었고, Don Polkinghorne(Clandinin & Murphy, 2007에서)은 연구자와 참여자의 위치와 정체성을 명확히 구분함으로써 "항상 대가를 지불해야 한다"는 입장이었다. 저자가 외부 연구 과제를 수행하면서 연구비 항목에 인터뷰 사례비를 책정하여 지급하였을 때, 의도치않게 연구자와 참여자 간의 권력관계성이 명확하게 드러나는 것을 경험했으며, 참여자는 연구자가 듣고 싶은 말이 무엇인지에 맞추려는 노력과 더불어 인터뷰 대화를 마친 다음에는 '내가 제대로 대답을 하였는지'를 지속적으로 묻곤 했다. 내러티브 탐구에 바람직하지 않은 현상으로 느껴져 안타까웠던 경험이었다. 보상을 하지 않을 수는 없다. 어떠한 형태의 보상이 좋을지는 연구자가 처해 있는 연구 환경과 참여자와의 관계성 등을 함께 고려하여 연구에 도움이 되는 방향으로 연구자가 결정해야 할 것이다.

Q 26. '경험의 의미'는 누가 형성하는가?

'경험의 의미'는 탐구를 수행하는 연구자가 형성하는 것이다. '내러티브 풀어내기'를 통해 참여자 내러티브를 분석하고 해석한 결과, 참여자의 경험의 의미가 무엇인지 연구자의 언어로 형성하여야 한다. 물론 참여자로부터 자신의 경험의 의미를 어떻게 생각하고 있는지를 알아내어 일부분 참고할 수는 있지만, 내러티브 탐구에 있어서 탐구의 행위는 참여자가 아닌 연구자에 의해 수행되는 것이다. 연구자가 참여자의 내러티브 탐구를 통해 경험의 의미를 구성해 내야 하는 것이다. 경험의 의미는 참여자가 깨달은 경험의 의미에 국한되지 않으며, 연구자에 의해 그 너머로 더 깊이 탐구되어 드러나야 하는 것이다.

Q 27. '경험의 의미' 글쓰기를 할 때 의미 제목 구성에 대하여

경험의 의미 제목을 구성할 때는 은유적 표현(metaphor)의 사용을 더욱 적극적으로 권하고 있다. 이는 은유적 표현이 지니는 함축성에 의해 독자에게 좀 더 확장된 통찰력과 상상력을 부여함으로써 경험에 대한 더욱 심도 깊은 이해에 이를 수 있도록 도와주기 때문이다. 그러나 연구자의 판단에 의해 은유적인 의미 제목으로 구성하지 않을 수 있는 여지는 늘 존재한다.

은유적 의미 제목이 독자들에게 전달되는데 오히려 어려울 것이라고 걱정하는 연구자가 있을 수 있는데, 독자들은 이미 참여자의 경험이야기와 연구자의 해석과 분석이 담긴 '내러티브 풀어내기'를 모두 읽고 '경험의 의미' 장(chapter)에 이른 사람들이다. 그래서 독자가 의미 제목을 보고 연구자의 통찰을 이해하고 동의하는 "아하!"가 일어난다면 그 의미 제목은 매우 잘 구성된 것이고, 의미 제목이 무엇을 뜻하는 것인지 이해를 할 수 없다면 그 의미 제목은 잘 구성되지 못한 것이다.

또 하나 덧붙일 것은 '경험의 의미'는 앞서 제시한 경험이야기의 '요약'이 아니라 '의미'여야 한다는 것이다.

Q 28. '논의' 부분의 글쓰기에 대하여

내러티브 탐구의 본질적 목적(개별 인간 경험의 의미 이해)은 '경험의 의미' 구성을 통해 달성되었다. 이제 학술적 논문으로서의 위치를 확보하기 위하여 본 내러티브 탐구의 결과를 가지고 결론의 '논의' 부분에서 연구 정당성을 논하면 된다.

내러티브 탐구에서 제시된 연구 정당성으로 개인적 · 실제적 · 사회적 정당성을 들 수 있는데, 논의에 세 가지 정당성 측면의 논의가 반드시 모두 들어가야 하는 것은 아니다. 개인적 정당성(이 연구가 연구자에게 왜 중요한가?)은 이미 '연구자의 내러티브'에서 드러났을 것이고, 논문심사 국면에서 중요하게 여기는 실제적 · 사회적 정당성 중심의 논의가 되면 더욱 좋을 것이다. 실제적 정당성(이 연구가 전공 학문 분야의 실제에 어떤 변화를 가져올 수 있는가?)' 측면에서만, 또는 사회적 정당성(이 연구가 이론적 이해를 확장하거나 사회적으로 좀 더 정의로운 상황을 만드는 데 어떤 기여를 할 수 있는가?) 측면에서만의 논의로 구성할 수도 있다. '실제적 정당성'이나 '사회적 정당성'을 타이틀로 제시하지 않고 전체 정당성 측면에서 끌어온 몇 개의 논의점을 논제로 제시하면서 '논의' 부분을 구성할 수도 있다.

'논의'는 그야말로 논의가 되어야 한다. 연구자의 주장만으로 채워지는 기술이 되지 않도록 주의해야 할 것이다.

Q 29. 다른 질적연구 방법과 차별되는 내러티브 탐구만의 '윤리적 엄격성'은 무엇인가?

'참여자에게 해가 되지 않는다(do no harm)'의 차원이 아니라 '돌봄의 윤리(Noddings, 1984)) 차원에서 연구자와 참여자가 서로에게 도움이 되고 서로가 잘되기를 기원해 주는 '관계적 윤리'야말로 내러티브 탐구만의 '윤리적 엄격성'이라고 말할 수 있다.

Q 30. 다양한 내러티브 탐구 양식에 대하여

언어가 인간의 이성을 대변한다고 주장한 모더니즘 기반의 사회과학연구 방법론의 문제와 한계가 드러나면서 포스트모더니즘 관점에서 언어 이외의 다른 사유 양식 역시 인간의 경험과 의미, 그리고 연구 결과를 더욱 효과적으로 표현하고 기록할 수 있다는 이론들이 대두하였고, 이런 시류에 부응하여 내러티브 탐구도 다양한 양식으로 수행되고 있다. 다양한 양식의 형태로 두드러진 것이 예술 기반의 내러티브 탐구(arts-based narrative inquiry)라고 할 수 있다. 사진 · 만화 · 회화 자료 등으로 내러티브를 재구성 또는 분석하는 시각적 내러티브 탐구(visual narrative inquiry)와 영화, 연극, 문학(소설, 시), 예술 작품 전시와 공연 등의 형태로 연구 결과를 표현하고 기록하는 내러티브 탐구 양식을 생각할 수 있다. 이 외에도 내러티브 탐구자는 개인의 경험을 연구하는 내러티브 탐구의 가능성을 향하여 다양하고 창의적인 방식에 대한 열림으로 깨어 있을 필요가 있다.

📓 참고문헌

강미영(2019). 진로교과목을 수강한 대학생의 진로구성 경험에 관한 내러티브 탐구. 박사학위논문, 숙명여자대학교.

권신영(2019). 고등학생의 학업중단위기 경험에 대한 내러티브 탐구. 박사학위논문, 숙명여자대학교.

김경림(2022). 성인 발달장애 자녀를 둔 일하는 여성의 삶에 대한 내러티브 탐구. 박사학위논문, 조선대학교.

김경아(2022). 코로나 우울을 겪고 있는 특수형태근로종사자 여성의 삶에 대한 표현예술치료 기반 내러티브 탐구. 박사학위논문, 대구가톨릭대학교.

김수진(2016). 비자살적 자해의 시작과 중단에 대한 내러티브 탐구. 박사학위논문, 숙명여자대학교.

김영천(2006). 질적연구방법론 I. 문음사.

김이준(2019). 프로티언 커리어 태도를 지닌 1인 기업가의 일 경험에 관한 내러티브 탐구. 박사학위논문, 숙명여자대학교.

백지연(2014). 중년여성가장의 정체성변화: 사진작업을 활용한 내러티브 탐구. 박사학위논문, 단국대학교.

서원주(2010). 개인의미도법: 박물관교육을 위한 질적연구ㆍ조사방법. 박물관교육연구, 4, 63-82.

원정언(2019). 소매틱 움직임 장기체험자의 몸 경험에 대한 내러티브 탐구: Movement Ritual을 중심으로. 박사학위논문, 서울불교대학원대학교.

유정인(2022). 생산적 활동을 유지하는 초고령 노인의 삶에 대한 내러티브 탐구. 박사학위논문, 단국대학교.

윤영미(2020). 자살유가족으로 살아낸 경험에 대한 내러티브 탐구. 박사학위논문, 평택대학교.

조용환(1999). 질적연구: 방법과 사례. 교육과학사.

채선기(2016). 십오통활 집단상담에 참여한 남자중학생들의 삶의 경험에 대한 내러티브 탐구. 박사학위논문, 한국상담대학원대학교.

최미(2021). 감정노동자의 직업경험에 대한 내러티브 탐구: 콜센터 전화 상담원을 중심으로. 박사학위논문, 숙명여자대학교.

최이선(2017). 치료놀이를 경험한 아동의 삶에 대한 내러티브 탐구. 박사학위논문, 숙명여자대학교.

하미용(2015). 장애자녀를 둔 다문화가정 어머니의 가족생활경험에 관한 내러티브 탐구. 박사학위논문, 청주대학교.

한국교육평가학회(2004). 교육평가용어사전. 학지사.

홍영숙(2013). 한국초등학교에서 비원어민 영어교사로 살아가기: 교사정체성 형성을 중심으로. 영어어문교육, 19(4), 427-453.

홍영숙(2014). 영어 관념의 유동성과 교사정체성의 다중성. 언어학연구, 19(2), 183-206.

홍영숙(2015a). 내러티브 탐구의 이해. 내러티브와 교육연구, 3(1), 5-21.

홍영숙(2015b). 한국계-미국인(Korean-American) 대학교 원어민강사가 살아내는 교사경험이야기 탐구. 언어학 연구, 20(3), 141-167.

홍영숙(2016a). 내러티브 탐구에 대한 이해와 실제. 숭실대학교 부부가족상담연구소 질적연구 워크숍 자료집.

홍영숙(2016b). 대학 편입학을 경험한 두 대학생이 살아낸 삶의 이야기 탐구: 편입학 경험에 이르기까지의 '교육 전환의 여정(curricular transition journey)'을 통하여. 내러티브와 교육연구, 4(2), 99-126.

홍영숙(2019a). '관계적 탐구'로서의 내러티브 탐구. 질적탐구, 5(1), 81-107.

홍영숙(2019b). 필리핀 결혼이주여성 두 명의 언어정체성 형성에 관한 내러티브 탐구. 언어학 연구, 24(1), 299-325.

홍영숙(2019c). 캐나다에서 한국인 부모로 살아가기: 한 한국계 이민가정 어머니의 부모이야기 탐구. 내러티브와 교육연구, 7(2), 99-125.

홍영숙(2019d). 캐나다의 한국계 이민 가정 자녀의 언어 중개(language brokering) 경험 탐구: 부모와의 관계성을 중심으로. 교육문화연구, 25(4), 703-725.

홍영숙(2020). 내러티브 논문작성의 실제. 내러티브와 교육연구, 8(3), 7-28.

홍영숙(2021). 캐나다의 한국계 이민가정 청년의 언어정체성 형성에 관한 내러티브 탐구. 질적탐구, 7(3), 43-72.

홍영숙(2022). 필리핀 결혼이주여성의 가족생활 경험이야기 탐구: 관계정체성 형성을 중심으로. 질적탐구, 8(3), 45-83.

Addams, J. (1902). *Democracy and social ethics.* The Macmillan Company.

Alasuutari, P. (2010). The rise and relevance of qualitative research. *International Journal of Social Research Methodology, 13*(2), 139–155.

Bach, H. (2007). Composing a visual narrative inquiry. In D. J. Clandinin (Ed.), *Handbook of narrative inquiry: Mapping a methodology* (pp. 280–307). Sage.

Barthes, R. (1988). Introduction to the structural analysis of narratives. In R. Harris (Trans.), *The semiotic challenge* (pp. 95–135). Hill & Wang.

Bateson, M. C. (19990). *Composing a life.* Atlantic Monthly Press.

Belenky, M., Clinch, B., Goldberger, N., & Tarule, J. (1986). *Women's ways of knowing: The development of self, voice, and mind.* Basic Books.

Bergum, V. (1999). Ethics as question. In T. Kohn & R. McKechnie (Eds.), *Extending the boundaries of care: Medical ethics and caring practices* (pp. 167–180). Oxford.

Bergum, V., & Dossetor, J. (2005). *Relational ethics: The full meaning of respect.* University Publishing Group.

Bruner, J. (1986). *Actual minds, possible worlds.* Harvard University Press.

Bruner, J. (2002). *Making stories: Law, literature, life.* Harvard University Press.

Bullough, R. V. (2001). *Uncertain lives: Children of hope, teachers of promise.* Teachers College Press.

Buzzelli, C. A., & Johnston, B. (2002). *The moral dimensions of teaching: Language, power, and culture in classroom interaction.* Routledge Falmer.

Caine, V. (2007). *Dwelling with/in stories: Ongoing conversations about narrative inquiry, including visual narrative inquiry, imagination, and relational ethics.* Unpublished doctoral dissertation, University of Alberta, Edmonton, Canada.

Caine, V., Clandinin, D. J., & Lessard, S. (2022). *Narrative inquiry: Philosophical roots.* Bloomsbury Publishing.

Caine, V., Estefan, A., & Clandinin, D. J. (2013). A return to methodological commitment: Reflections on narrative inquiry. *Scandinavian Journal of Educational Research, 57*(6), 574–586.

Caine, V., & Lavoie, M. (2011). Places inarticulately close. *International Journal of Nursing Philosophy, 12*(3), 229–235.

Cardinal, T. (2010). *For all my relations: An autobiographical narrative inquiry into the lived experiences of one aboriginal graduate student.* Unpublished master's thesis, University Alberta, Edmonton, Alberta, Canada.

Carr, D. (1986). *Time, narrative, and history.* Indiana University Press.

Charon, R. (2002). Memory and anticipation: The practice of narrative ethics. In R. Charon & M. Montello (Eds.), *Stories matter: The role of narrative in medical ethics.* Routledge.

Chung, S. (2008). *Composing a curriculum of lives: A narrative inquiry into the interwoven intergenerational stories of teachers, children, and families.* Unpublished master's thesis, University Alberta, Edmonton, Alberta, Canada.

Clandinin, D. J. (1983). *A conceptualization of image as a component of teacher personal practical knowledge.* Unpublished doctoral dissertation, University of Toronto.

Clandinin, D. J. (1985a). Personal practical knowledge: A study of teacher's classroom image. *Curriculum Inquiry, 15*(4), 361–385.

Clandinin, D. J. (1985b). *Classroom practices: Teacher images in action.* Falmer Press.

Clandinin, D. J. (1986). *Classroom practice: Teacher images in action.* Falmer Press.

Clandinin, D. J. (2006). Narrative inquiry: A methodology for studying lived experience. *Research Studies in Music Education, 27*, 44–54.

Clandinin, D. J. (2013). *Engaging in narrative inquiry.* Left Coast Press, Inc.

Clandinin, D. J. (2020). *Journey in narrative inquiry: The selected works of D. Jean Clandinin.* Routledge.

Clandinin, D. J. (2022). *Engaging in narrative inquiry* (2dn ed.). Routledge.

Clandinin, D. J., & Caine, V. (2013). Narrative inquiry. In A. A. Trainor & E. Graue (Eds.), *Reviewing qualitative research in the social sciences* (pp. 166–179). Routledge.

Clandinin, D. J., Caine, V., & Lessard, S. (2018). *The relational ethics of narrative inquiry.* Routledge.

Clandinin, D. J., & Connelly, F. M. (1984). Teachers' personal practical knowledge: Calendars, cycles, habits and rhythms. Paper presented at the *Curriculum in the Making Conference*, University of Haifa, March, 1984.

Clandinin, D. J., & Connelly, F. M. (1988). Studying teachers' knowledge of classrooms: Collaborative research, ethics, and the negotiation of narrative. *Journal of Educational Thought, 22*(2A), 269–282.

Clandinin, D. J., & Connelly, F. M. (1990). Stories of experience and narrative inquiry. *Educational Researcher, 19*(5), 2-14.

Clandinin, D. J., & Connelly, F. M. (1994). Personal experience methods. In N. K. Denzin & Y. Lincoln (Eds.), *Handbook of qualitative research.* Sage.

Clandinin, D. J., & Connelly, F. M. (1995). *Teachers' professional knowledge landscapes.* Teachers College Press.

Clandinin, D. J., & Connelly, F. M. (1996). Teachers' professional knowledge landscapes: Teacher stories-stories of teachers-school stories-stories of schools. *Educational Researcher, 25*(3), 24-30.

Clandinin, D. J., & Connelly, F. M. (1998). Stories to live by: Narrative understandings of school reform. *Curriculum Inquiry, 28*(2), 149-164.

Clandinin, D. J., & Connelly, F. M. (2000). *Narrative inquiry: Experience and story in qualitative research.* Jossey-Bass.

Clandinin, D. J., & Huber, J. (2010). Narrative inquiry. In B. McGaw, E. Baker, & P. Peterson (Eds.), *Internastional encyclopedia of education* (3rd ed.). Elsevier.

Clandinin, D. J., Huber, J., Huber, M., Murphy, M. S., Murray-Orr, A., Pearce, M., & Steeves, P. (2006). *Composing diverse identities: Narrative inquiries into the interwoven lives of children and teachers.* Routledge.

Clandinin, D. J., & Murphy, M. S. (2007). Looking ahead: Conversations with Elliot Mishler, Don Polkinghorne, and Amia Lieblich. In D. J. Clandinin (Ed.), *Handbook of narrative inquiry: Mapping a methodology* (pp. 632-650). Sage.

Clandinin, D. J., Pusher, D., & Murray-Orr, A. (2007). Navigating sites for narrative inquiry. *Journal of Teacher Education, 58*(1), 21-35.

Clandinin, D. J., & Rosiek, J. (2007). Mapping a landscape of narrative inquiry: Borderland spaces and tensions. In D. J. Clandinin (Ed.), *Handbook of narrative inquiry: Mapping a methodology* (pp. 35-75). Sage Publications.

Coles, R. (1978). *Women of crisis: Lives of struggle and hope.* Delacorte Press.

Coles, R. (1989). *The call of stories: Teaching and the moral imagination.* Houghton Mifflin.

Coles, R. (1997). *Doing documentary work.* Oxford University Press.

Connelly, F. M., & Clandinin, D. J. (1985). Personal practical knowledge and the modes of knowing: Relevance for teaching and learning. In E. Eisner, (Ed.), *NSSE Yearbook* (pp. 174-198). University of Chicago Press.

Connelly, F. M., & Clandinin, D. J. (1988). *Teachers as curriculum planners: Narratives of experience.* Teachers College Press.

Connelly, F. M., & Clandinin, D. J. (1990). Stories of experience and narrative inquiry. *Educational Researcher, 19*(5), 2-14.

Connelly, F. M., & Clandinin, D. J. (1999). *Shaping a professional identity: Stories of educational practice.* Teacher College Press.

Connelly, F. M., & Clandinin, D. J. (2006). Narrative inquiry. In J. L. Green, G. Camilli, & P. Elmore (Eds.), *Handbook of complementary methods in education research* (pp. 477-487). Lawrence Erlbaum.

Connelly, F. M., Clandinin, D. J., & He, M. F. (1997). Teachers' personal practical knowledge on the professional knowledge landscape. *Teaching and Teacher Education, 13*(7), 665-674.

Connelly, F. M., & Dienes, B. (1982). The teacher's role in curriculum planning: A case study. In K. Leithwood (Ed.), *Studies in curriculum decision-making* (pp. 183-198). OISE Press.

Crites, S. (1986). Storytime: Recollecting the past and projecting the future. In T. Sarbin (Ed.), *Narrative psychology: The storied nature of human conduct* (pp. 152-173). Praeger.

Crites, S. (2004). The narrative quality of experience. *Journal of the American Academy of Religion, 39*(3), 291-311.

Czarniawska, B. (2004). *Narratives in social science research.* SAGE Publications Ltd.

Davies, A. (1996). *Team teaching relationships: Teachers' stories and stories of school on the professional knowledge landscape.* Unpublished doctoral dissertation, University of Alberta, Edmonton, Canada.

Denzin, N. K., & Lincoln, Y. S. (1994). *Handbook of qualitative research.* Sage.

Dewey, J. (1916). *Democracy and education: An introduction to the philosophy of education.* The Macmillan Company.

Dewey, J. (1934). *Art as experience.* Perigee Books.

Dewey, J. (1938). *Experience and education.* Collier Books.

Dewey, J. (1976). *The middle works, 1899-1924: Vol. 10. Journal articles, essays, and miscellany published in the 1916-1917 period* (J. A. Boydston, Ed.). Southern Illinois University Press.

Dewey, J. (1981). *The later works, 1925-1953: Vol. 10. Art as experience* (J. A. Boydston, Ed.). Southern Illinois University Press.

Downey, C. A., & Clandinin, D. J. (2010). Narrative inquiry as reflective practice: Tensions and possibilities. In N. Lyons (Ed.), *Handbook of reflection and reflective inquiry: Mapping a way of knowing for professional reflective practice* (pp. 285-397). Springer.

Drobot, L. (2012). Qualitative research in social science and education: Basic paradigms and research methods. *Research in Pedagogy, 2*(2), 11-20.

Duranti, A. (1997). *Linguistic anthropology.* Cambridge University Press.

Evans, S. (1979). *Personal politics: The roots of women's liberation in the civil rights movement and the new left.* Knopf.

Ferraroti, F. (1981). On the autonomy of the biographical method. In D. Bertaux (Ed.), *Biography and society: The life history approach in the social sciences* (pp. 19-27). Sage.

Fetterman, D. M. (2008). Emic/etic distinction. In L. Given (Ed.), *The sage encyclopedia of qualitative research methods.* Sage. Retrieved from *www.sage-ereference.com/research/Article_130.html.*

Geertz, C. (1983). *Local knowledge: Further essays in interpretive anthropology.* Basic Books.

Gergen, M. (2003). Once upon a time: A narratologist's tale. In C. Daiute & A. Lightfoot (Eds.), *Narrative analysis: Studying the development of individuals in society* (pp. 267-285). Sage Publications.

Goodson, I., & Gill, S. (2011). The narrative turn in social research. *Counterpoints, 386,* 17-33.

Greene, M. (1995). *Releasing the imagination: Essays on education, the arts, and social change.* Jossey-Bass Publishers.

Guilfoyle, K., Hamilton, M. L., Pinnegar, S., & Placier, P. (2004). The epistemological dimensions and dynamics of professional dialogue in self-study. In J. J. Loughran,

M. L. Hamilton, V. K. Lavoskey, & T. Russell (Eds.), *International handbook of self-study of teaching and teacher education practices* (Vol. 1, pp. 1109-1168). Kluwer Academic.

Hall, N., & Sham, S. (1998). Language brokering by Chinese children. Paper presented at *Annual Conference of the British Educational Research Association*, Dublin.

Hall, N., & Robinson, A. (1999). *The language brokering activity of children in Pakistani families in the UK*. Unpublished research report.

Handler, R., & Gable, E. (1997). *The new history in an old museum*. Duke University Press.

Hatch, J. A. (2002). *Doing qualitative research in education settings*. State University of New York Press.

Herman, D., Jahn, M., & Ryan, M. L. (2005). *Encyclopedia of narrative theory*. Routledge.

Hong, Y. S. (2009). *A narrative inquiry into three Korean teachers' experiences of teaching returnee children*. Unpublished doctoral dissertation, University of Alberta, Edmonton, AB, Canada.

Hooks, B. (1998). *Wounds of passion: A writing life*. Henry Holt and Company.

Huber, M., Clandinin, D. J., & Huber, J. (2006). Relational responsibilities of narrative inquirers. *Curriculum and Teaching Dialogue, 8*(1/2), 209-223.

Johnson, M. (1984). Review of Elbaz, Freema, Teacher thinking: A study of practical knowledge. *Curriculum Inquiry, 14*(4), 465-468.

Kanno, Y., & Norton, B. (2003). Imagined communities and educational possibilities: Introduction. *Journal of language, identity, and education, 2*(4), 241-249.

Kerby, A. P. (1991). *Narrative and the self*. Bloomington and London: Indiana University Press.

Lagemann, E. C. (1996). *Contested terrain: A history of education research in the United States, 1890-1990*. Chicago, IL: Spencer Foundation.

Levitt, H. M., Motulsky, S. L., Wertz, F. J., Morrow, S. L., & Ponterotto, J. G. (2017). Recommendations for designing and reviewing qualitative research in psychology: Promoting methodological integrity. *Qualitative Psychology, 4*(1), 2-22.

Lieblich, A. (1996). Some unforseen outcomes of conducting narrative research with people of one's own culture. In R. Josselson (Ed.), *Ethics and process in the narrative study of lives* (Vol. 4 The narrative study of lives, pp. 172-184). Sage

Publications.

Lieblich, A., Tuval-Mashiach, R., & Zilber, T. (1998). *Narrative research: Reading, analysis and interpretation.* Sage.

Lincoln, Y. S., & Guba, E. G. (1985). *Naturalistic inquiry.* Sage.

Long, J. (2008). *Caring for students and caring for mathematical ideas in the elementary classroom* (Unpublished doctoral dissertation). University of Alberta, Edmonton, AB, Canada.

Lopez, B. (1990). *Crow and weasel.* North Point Press.

Lyle, S. (2000). Narrative understanding: Developing a theoretical context for understanding how children make meaning in classroom settings. *Journal of Curriculum Studies, 32*(1), 45-63.

Lyons, N. (2007). Narrative inquiry: What possible future influence on policy or practice? In D. J. Clandinin (Ed.), *Handbook of narrative inquiry: Mapping a methodology* (pp. 600-631). Sage Publications.

MacIntyre, A. (1981). *After virtue: A study in moral theory.* University of Notre Dame Press.

MacIntyre, A. (1984). *After virtue: A study in moral theory* (2nd ed.). University of Notre Dame Press.

McQuillan, J., & Tse, L. (1995). Child language brokering in linguistic minority communities: Effects on cultural interaction, cognition, and literacy. *Language and Education, 9*(3), 195-215.

Mishler, E. G. (1986). *Research interviewing.* Harvard University Press.

Mitchell, W. J. T. (1981). *On narrative.* University of Chicago Press.

Mitton, J. (2008). *A narrative inquiry into the negotiations of children's and families' lives in classroom curriculum making.* Unpublished Ph.D. dissertation, University of Alberta, Edmonton, AB, Canada.

Mohajan, H. K. (2018). Qualitative research methodology in social sciences and related subjects. *Journal of Economic Development, Environment and People, 7*(1), 23-48.

Noddings, N. (1984). *Caring: A feminine approach to ethics and moral education.* University of California Press.

Noddings, N. (1986). Fidelity in teaching, teacher education, and research for teaching.

Harvard Educational Review, 56(4), 496–510.

Noddings, N. (1992). *The challenge to care in schools: An alternative approach to education.* Teachers College Press.

Noonan, J. (2008). Ontology. In L. Given (Ed.), *The Sage encyclopedia of qualitative research methods.* Sage. Retrieved from *www.sage-ereference.com/research/ Article_298.html.*

Norton, B. (2006). Identity: Second language. *Encyclopedia of Language & Linguistics, 5,* 502–508.

Olson, K. (2011). *Essentials of qualitative interviewing.* Left Coast Press, Inc.

Okri, B. (1997). *A way of being free.* Phoenix House.

Pike, K. L. (1967). Etic and emic standpoints for the description of behavior. In K. L. Pike (Ed.), *Language in relation to a unified theory of the structure of human behavior* (pp. 37–72). Mouton & Co. https://doi.org/10.1037/14786-002

Pinnegar, S., & Daynes, J. G. (2007). Locating narrative inquiry historically: Thematics in the turn to narrative. In D. J. Clandinin (Ed.), *Handbook of narrative inquiry: Mapping a methodology* (pp. 3–34). Sage Publications.

Polanyi, M. (1958). *Personal knowledge: Towards a post-critical philosophy.* University of Chicago Press.

Polkinghorne, D. E. (1988). *Narrative knowing and the human sciences.* State University of New York Press.

Raymond, H. (2002). *A narrative inquiry into mothers' experiences of securing inclusive education.* Unpublished doctoral dissertation, University of Alberta, Edmonton, Canada.

Reason, P. (Ed.). (1988). *Human inquiry in action: Developments in new paradigm research.* Sage.

Sarris, G. (1993). *Keeping slug woman alive: A holistic approach to American Indian texts.* University of California Press.

Schulz, R. (1996). *Interpreting teacher practice: Two continuing stories.* Teachers College Press.

Schutz, A. (1967). *The phenomenology of the social world* (G. Walsh & F. Lenhert, Trans.). Northwestern University Press.

Schwab, J. J. (1960). What do scientists do? In I. Westbury & N. J. Wilkof (Eds.), *Science, curriculum, and liberal education: Selected essays* (pp. 184–228). University of Chicago Press.

Seidman, I. (2013). *Interviewing as qualitative research.* Teachers College Press.

Slife, B. D. (1993). *Time and psychological explanation.* State University of New York Press.

Smith, J. K. (1983). Quantitative versus qualitative research: An attempt to clarify the issue. *Educational Researcher, 12*(3), 6–13.

Soltis, J. F. (1995). Foreword. In D. J. Clandinin & F. M. Connelly, *Teachers' professional knowledge landscapes* (pp. vii–viii). Teachers College Press.

Strauss, A., & Corbin, J. (2008). *Basics of qualitative research: Techniques and procedures for developing grounded theory* (3rd Ed.). SAGE Publications.

Stone, L. (2008). Epistemology. In L. Given (Ed.), *The Sage encyclopedia of qualitative research methods.* Sage. Retrieved from www.sage-ereference.com/research/Article_137.html.

Tagg, S. K. (1985). Life story interviews and their interpretations. In M. Brenner, J. Brown, & D. Canter (Eds.), *The research interview: Uses and approaches* (pp. 163–199). Academic Press.

Taylor, S. (2007). *A narrative inquiry into the experience of women seeking professional help with severe chronic migraines.* Unpublished doctoral dissertation, University of Alberta, Edmonton, Canada.

Thelen, D. (1989, September 27). A new approach to understanding human memory offers a solution to the crisis in the study of history. *The Chronicle of Higher Education,* B1, B3.

Torgovnick, M. (1994). *Crossing ocean parkway.* The University of Chicago Press.

van Manen, M. (1990). *Researching lived experience: Human science for an action sensitive pedagogy.* The University of Western Ontario.

White, M., & Epston, D. (1990). *Narrative means to therapeutic ends.* W. W. Norton.

Yow, V. R. (1994). *Recording oral history: A practical guide for social scientists.* Sage.

Zinsser, W. (1987). Writing and remembering: A memoir and an introduction. In W. Zinsser (Ed.), *Inventing the truth* (pp. 11–29). Houghton Mifflin Company.

찾아보기

인명

ㄱ

강미영 182

권신영 71, 143, 182

김경림 71, 73, 143, 150, 183, 190

김경아 72, 92, 183

김봉환 132

김수진 71, 112, 124, 132

김영천 25, 69

김이준 71, 187

ㅂ

백지연 92

ㅅ

서원주 25

ㅇ

원정언 92

유정인 71, 73, 144, 150, 184, 192

윤영미 183

ㅈ

조용환 32, 47

ㅊ

채선기 72

최미 73, 144, 184

최이선 72

ㅎ

하미용 149

홍영숙 23, 25, 43, 64, 72, 73, 78, 119, 133,
134, 140, 141, 144, 145, 150, 155,
163, 167, 168, 171, 174

村上春樹(무라카미 하루키) 190

A

Addams, J. 82

Adler, A. 193

Alasuutari, P. 25

O

Okri, B.　57

Olson, K.　47, 151

P

Piaget, J.　29

Pinnegar, S.　25, 26, 33

Placier, P.　29

Polanyi, M.　49

Polkinghorne, D. E.　25, 27, 29, 37, 44, 120, 199, 221, 224, 225, 241

R

Raymond, H.　71, 157, 158

Reason, P.　29

Ricoeur, P.　211, 212

Robinson, A.　119

Rosiek, J.　26, 42

Ryan, M. L.　25

S

Sarris, G.　93

Schulz, R.　156, 158

Schutz, A.　202

Schwab, J. J.　185, 212

Seidman, I.　197, 201

Sham, S.　119

Slife, B. D.　27

Smith, J. K.　26

Soltis, J. F.　54, 56

Stone, L.　46

Strauss, A.　25

T

Tagg, S. K.　204

Taylor, S.　92

Thelen, D.　204

Torgovnick, M.　98

Tse, L.　118

Tuval-Mashiach, R.　39

V

Vaillent, G. E.　195

van Manen, M.　197

W

White, M.　30

Y

Yow, V. R.　203

Z

Zilber, T.　39

Zinsser, W.　204, 209, 210, 211, 212

내용

▍저자 소개

홍영숙(Hong, Young-Suk)

미국 State University of New York at Buffalo 석사(TESOL 영어교육 전공, 교육학)

캐나다 University of Alberta 박사(교사교육/내러티브 탐구 전공, 교육학)

전 캐나다 Mahatma Gandhi Canadian Foundation for World Peace, Educational
   Coordinator

　캐나다 University of Alberta, Visiting Scholar

　중원대학교 교양학부 교수

　중원대학교 국제교류원장, 교양학부장 역임

현 한국내러티브탐구연구소장

　한국질적탐구학회장

　한국내러티브교육학회 부회장

〈대표 저서 및 논문〉

『교사의 재발견: 교육과정 주체로서의 참모습』(공저, 2016, 학지사)

『박물관 교육과 질적연구』(공저, 2015, 아카데미프레스)

「내러티브 논문작성의 실제」(2020, 내러티브와 교육연구)

「'관계적 탐구'로서의 내러티브 탐구」(2019, 질적탐구)

「캐나다의 한국계 이민 가정 자녀의 언어 중개(Language Brokering) 경험 탐구: 부모와의
　관계성을 중심으로」(2019, 교육문화연구)

「필리핀 결혼이주여성 두 명의 언어정체성 형성에 관한 내러티브 탐구」(2019, 언어학연구)

「내러티브 탐구에 대한 이해」(2015, 내러티브와 교육연구)

「한국초등학교에서 비원어민 영어교사로 살아가기: 교사정체성 형성을 중심으로」(2013, 영
　어어문교육)

내러티브 탐구

-이론적 · 철학적 바탕에서 논문 작성까지, 그리고 Q & A-

Narrative Inquiry

From theoretical and philosophical grounds to thesis writing, and Q & A

2024년 1월 10일 1판 1쇄 발행
2024년 8월 20일 1판 2쇄 발행

지은이 • 홍영숙
펴낸이 • 김진환
펴낸곳 • (주) **학 지사**

　　　　　　04031 서울특별시 마포구 양화로 15길 20 마인드월드빌딩
대표전화 • 02)330 - 5114　　　팩스 • 02)324 - 2345
등록번호 • 제313 - 2006 - 000265호

홈페이지 • http://www.hakjisa.co.kr
인스타그램 • https://www.instagram.com/hakjisabook

ISBN 978-89-997-3023-8 93370

정가 20,000원

출판미디어기업 **학 지사**

간호보건의학출판 **학지사메디컬** www.hakjisamd.co.kr
심리검사연구소 **인싸이트** www.inpsyt.co.kr
학술논문서비스 **뉴논문** www.newnonmun.com
교육연수원 **카운피아** www.counpia.com
대학교재전자책플랫폼 **캠퍼스북** www.campusbook.co.kr